田建华 著

本书为北京工商大学学术专著出版资助项目：
学科建设——学科评估与内涵建设2016
（项目编号：19008001238）

走近哲学 自由澄明之境

知识产权出版社
全国百佳图书出版单位

图书在版编目（CIP）数据

走近哲学自由澄明之境 / 田建华著. —北京：知识产权出版社，2017.11
ISBN 978-7-5130-4728-9

Ⅰ. ①走… Ⅱ. ①田… Ⅲ. ①哲学—研究 Ⅳ. ①B

中国版本图书馆 CIP 数据核字（2017）第 008408 号

内容简介

哲学是时代精神的精华，它既是对现时代的实践和人类自身进行反思的思想运动，也是对当代社会发展的深层回应。当代哲学就其历史命运而言，正从社会地位、社会功能、生存理由等诸多方面的困境走出来，再次获得“显”学的中心位置并获得独立发展的生存空间和自由感，并以此影响着社会现实。当代中国哲学必须对现时代的实践和人类自身进行深刻反思，同时也对当代社会发展作出深层的回应。

责任编辑： 杨晓红　　**责任出版：** 孙婷婷

走近哲学自由澄明之境
田建华　著

出版发行： 知识产权出版社有限责任公司　　**网　　址：** http://www.ipph.cn
社　　址： 北京市海淀区气象路 50 号　　**邮　　编：** 100081
责编电话： 010-82000860 转 8114　　**责编邮箱：** 1152436274@qq.com
发行电话： 010-82000860 转 8101/8102　　**发行传真：** 010-82000893/82005070/82000270
印　　刷： 北京科信印刷有限公司　　**经　　销：** 各大网上书店、新华书店及相关专业书店
开　　本： 787mm×1092mm　1/16　　**印　　张：** 16.75
版　　次： 2017 年 11 月第 1 版　　**印　　次：** 2017 年 11 月第 1 次印刷
字　　数： 350 千字　　**定　　价：** 59.00 元
ISBN 978-7-5130-4728-9

他们望不了多远

他们望不了多深

可是谁能挡住

他们向沧海凝神

学生们做的序

智慧的开启者，灵性的导师，给人一种非比寻常的亲切感：优美、富有诗意，其博大精深犹如浩瀚的虚空一般。爱是一项伟大的教育，正如田老师教会我们的一样。如蜡烛，燃烧了自己，为我们指引了前进的道路；如雄鹰，搏击长空，教会我们理想与思想的自由。一切教诲皆在帮助学生从恐惧和无明中彻底解脱，体悟慈悲与至乐的境界。像这样美好清透、智慧洞悉的课堂，就是给我们最珍贵的礼物，这个礼物，是透过田老师真诚的分享开启的。

开启智慧，爱的教育

田建华老师，把自己的全部精力奉献给了教育事业，学生们这样评价田老师："田老师在课堂上用睿智的语言激发了我们的兴趣和创新的精神，说实话，这学期以来，我一直是感动着的。""通过教育，田老师提升了我们的思维想法，她用哲学的智慧开启了我们的大学和人生，让我们有勇气去改变身边更多的人，让我们的世界更加美好。""古今中外的历史和现状无不知晓，能从书中的一个小的知识点，引入到一个大的做人道理上，我觉得这才是育人的真谛。田老师做到了。很庆幸自己能在她的课堂上学习。""田老师的课不仅教会我们马克思主义基本原理，更教会我们如何诗意处理问题和用哲学的眼光看世界。""田老师很擅长讲课，她的课很引人入胜。不仅能把马哲原理与实际结合起来，而且语言生动，还经常给我们以生活的启示以及做人的方法。上她的课，我学到了很多马哲以外的，但对人生很有用的东西。可以说她的课是一场场讲座，充满哲理的讲座。""无论生命的道路上多么忙碌，不妨忙里抽闲让自己停一停、静静心，回头看看最初的起点，向前望望最终的归宿，然后带着一个从容的自己，去欣赏田老师的课。""我见过最好的老师！""田老师为人和蔼，平易近人，经常与我们交流和沟通。授课认真，讲解细致，非常敬业。""田老师知识渊博，心胸开阔，具有较强的人格魅力，不仅在学业上对我有很大帮助，对我的世界观和人生观也有潜移默化的影响，是一位非常优秀的老师。""田老师学识渊博，哲学底蕴深厚，思维敏捷，课堂内容丰富充实，教学非常出色。”“学贯中西，用遍古今。”“田老师教学方法独特，课堂气氛活跃。深入浅出地将晦涩难懂的知识融入生活中。”“人性化授课，观点有论据、有启发性，老师讲课别具一格，我喜欢，同时也学到了更多的道理!”“语言具有哲理性，发人深省。调动了学生对问题的思考。我们都很喜欢，学问很深，我们都很佩服，是个好老师!”“老师教学严谨，以自己的言行为我们做表率!”“田老师，您真的很优秀，老师加油!!!!”“教学认真，讲课生动，给学生各方面极大的鼓励。太好了!!”“老师学富五车，观察细致，表达力强，对学生的思想有很大影响。”“田老师把哲学的光辉洒向我们……”“是我自上学以来听过的把哲学讲得最好的老师，个人魅力极强!”“很博学的老师，讲的要比课本好多了，应该改成百家讲坛!”“特别喜欢老师的上课方式，不经意间懂得很多的东西!”“老师讲课很有内涵，内容丰富，知识广博，讲课幽默生动，对同学们十分亲切，不仅讲好课程，更注重学生的全面发展。”“对每堂课的教学内容和教学方法都做了精心准备；教师的讲解激发了学生的求知欲，提高了学生分析解决问题的能力。整个教学就是爱我们的过程，使我们受益匪浅。是我见过的最好的老师。”“老师上课幽默风趣，待人有礼貌，注重平等。除了服，还是服！真正的哲学家就是这样的吧！每件事在老师眼里都是个哲学问题，之后，她就把这些问题解决并教给我们!”“田老师的课思路清晰，有思想、有脉络，给人以启迪，对学生的想法很有培养性。喜欢!”“田老师是我遇到的一个非常特别的老师，一切繁文缛节都没有，在她身上能够感受到那种师者的气质，听她讲课是一种享受，我很庆幸能够遇见这样一位真正的老师。”“行云流水般的宣讲课堂，旁征博引让我们醍醐灌顶!”“虽然我们的课时相对不长，但是，每次回想起来，却总有回味之处，这在大学本科及研究生的课程中，感觉都真的是非常可贵的!”“老师相当地注重人文发展的观念，很具有亲切感，是个难得的为了学生发展的好老师!!! 喜欢你!”“我们爱田老师，因为她先爱我们。”“非常博学！和蔼可亲，为学生着想，是老师也是朋友!”“田老师知识水平高，不仅仅局限于书本，给同学补充了大量文化常识。讲课过程中注重对知识点的复习巩固，注重与同学间的沟通、交流。讲课互动形式非常好!”

学生们这样表达对田老师的爱：“老师，真的特别感谢您开启了我的大学!”“谢谢您，田老师！正是有您一直的鼓励，我们才能走得更好，行得更正。带着一种社会责任感努力去做有意义的事!”“谢谢亲爱的田老师！您是我在北工商最珍贵和美好的回忆!”“一定要表达对您的喜爱和崇拜！您是我的榜样!”“一年多的大学生活里，您是我最喜欢的老师之一（另外一个我喜欢的老师也是东北的），很喜欢您的豁达与耐心，爱你＊^o^＊！”“谢谢您是一位如此有亲和力的老师，让我们可以不加做作地和您直接交流，不用顾忌。”“感谢田老师的智慧灌输，感谢这段三尺讲台下能遇田老师的因缘！”“谢谢您在百忙之中回复我，给予我这份心灵鸡汤！将您的回信读了好多遍，每次我都会有不同的感受，我感觉内心充满了兴奋，感觉眼前豁然开朗，以前在行走的途中，会有迷茫，会否定自己，现在我明白了，只要不愧于心，去尝试，去品味生活，去追求美，拓宽自己的眼界、格局，去成长，去成熟，终会有所担当！在读了好多遍您回复我的邮件后，我思考了很多，并斗胆回复您，深知我写的这些话会很幼稚，但我真的特别感谢您，感谢缘分，让我有机会和老师敞开心扉地交谈，从中有巨大收获，好开心^_^，谢谢您！”“谢谢您教会我们好多道理，不只是书本，还有人生。普通枯燥的马原课被您讲得生动而有趣，惊喜而感动。大学中遇到您这样的老师真的很幸运！谢谢您陪伴了我们一整个学期！”“田老师，读完您回复我的邮件，我真希望在大三仍然能够选老师的课，而且也后悔没有早点跟老师通过这种优雅的方式交流。以后有空还会跟老师联系的！”“真的很喜欢您，很喜欢您的马原理，因为在您的课堂上，您总是能够让我们的思想在哲学领域自由地驰骋，我们能够学到很多，更是在您的一言一行中感受到您对我们的爱护和尊重，您爱我们，同样我们也深深爱着您，因为爱是相互的，真诚的祝愿您能够工作顺利，生活永远充满爱与希望的曙光。”“田老师，您讲得太好了，我们太喜欢您了！中国太需要您这样的老师了！爱死您了！”“老师，真的很感谢您，带着我们在这个思想的殿堂遨游，这个学期的马哲课给我留下了很深刻的印象，您也给我留下了很深刻的印象，我觉得这就是我在大学的很宝贵的一笔财富，这些都是我的心里话。”“田老师，今天听了一首歌，突然想到您，祝您快乐，因为我们还有很多赞美的话没说出口！”“可能经过几十年的世事风尘后，留在我们记忆里的老师就那么几位，您肯定是其中之一！”“下次回母校，一定要去田老师的课堂，感受鲜活的马原理。”“我们以田老师为荣，以学在工商为荣！”“有田老师的指导，是工商辩论界最大的荣幸，是我们这些辩手最大的幸福！”“田老师，您开启了我的智慧，我是多么有幸能遇到您这样一位好老师！”“谢谢田老师，感谢您在我们人生最重要的几年中给予我们的关心、帮助和指导，让我们受用终生！”“在大学里能遇到一位您这么关心我们的老师，我们一直觉得非常幸运，您是我们在大学里最亲的亲人！”“我是您的学生于程鑫，在这里跟您分享我的喜悦。我在 2017 年考研中考入了中国传媒大学播音主持专业。即将成为一名中传的播音研究生。回想起大学中的点点滴滴，尤其难忘马哲课中老师的谆谆教诲。希望有更多的成功和喜悦与您分享。”“田老师是学生心中的精神领袖，是同学们智慧的开启者，是感悟生命真谛的指引者，是一位伟大的老师。学生们深深感动于其中传达的种种人生道理，以及那背后无比清透的大智慧和超脱洞悉的极高视点。田老师用自己博大的胸怀和诗意的生活态度感染着我们每一个人。”

还有同学这样评价田老师：田老师就像“欧元之父”蒙代尔那样：“他哭过，他笑过，但是最重要的是要走自己的路……去努力寻找和担当历史赋予自己的那一份无上的光耀！”

国贸范磊：“田老师，虽然听您课的时间不长，但已获益良多，现在已经能从迷雾中见到前方的路了，能在行进中学习如何向前。谢谢您！”

胡振新：“您就像一位幸运之神，每每在我失落彷徨之际，赐予我希望与力量；您的执着与从容一直在影响着我！”

艺传学院孙飞：“谢谢老师欣赏我！如今，我思考为什么我会充满自信地面对困境和难题，完全是因为您对我的爱，我突然想起还未曾为此说声谢谢！”

研究生杨静芝：“田老师，祝您在新的一年开心快乐每一天，过自己想过的日子，看自己喜欢的风景！”

艺传学院张超凡：“田老师新年快乐！这一年半的栽培超凡铭记在心，我会继续努力，披荆斩棘，不得不说声谢谢您，谢谢您始终站在我的左右，等待我成长！因为超凡，所以脱俗！”

商学院李典：“您永远是我们心中最高雅、最奋进、最和善、最自信、最吉祥的人。”

匿名：“最最美丽优雅的田老师，新年快乐！谢谢老师对我的帮助和支持，让我学到了很多东西。祝我最最亲爱的田老师每天开开心心！”

匿名：“我真的非常喜欢上您的课，很有趣。祝老师青春常在！”

艺传学院韩旭：“感恩您的教导与帮助，我们的点滴进步成长都离不开您的鼓励与支持！我们愿用更好的成绩回报您！”

匿名：“小田老师，小田老师，新年快乐！您的忠实粉丝。”

经济学院郑金瑞：“祝美丽率真的田老师，永远开心！”

研究生孙玉宁：“谢谢田老师，看到您回复这么长的短信，心里莫名地感动。在您身上，我看到一种闪光的情怀，也学到很多东西。新的一年，我会朝着目标继续努力，我们也爱您！”

经济学院付博：“很感谢机缘让我这一学期成为您的学生。本来对于马哲的课程我总是不自觉有些无所谓的意味在，但是，逐渐地，我去上课更多地是因为您的风采而不单单是课程本身。是您让我认识到对于一个女生来讲，拥有一份美丽的内在的重要性远远高于外在的一副皮囊。我会铭记并持久追寻一份更善、更真、更深沉的内心世界。再次谢谢让我与您结识的机缘安排，我着实在您的身上学到了很多，由此，对于自己的生活也想了很多。再多言语也不足以完表我的敬意，就此对您说一句：您是一位很成功的老师，真的！”

马克思主义学院研究生胡春燕：“亲爱的田老师，刚才一边答卷，一边回想您这学期给我们带来的欢乐和教给我们的东西，我真的觉得在您的课上学到了很多比书本知识更重要的东西。您给我的影响很大，是我最喜欢的老师，谢谢您，那么体谅学生！我们都很爱你！”

匿名：“您爱的教育一直感染着我，每每想到您，总觉得很温暖、很温馨！”

艺传学院黄炜晟：“去年上田老师的课对我影响很大，让我时时警醒自己以佛陀袍泽大爱的精神去对待身边每一个人，为善最乐，谢谢田老师！”

商学院李震：“2012 年上您的课感觉很好！虽然 2013 年没有您的课了，但还是很高兴认识您！”

商学院邹密：“这学期跟您学了不少人生哲理，受益匪浅，希望以后有机会还能上您的课！”

会计专业范明：“以前觉得马哲课是一门枯燥无味的课程，这学期在田老师的教导下感受到了其中的内涵，学到了很多做人的道理，受益匪浅。深深地感谢田老师！”

商学院安昱莹：“田老师，上您的课特别受启发，和您在一起的这一个学期很愉快，您让我改变了对哲学固有的看法，哲学是源于生活的，它使人智慧，谢谢您让我上了一节节很有意义的马原理，希望不上课的日子里，还能和您继续做朋友！”

商学院赵鑫：“祝我们最高贵美丽的田老师平安幸福，生活美满！我们永远都爱您！”

艺传学院张骏：“却顾所来径，苍苍横翠微。一生中总有几个人，像钉子一样守候在命运的岔路口，一瞬间就决定了我生命的方向。于流光中迤逦行远的时候，撑船渡我，入灿灿花海，镌刻在我心底不能惊动的地方。田老师就是那个人!”

计信学院陈何蕾：“亲爱的田老师，一直以来感谢老师对我们的照顾，在大学能够遇见您真的很满足，在未来的日子里，我们要很好地去实现我们的目标!”

艺传学院常庚：“田老师，您人太好了！我们也爱您!”

研究生杨静芝：“田老师，喜欢您哲学家般的洒脱与睿智，喜欢您对黑色的热爱，遇上一个喜欢的老师，真是庆幸！谢谢您的存在!”

继续教育学院工商管理班何金锋：“田老师您好，我是今天上午听您课的学生，听您上课觉得特别幸福！真的有一种醍醐灌顶的感觉，我觉得来这个学校是一个正确的选择!”

经济学院尹朱奇：“非常感谢老师对我们无私的帮助，您是我遇到过的最乐于帮助学生的老师了，以后还要继续麻烦您，祝您工作顺利!”

研究生赵左西：“我很开心能听到您讲课，并深深庆幸自己没有逃课。很高兴认识您！希望能和您做朋友!”

食品学院张孙芳：“田老师，谢谢您今天下午精彩的讲课，这是我上大学以来收获最大的一次!”

经济学院杨楠：“谢谢我们亲爱的田老师带我们开启智慧的天空，我们也很爱田老师!”

经济学院夏菁：“老师永远是我们的偶像!”

艺传学院广电杨紫陌：“亲爱的田老师，您是我们在北工商遇到的为数不多的能被真心尊为‘老师’的老师!”

艺传学院研究生宋丽君：“谢谢智慧与美丽并存的老师！爱你!”

经济学院研究生王鹏程：“谢谢田老师，我们也永远爱你!”

艺传学院樊德龙：“谢谢田老师，再次感谢您所给予我们的指导和宽容，下次回母校，一定去您的课堂，听您讲述不一样的马哲!”

计信学院工科 2008 级万振聪：“在大学的四年生活中，您是我的良友，是我的亲人，一直陪伴在我身边!”

匿名：“谢谢老师！我们的人生也因您的教导而精彩！感谢上苍赐予我们您这样优秀的老师!”

研究生王梅：“田老师，您才是我们最好的明灯!”

食品学院环境 2011 级袁传胜：“谢谢老师！看到一些同学每次上完您的课都会在网上发一些很领悟性的话语，发现班上包括我在内的好多同学都很喜欢您的课堂!”

研究生胡春艳:“田老师，您就是天使，让我们遇见您，真的好幸福!”

艺传学院齐特:“谢谢老师您对我们每一个人的鼓励和帮助，我们也爱您!”

经济学院孙娜:“我们也爱您，虽然这话总说，但真的是心里话！到了大学，熟悉的老师越来越少，既信任又亲近又尊敬的除了您也就没了。真的想跟您说声谢谢，您一直以来不求回报地为我们付出这么多，工商的辩论、经院的辩论，还有我们的成长都离不开您，除了好好努力打好每一场比赛，在队里发挥自己最大的能量，不知道还能回报您什么。每一个辩手对辩论都有一种情结，对我来说，遇见辩论、遇到您是我最大的光荣。说这些有点儿矫情了，但都是心里话，永远爱您!”

食品学院环境 2011 级袁传胜:“我们都爱田老师，太伟大的老师了。您不仅关心我们，还让我们学到了好多东西，不论是知识还是人生道理。遇到您感到非常幸运，再一次谢谢您！祝端午节快乐!”

经济学院冯香菊:“您指导有方，经验丰富，颇有耐心，充满激情和热情，已经给了我们十足的信心和莫名的鼓励，我们一定会坚持到底，把此次立项做到最好！再次谢谢老师!”

经济学院 2010 级潘宏建:“做您的学生是我们的幸福!”

材料与机械学院材料 2011 级马康:“您好，田老师；新学年即将开始，学生在这里衷心祝愿您工作顺利，万事如意；在过去的一学期里，我们跟着老师通过学习哲学来智慧我们的人生；我们都一致认为田老师是一位一心为学生着想的老师，是一位甘于奉献、热爱教师事业的好老师，老师的言传身教将一直会是我们战胜困难、面向未来的坚实力量；我们为能遇到您这样优秀的老师而感到幸运，同时，在这里也表示学生深深的感谢!”

艺传学院王怡婷:“田老师，您好。提前祝您教师节快乐！很高兴在大学期间遇到您这样充满正能量的老师。特别喜欢您的气质。祝您工作顺利，永远美丽!”

马克思主义学院研究生胡春燕:“亲爱的老师，您好吗？开学了，最近忙吗？我在我们县的县委做志愿服务，所有的一切都很顺利，一路走来，最要感谢的就是您了，谢谢您。爱您，老师。希望老师生活愉快，一切顺利。来自遥远新疆的燕子。”

目　录

导言 感谢生活，感谢哲学

虽然哲学什么具体功能也没有，但它毕竟能把我们引向一个新高尚的境界。

——冯友兰

哲学是时代精神的精华，它既是对现时代的实践和人类自身进行反思的思想运动，也是对当代社会发展的深层回应。当代哲学就其历史命运而言，正从社会地位、社会功能、生存理由等诸多方面的困境走出来，再次获得“显”学的中心位置并获得独立发展的生存空间和自由感，并以此影响着社会现实。当代中国哲学更应对现时代的实践和人类自身进行深刻反思，同时也对当代社会发展作深层回应。

“位卑未敢忘忧国”“天下兴亡，匹夫有责”。“中国梦”，正是每个中国人的梦。从上学就业到买车买房，尊严的保证、事业的成功、价值的实现，每个人向着梦想的努力，描绘出一个时代最为壮阔的梦想图景，更汇聚起一个国家最为持久的追梦力量。面对利益关系调整带来的矛盾，面对思想观念多元的状态，特别需要全体中华儿女以共同之理想，凝聚共同之力量，以共同之奋斗，追求共同之目标。热爱祖国有不同表现，创造物质财富、精神财富，捍卫民族尊严，为国争得荣誉，维护祖国统一，发扬民族美德，等等，都值得赞美。感谢生活，感谢哲学，让我们能用生活中得来的智慧来启迪我们的人生；让我们在挫折磨难面前能更雍容、豁达地看待人生；让我们能够认同泰戈尔的纯然世界与美好期待：“每一个优雅女人的存在，都是上帝在提醒我们，这个人世间还有希望。”

韩愈说：“古之学者必有师。师者，所以传道受业解惑也。人非生而知之者，孰能无惑？惑而不从师，其为惑也，终不解矣。生乎吾前，其闻道也固先乎吾，吾从而师之；生乎吾后，其闻道也亦先乎吾，吾从而师之。吾师道也，夫庸知其年之先后生于吾乎？是故无贵无贱，无长无少，道之所存，师之所存也。”人之师有一字之师、一技之师、“三人行”之师、传道授业之师，不一而足。感谢生活，感谢哲学，让我们深深理解我们所从事的是人世间至真至善的职业，她本身所固有的光芒早已令世上所有的名利都黯然失色。

感谢生活，感谢哲学，让我们愿意把关注中心从自己转向家庭，超越了自私性；又从家庭转向社群，超越了裙带关系；再从社群转向国家，超越了狭隘主义；进而再转向所有人类，超越了大国沙文主义；更转向天人合一，超越了世俗人文主义，“与天地参”。

感谢生活，感谢哲学，让我们“在有冲突的地方，给予和谐；在有谬误的地方，宣扬真理；在有疑虑的地方，带去信仰；在有失望的地方，唤起希望。”

一、在历史时空中定位高等教育

思想大师哈耶克说：“一个生机勃勃的社会，它的制度的基本原理就是鼓励一切个体在一切可能的方向上探索。”教育的目的是提升人的世界观、人生观和价值观，是实现人的内心世界的转变。好的课程在于形成学生的思维方式，而不是内容；学校培养出的人应是创造需求的人，而不是被动接受社会需求的人。思想政治教育不仅是社会或国家对个体的一种规定和要求，也不仅仅是用社会性规范去要求个人，教育的最终落脚点应当是使个体在社会取向与个人取向上得到有机整合，使个体生命的舒展与社会生活的有序之间达成动态的平衡。

高校不仅是培养高素质人才的摇篮，还是国家重要的科研基地和优秀拔尖人才的集聚之地，在实施科教兴国战略中发挥了重要作用。高校在加强党的执政能力建设、培养社会主义事业建设者和接班人、落实科教兴国战略、传播和建设社会主义先进文化等方面肩负着重大责任和神圣使命。在新的历史起点上，在种种挑战与危机中，大学面临的还是“接着讲、讲什么、怎么讲”的问题。社会主义现代化建设、社会文化及全球自然科学发展的现实是实现理论创新的源头。科学的理论只能在正确的社会实践中产生，高等教育的发展必须充分结合社会主义现代化建设实践这个最大的现实。因而，建设一所现代化的大学，首要做的就应是在国际化视野中定位自身，找到自己的核心竞争力，在追求真理和创造价值中实现“出人头地”的群体性理想和“顶天立地”的个体性理想。

有位教授为大一新生开设哲学课程，第一节课上，他想和同学们谈谈那个最基本的命题——生活的意义。

他没有提到什么哲学术语，只是一言不发地把手伸进口袋，掏出了钱包，又从钱包里拿出一面小小的圆镜子，大约有一枚硬币那么大。然后，说起了自己童年的一段经历：

“二战时，我还是个小孩子，住在一个偏僻的村庄里。一天，我在路上发现了一面摔碎的镜子，那是一辆摩托车的后视镜，应该是某个德国人的摩托车在这里出了车祸。

“这样的东西对于我来说很稀罕，于是我捡起了其中最大的一片，带回了家。我把这枚碎片在石头上不停地打磨，磨成了圆形，当作玩具。当我发现这小玩意儿居然能反射阳光时，我欣喜不已。凡是太阳照不到的地方，它都可以把光传射过去——不管是深深的窟窿，还是小小的裂缝，或是漆黑的角落。这渐渐成了我的游戏——把每一个我能找到的不透光的地方照亮。

“当我一天天长大，我逐渐明白，其实这不仅是一个孩童的游戏，更揭示了某种生活的哲理。我逐渐懂得，我自己不是光，也产生不了光，但是光——诸如真理、知识和美德，它们一直在那里，只要我拥有一面能反射光的镜子，光就可以抵达许多黯淡的角落。

“这一片镜子的碎片，可以让光照亮人心，使自己或他人做出一些改变。”

把学生当作具有无限可能性的对象来培养，鼓励学生充分开发自己的各种潜力，是把服务于社会而不只是为了个人的一己私利当作成人的目标来塑造人才，让每一个天才都在社会的源头活水中汲取永不枯竭的动力。把学校管理体制与民族精神联系在一起，培养一种秩序与自尊相结合的，既适合于国家政治制度，也值得灌输到每个生命个体的品格中去的精神。培养起开放与权力共享的风气，进而达至和谐与忠诚。一个民族多一些仰望星空的人，这个民族才有希望，只是低头走路的民族是没有未来的。高素质的人才应当有更高素质的培养。教育是培养大写的“人”，受教育者健全人格的培养是人全面发展的基石。高等教育事实上是在做人的工作，高校的思想政治教育也就是在对青年中的中坚力量进行“做人”导向的一项重要而艰巨的工作。为此，如何使未来社会中的主流人才具有高尚的思想道德素质和“为人”品格，从而创造性地服务社会，是高校的首要任务。“大学之道，在明明德，在亲民，在止于至善。知止而后有定，定而后能静，静而后能安，安而后能虑，虑而后能得。物有本末，事有终始。知所先后，则近道矣。”中国高等教育中，大师风范，高山仰止；青年名师，灿若星辰。他们中既不乏奠基性的学术创见，又有堪为师表之道德文章。以一流的学术声誉、一流的培养质量，以开放的态势融汇到国际先进的教育体系中，是“高等教育”题中应有之意。伟大的理念支配人去从事与这种理念相匹配的事业，没有这种理念也是与这个伟大的时代不相称的。高校的特殊贡献在于它正实践着“预测未来的最好办法就是创造未来”的理念。

文化作为教育制度与意识形态认同的主要载体，在意识形态日益文化化、教育日益多元化的当代发挥了重要的中介作用，认同问题既触及文化的多元化和个性化，也与教育制度的多元化及个性化相关。意识形态对受教育者的作用融汇在个体与群体的心理机制中。要把教育制度建设提升到战略的高度，从哲学层面研究制度演进的规律，研究教育制度的演进规律，重视教育制度与意识形态认同之间的互构作用，在多层次、多角度、多方位、多方博弈互动中实现制度创新。

（一）认同研究及其缺失的中介维度

“人的基本需要为同一、成长和超越”①，认同具有社会性的特点，即认同是“个体与社会之间的纽带”。认同不是凝固不变的，而是处于不断变化的过程之中。认同问题时刻贯穿在教育之中，体现在教育制度之中，却又受到不同程度的误读。教育中涉及的理论、政策和实践不是技术性问题，它们本质上是伦理性和政治性问题。正如美国著名的教育与意识形态专家阿普尔坚称：“教育并非一个价值中立的事业，就教育制度的本质而言，无论教育工作者是否意识得到，他们已经被卷入了一项政治活动。”由此，他又提出：“教育工作者不应该把他们的教育活动与不平等的制度安排和支配我们先进工业经济的各种意识形态完全分割开来。”② 有学者甚至认为，“学术理论与官方意识形态没有区别，一个经常渗透到另一个之中，教育研究者乐意引用政府领导人的讲话来增加自己文章的分量，以示自己论证的有力，而不是反过来”。③ 教育是人对人的素质发展的一种价值限定，其本质实际上是使人社会化的过程。这一过程的规定性就是教育者将一定的外在的教育内容向受教育者主体转化，实现人类文化的传递，促使和限定个体身心发展，促使个体社会化。④ 也就是说，教育制度与意识形态认同紧密相关，并且在我们的现实生活中发挥着一定的重要作用，理应引起我们的重视和研究。

作为时代精神的菁华，哲学需要关注哲学之外的理论研究和实践探索，应该

---

① 凯特琳·勒特雷尔：《人的需要》，邵晓光等译，辽宁大学出版社 1988 年版，第 154 页。

② 迈克尔·W. 阿普尔：《意识形态与课程》，华东师范大学出版社 2001 年版，第 11 页。

③ 庄西真：《实证教育学方法论——教育研究者如何解释》，《教育理论与实践》2004 年第 2 期。

④ 孙喜亭：《关于教育的本质与功能的探讨》，《江西教育科研》1991 年第 4 期。

关注其他学科的重大理论问题和时代所面临的重大现实问题。从这一意义上讲，教育制度建设和教育制度创新以及价值认同作为我们时代的重大理论和实践问题，应当得到哲学的高度重视和认真对待，哲学应当在这一领域表现出自己的解释能力，并以此去拓展自己的问题领域和理论空间。因此，对认同问题的研究就必须把教育制度与意识形态、个人与社会之间复杂的、潜在的、深层次的本质联系予以哲学透视和反思，形成新的解读视域，从而为教育制度资源的开发和利用，为制度资源化的教育的发展，进而为我国教育制度的发展及社会主义先进文化建设提供新的加力平台，为中国教育的发展与社会主义和谐社会的建设提供理论依据。

意识形态是客观的存在，没有办法"终结"与"超越"。可以毫不夸张地说，从来没有像现在这个所谓的后意识形态时代这样，有这么多种类的意识形态。现今种种着力于揭示使统治、剥削、排挤合法化的思想辩护，以及对这种辩护的意识形态与社会关系本身之间的相互关系的批判，都从某种角度上证实了意识形态的"繁荣"。意识形态是文明社会发展的文化和思想土壤，而文明社会又是意识形态变迁的现实基础，二者相辅相成。这是文明社会发展的一个基本事实。

普列汉诺夫曾经说过："要了解某一国家的科学思想史或艺术史，只知道它的经济是不够的。必须知道如何从经济进而研究社会心理；对于社会心理若没有精细的研究与了解，思想体系的历史的唯物主义解释根本就不可能。"所谓"人同此心、心同此理"，每一个成员对于本民族文化都有一种天然的认同感，都从其文化的独特性中来直观自己的历史形象，由此获得精神的慰藉和心灵的共鸣。从实践上来说，因为制度不能直接与意识形态发生关系，因而要想获得教育制度对意识形态互动的深刻理解，也必须对其进行宏观、微观和中观三个层次的关照。宏观应该是社会的文化问题，中观是教育制度，微观是各具体国家的教育制度。一种具体制度，需要宏阔的社会大环境的支持与浸润，需要把握更大范围和更大尺度。

在理论层面上，意识形态作为统治阶级的社会发展学说，是统治阶级在思想观念中创造的一个世界，统治阶级会将这个观念的世界诉诸具体的规划和方案，从而对整个社会实践发生重大的影响作用。意识形态不仅是统治阶级的阶级意识，即"阶级社会的维护意识"，也是阶级社会的主流文化。可以说，意识形态不仅具有阶级性，而且还具有文化性。当我们说意识形态作为人类文化发展的载体而存在的时候，我们就是要说明人类精神生产和文化发展在文明社会中总是具有一定的狭隘性和特殊性。这些精神产品不是对人们面对的自然、人及人类社会总体的客观揭示，而是围绕着精神生产者所属阶级的利益为转移的知识，其中很大的部分具有意识形态的性质；另外也说明人类精神生产在文明社会中不能离开意识形态。意识形态为人类精神生产提供了思想文化的氛围和环境。可以说，意识形态也可以称为文明社会中人与人之间交往的基本中介和公共领域。作为“人类文化发展载体”的意识形态，其作用主要体现在：作为既定的环境，制约着人们创造文化的视点；作为既定的思维结构，制约着人类创造文化的方式；作为既定的社会评价体系，制约着人们对文化的创造。

（二）用制度渡达思想的可能性

1. 意识形态日益文化化

当今社会，意识形态日益文化化，而意识形态认同也日益呈现文化认同特征。从狭义的角度看，“意识形态与文化是有区别的：一个侧重于增强社会的内聚力以维持现行秩序，一个侧重于个人的创造力以标新立异；一个以社会责任感为纽带强调秩序和共性，一个以实现自我为动力突出活力和个性；一个具有鲜明的集团倾向和历史界限，一个具有超越时代、地域和集团局限的普遍性和人类性等”。也就是说，意识形态是特殊的自觉性的政治文化，具有理性化、逻辑化的特点，作为观念的体系，由职业家所创立，服务于特定阶级特别是当权者阶级的利益，文化往往植根于一定的地理环境与生活习俗，从社会生活中原发或自发地产生，带有民族性特征；意识形态强调统一性，注重支配、操纵与整齐划一，倾心于权力欲望的满足，文化则强调个性，注重展现生命的本色和生活的真实需求。另一方面，文化和意识形态虽各有深意和侧重，但有相当多的重叠，意识形态是产生文化差异性的重要根源。

从广义上看，意识形态在今天已成为等同于文化的概念。如在一定意义上，葛兰西将意识形态看成是指向统一性的文化运动。法兰克福学派把科学理论、文化体制、技术理性、语言、逻辑学和修辞学等也纳入了意识形态范畴；丹尼尔·贝尔也感叹：“今天还有什么东西未被考虑为意识形态呢？各种观念、理想、信仰、教条、热情、价值观、世界观、宗教、政治哲学、道德体系、语言学话语——所有这一切都各尽所能地发挥着其作用”。因为在文明社会中，文化的制造者大多属于意识形态阶层，意识形态生产和文化生产在他们那里是一个同体的过程：意识形态的制造同时也是文化的生产，反之亦然。因而，在文明社会中，文化总是具有一定的意识形态性，而意识形态也总是具有一定的文化性。所不同的是，文化的概念常常用于指认社会精神现象，而意识形态概念则往往指认统治阶级的阶级意识。

另外，任何意识形态类型都具有“理性”和“文化”两种因素，其中，理性因素以政权为核心，决定着意识形态的政治结构和功能，文化因素以道德为核心，决定着意识形态的价值结构和功能。当文化生产取代物质生产，成为社会结构中占主导地位的生产形式时，理性因素也就自然地让位于文化因素，成为意识形态中较为次要的一面，与之相适应，意识形态的性质也由理性转变成文化。

2. 文化是连接意识形态认同与教育制度的桥梁

每一种社会形态为了存在，必须在它生产的同时再生产它的生产条件，这包括生产力与生产关系的再生产。其中，劳动力的再生产具有关键性地位。从一定角度而言，意识形态和教育都承载着这样的功能。意识形态与教育承载的这种功能由文化作为中介因素。同样，从教育学自身的要求来说也印证了这一点。正如石中英教授指出：“教育学在本质上不是一类以价值中立、文化无涉为前提，以事实发现和知识积累为目的，以严密的逻辑体系为依托的科学活动，而是一类以价值建构和意义阐释为目的的价值科学或文化科学”，“教育学活动是有一个文化的限域的，文化的时空就是教育学活动的时空，文化的可能就是教育学活动的可能，文化的指向就是教育学活动的指向”，“只有从文化的角度来理解教育学活动，才能对教育学活动的根本问题，对教育学的知识成果有个完整的、深刻的理解”。

文化执行意识形态的功能形成了多方面的效应：从个人和社会的关系上看，这种效应主要体现为人的内在化。个人走向与社会和国家的一体化，是人的内在化的社会效应，这种效应映现出文化的稳定机制及成就。

文化最大的特征是多元化，各个民族国家由于其独特的文化传统而使自己呈现为一种独特性，同时使全球呈现为多元化的、各不相同的文化面貌。在教育上文化具有的多元化特征集中体现为各国的多元化教育。在继承中谋求创新，在创新中获得发展，是各国教育历史发展的共同特点与规律。但从以往的历史中具体继承些什么，又在此基础上具体有哪些创新，各国由于教育历史传统不同，也由于所处时代背景不同，自然有较大差异。这些差异构成了各国教育的独特性。

把问题的两个端点联系起来考察，可以发现：教育制度本身为社会的产物，它自身是一种生产力，同时它也体现为生产关系。教育与意识形态有非常密切的关系，教育不是中立与客观的，而是具有意识形态的特性。教育问题是阶级、经济权力、文化霸权之间相互作用的产物，是显性或潜在的价值冲突的结果，因此它实质上是一个政治问题，是一个意识形态问题，是一个价值性问题。意识形态的核心是社会整体的价值观，不同的价值观推演出不同的意识形态体系。同时，即使是相同的价值观在不同的价值取向的作用下也会产生不同的意识形态体系。任何社会实践其本质上都是一种价值追求，人类的价值追求是社会发展的根本动力，是社会发展的内在驱动力。教育制度之所以能够渡达意识形态认同，其核心是“价值的同一”，是工具性价值与目的性价值、个人价值与社会价值的统一。这种价值追求是通过人在社会政治生活和经济生活中的发展来实现的。

（三）全球化语境中我国教育制度对意识形态的责任

教育的最大悖论正在于它也可能生产自己的对立面。现代化的过程本身就是一个充满着矛盾、对抗和各种参量的、复杂的历史和文化过程。它既是指向未来的、人类生存的一种样式，也是人在其中的、与前现代和后现代相互镶嵌着的环节，但毋庸置疑的是，现代化伴随着技术理性的滥觞。全球化反映的是一种发达资本主义世界的经济利益和政治文化逻辑，它假借所谓中性的市场力量而排斥民族国家的意识形态，实际上却与全球市场中强者之间达成一种新的更为密切而又隐蔽的默契，而其中的教育制度也就难以摆脱它与权力之间的暧昧关系。西方教育制度与意识形态认同之间的关系为中国提供了可供借鉴的视野。

教育的现代化离不开教育制度的现代化。然而，形成一个严密、完备的现代教育制度体系是一个漫长的过程，需要经历无数次的制度变革、修正与创新。中国社会已经发展到了一个新的临界点。从制度改革中寻求新的发展动力已经成为无法回避的任务，也是把中国人被压制的创造力释放出来的关键。中国教育制度与意识形态认同的出路在于围绕着“多元化”“个性化”，实现差异性基础上的辩证统一。围绕这个关系中国前途的中心，许多制度应该重新被审视。文化教育制度的改革关乎几代人的精神状态和学术文化发展，其改革更加刻不容缓！

对教育制度作哲学层次的观照，我们要既看到民族心理的个性造就的制度的个性，又看到人类心灵的共性渲染的制度的共同底色；既看到教育制度发展的特殊规律，又看到制度历史发展的普遍规律。整个人类尽管形成了许许多多不同的民族集团，但都具有地球上的生物进化所赋予的人类生态的一致性——身心结构、功能及其基本欲求的一致性，面对自然、社会、历史等现实的对象性关系而展开其实践活动的一致性，既作为个体，又作为类的存在物的一致性，等等，所有这一切规定了无论是“道”的层面还是“器物”层面都无往而不有相通之处。同时，由于各自实践条件的特殊性，又形成了个性差异，但这种特殊规律并非游离于普遍规律之外。

十八大报告为新世纪新阶段我国教育发展指明了方向，也对教育工作者提出了更高的要求。报告提出：“加快推进以改善民生为重点的社会建设”，把“优先发展教育，建设人力资源强国”放在首位。指出“教育是民族振兴的基石，教育公平是社会公平的重要基础。”报告提出：实施素质教育，提高教育现代化水平，培养德智体美全面发展的社会主义建设者和接班人，办好人民满意的教育；优化教育结构，促进义务教育均衡发展，加快普及高中阶段教育，大力发展职业教育，提高高等教育质量；要深化教育改革，加大财政对教育的投入，健全学生资助制度，加强教师队伍建设，积极建设学习型社会。

对于制度创新的原则，学界也有诸多讨论，总体而言，都认同的原则是：合目的性、合工具性与合规律性相统一。教育制度安排必须以现代化的教育思想为先导和指导，必须符合教育自身的规律及现代教育发展的规律，同时要兼顾教育制度的效率与公平。在一个尊重公正的社会，利益应该向贫者倾斜——这不是恩惠，而是基于公正的补偿①，如果反向倾斜，损不足以奉有余，社会便损失了最起码的公正。而在我国已有的种种反向倾斜中，教育商品化之下的教育排斥是连带后果最多、最具危险性的一种。它把存在已久的教育不公推向极致，令人瞩目地充当了已成社会顽疾的财富分配不公和贫富悬殊的催化剂，扩大了阶层鸿沟和城乡鸿沟，使本来就高度等级化而且越来越世袭化的畸形社会结构更趋固定。在这种分裂性的高危险社会结构下，可预料或不可预料的重大社会危机随时可能爆发。

将胆略转化为战略，把思路变成出路。我们应当注意国际上对教育质量的全面理解，注意在“全民教育”的理念下从“全面提高”的角度来理解教育质量的问题，注意从学习化社会的更加全面的教育概念出发来理解教育质量，注意从提高整个人的素质的目的来理解教育质量。就具体的教育质量来说，我们也应当突破课堂教学改革的框架，从社会环境、学习者特点和促成性投入等多方面来思考如何切实提高我们的教育质量。我国必须将教育制度建设提升到战略的高度，从哲学层面研究制度演进的规律，研究教育制度的演进规律，在多层次、多角度、

① 肖雪慧：《财富与社会公正》，《上海证券报》，2005年5月28日。

多方位、多方博弈互动中实现制度创新；加大国家对教育的投入，重视教育制度与意识形态认同之间的互构作用；进一步完善市场经济体系和加快经济发展，为教育文化铺就底色。

二、在社会时空中定位自由

马克思的哲学时空观可以分为辩证的自然时空观和社会时空观两个部分。社会时空观是马克思哲学时空观的重要维度，它具有属人性、历史性、可转换性、价值性等一系列新的特点，是我们透视社会历史现象的新视角、新方法，社会发展问题是当今人们普遍关注的问题，而社会发展又与社会时空问题密切相关，从某种意义上说，社会发展就是争取时间拓展人类的生存空间。在当前依然存在着社会对抗的情况下，时间因素在社会发展中具有特别重要的意义。人的自由全面发展是马克思终身追求的崇高价值目标，也理应是社会主义社会的根本目的和归宿。在现实的社会主义条件下，由于生产资料所有制的变革，尤其是生产资料公有制在全社会占主导地位，一直存在于阶级社会中的社会时间内部剩余劳动时间和必要劳动时间的对立与对抗也就愈来愈失去存在的社会基础了，这就有可能为大多数人民群众提供愈来愈多的自由时间，从而为人的自由全面的发展提供时间上的保证。

（一）资本主义历史眼界内的自由个性

应当肯定，相比封建主义政教合一、以神权和王权而非人权为本的意识形态，资本主义意识形态具有明显的历史进步性，其核心是以人为本，一切从人的需要出发，人世间的一切都是为了人，它要求消除加之于人的一切外来的精神的和物质的、最终导致人的异化的束缚，让人回归自我，回归自由。这为人的发展开启了历史之门，导引人类走上追求自身幸福的道路。可以说，这个意识形态开创了人类历史新纪元。但是，资本主义意识形态最鲜明的特色也是其最根本的内容，是在对人本主义核心中的人作界定和诠释时，把人仅仅归结为个人，也就是说，仅仅在个体的意义上理解人。人本主义的一切在这里都得到了重新说明：人世间的一切就是个人的一切，一切都必须从个人出发，并以个人为归宿——人的理性是个人的理性，人的权利是个人的权利，人的需要是个人的需要，人的发展是个人的发展，人的幸福当然也是个人的幸福。据此，它所主张的民主、自由等，也首先在个人权利的范畴内得到解释。这就是资本主义历史眼界内的人本主义，最终被归结为绝对的个人主义和利己主义。

资本主义的建立，导致现实状况中原子式的个人价值独立性的竞争。进入世俗化社会之后，人不仅在精神世界中与过去的神圣世界割裂，而且在现实世界中也与各种文化社群和公共生活割裂，成为孤零零的原子式的个人。这种世俗时代的原子化个人，孤独地面对整个世界，而这个外部世界，也主要就是一个以利益为轴心的市场世界，缺乏温情。市场的残酷竞争，使得原子化的个人，失去了任何共同体的保护，不得不独自面对一切来自社会的压力，而所有的社会问题也被化约为个人的生存能力，让个人独自去承担。在 20 世纪 80 年代，个人的独立曾经是人人羡慕的解放力量，而如今却成为弱势个人不堪承受的巨大压力。于是，对人的价值实现的追求为主要目标的人道主义传统，开始走向人性论的人道主义历史观。而当利己主义发展到极端时，利己反倒是对自己极大的损害，个人之间相互剥夺其个性，一切的“己”都在他者中被扬弃了，这是一场没有胜者的战斗。在个体与个体的紧张关系中，个体已经不可能通过倒退到原初的自然和谐状态来回避这一紧张关系，相反，个体只能在极端的对立已达到相当高的普遍化程度时，才能走向它的对立面——利他。真正的利己与真正的利他在本质上是一致的，并且真正的利己只有在利他的前提下才是可能的。这就是马克思本体论意义上的个人观。

这种个人观并不否认在现实中每个个人都是一个有着自身特殊性的存在者，但马克思关心的却是个人如何在现实生活中成为个人。所以当原子式的个人只是个人的空洞名词时，当这一空洞名词一旦具有丰富的内容与规定出现自相矛盾时，个人如何在自身的对象化活动中既获得自身的丰富性又不因这种丰富性而失掉自身，就构成了本体论的问题域。

市场经济彻底打破了“对人的依赖关系”，为个体独立人格的形成准备了充分的条件。从群体本位人格走向个体本位人格，这打破了那种片面的、固定化的人身依附和等级从属关系，否定了自然属性结成的那种狭隘的、局部的统一关系是个人的一次解放。所有这一切的发生，是以社会由自然经济向市场经济的转变为基础的。在资本主义市场经济条件下，个人虽然具有了独立性，获得了自由，但这种自由是不完善的自由，是从属于物的自由。所以，人格范型虽超越了“依附人格”而走向“个体化”的独立人格，但这种“个体化”人格仍受着“物”的局限。一方面，在客观上，资本主义生产方式的确立，物的依赖关系代替了人的依赖关系，它使劳动者获得了人格独立，使人成为市场经济的独立主体；在主观上，人作为货币的所有者，由经济利益驱动着其对个人利益最大化的追求，同时也使个人自我认识被唤醒和得到确立，个人的能力也随之获得空前的发展。另一方面，大工业要求的日益精细的社会分工不断地造成实践活动的片面化，个体对象性关系的贫乏化和个人社会关系的异化，个人的主体性受物役，受技术所统治等状况又造成了工业文明中人变成了“单向度的人”，只具有“理性”而无“人性”的“技术动物”，使个人成为只为追求物的利益而存在的“商品的贪婪者”，成为“孤立的个人”。

考察个体化人格范型可以看出，以个人为本位的社会形态以及相应的个人主体人格还是片面的，它把人从群体本位的人身依附和等级从属的束缚中解放出来的同时，又被置于金钱、财富等物的支配下，使人变成物的奴隶。社会关系的物化也是人的自我失落，属于人对自身本质的一种异化状态。所以，个人本位形态并非人的完善形态，它只不过是历史过渡的一个环节，在进一步的发展中也必然要被否定，为更高的类本位形态所取代。

面对后现代社会的变化、暧昧、不确定性，人如何回应？如何了解社会成员中的自己、自己的意欲和选择？这就牵扯到主体性（identity）的问题。生活在后现代社会中，人们面临不安定的经济关系，不断变化的电子信息，历史巨观叙述的瓦解，人依据哪些共同的基础来响应？后现代的重要性不在客观形成的媒体、信息和科技，而在人如何形成新形式的经验和表达方式，以及如何形成自我。后现代社会是分散的，个人和社会的契约关系已不存在，个人丧失将自己定位在历史中的能力，大众媒体尤其是电视形成了社会关系的网络。个人的主体性也分殊了、分权了、扩散了。人如何从对世界及自己在其中的地位赋予意义，不是经由理性的、抽象化的理念，而是经由反省日常生活的经验，以及人如何建构自我。教育制度要建构学生的主体性，则必先了解作为背景和底色的资本主义市场经济。

如 Hartley 强调的那样，个人反省的概念不可过度强调心理的和适应的层面，而忽略了结构性的批判。因此要以“主体”（subject）代替个人。“主体”不仅关心自我，而且要发挥行为者的能力，发展自由的权力，抗拒自我建构的社会组织的规范和形式，以改变社会环境，亦即我们要作为一个主体，而非消费者。教育尤其要将个人转型为主体，觉醒其自我的自由和责任。除非个人变成主体，否则民主就没有坚实的基础，个人不是竞争的个人、自我的个人，而是民主的行动者的个人。

（二）自由个性形态实现的可能

虽然实证主义的方法似乎已经消解了阶级、利益集团和他们的价值观在经济生活中的作用（因为，在他们看来，市场犹如一个自然体系，可以自发地优化配置资源。这样，斯密的“理性人”和“看不见的手”所构成的自由主义就成为中性化的、不含有任何个别阶层价值取向的意识形态，随之而来的是关于人类自由、平等、公正等一系列普遍的价值观。），但约瑟夫·斯蒂格利茨（JosephE. stiglitz），以其亲历华盛顿高层的视角写出的著作《喧嚣的九十年代》，为我们勾画了“意识形态引领着政策，最终助长了将会破灭的泡沫年代”① 的真实脉络。全书始终讨论一个严肃的问题：新自由主义经济学的意识形态为谁的“自由”而服务？这显然不是一个实证主义的经济学问题，其背后包含着一系列哲学、政治、文化的自由主义的支撑物，亚当·斯密是创始者，哈耶克则是现代自由主义的集大成者，尽管他们的思想表述方式不同，但其内容并无二致，即人与生俱来的自利性与市场制度的自发性天然协调一致，且资源配置最优，无须人为干扰。这样，一个复杂的社会就被解构成无数个独立的个人与市场之间简单的交易关系的模型。在这里，因为市场交易天然是自由、平等的，所以每个人也是自由、平等的，不存在什么特殊利益阶层、集团或其意识形态。

但资本主义发展的历史提醒我们：自由主义经济学与意识形态从来都是密不可分的。在工商阶级摆脱封建王权制约之时，他们所谓的“自由”已暗含着对他们所占据的主流社会地位的社会秩序的维护，亦即国家和社会不得侵扰他们的财产、自由发展以及政治地位。换言之，他们在社会结构中占优势地位的“自由”是至高无上的，但这一切都包装在人类的自由解放的旗帜下。这是一个异化的过程：从早期反封建的革命性的“自由”，到维护既得利益的“自由”，它实际上已经被“刚化”成为一种体制化的意识形态，只不过形式更为隐蔽。

尽管如此，在实证主义之外，疯狂的个人主义、特殊利益集团不断为自己的“繁荣”寻找各种放松市场的机会却是有目共睹的事实。而市场规则的制订者、管理者在为市场放松的同时也自然享受了“繁荣”的好处。最终，在市场的解放中，美国走向了泡沫经济。众所周知，“自利的人”和“看不见的手”是自由主

① ［美］约瑟夫·斯蒂格利茨：《喧嚣的九十年代》，中国金融出版社 2005 年版，第 11 页。

义经济学创造出的两个似乎完美的真理，并成为其意识形态的两大基石。其逻辑是：在市场机制作用下，个人利己的动机最终导致增进社会的整体利益。它被宣扬成永久性地适用于人类的、唯一合理的、有普遍意义的思想。自由主义经济学在理论假定上把人的社会性摒弃于人性之外，除了意识形态的原因外，另一个就是方法论的需要。从斯密到哈耶克都没有脱离西方古典哲学非此即彼的二元对立的思维传统：人，或野兽，或天使。那么，作为仿照近代自然科学方法建构的经济学，其逻辑前提必须单一可靠。这样，选择“自利人”作为前提既符合意识形态的要求，又满足利益计算的学理化表述。但现实中只有利己和利他有机地统一于人，才构成社会持续交往的可能性。

近十年来，世界各国在面向 21 世纪的教育改革战略中都不同程度地提出个性化问题。但出发点和目的有所不同。西方文化国家多因教育过分功利化而呼吁个性化（个性完善）；而东方国家则因教育体制过分统一化而倡导个性化（个性释放）。教育对人的塑造以促进社会发展的目的亦需通过三个阶段才能实现，即自然人（学龄前教育）—社会人（基础教育）—“自然”人（高等教育）。第一阶段的任务在于维护人的天性，保护创造潜质，在游戏中实施教育，同时，创设情境养成个体和群体初级要求。第二阶段的任务在于解决个体适应社会的问题，建立社会价值观，成为社会需要的合格公民。第三阶段的任务重在对人的个性化优势的发掘和释放，使已建立社会规范意识的人再一次从社会中升华出来，成为社会的积极适应者和改革者。彻底的本体论才是真正的工具论；任何受教育者置身于现实社会中，承受着教育这种典型化社会行为的影响，社会化是不可避免的，但绝不能因此否认人作为个体存在的特殊性，以及这种特殊性在其社会化过程中产生的个性化影响。毕竟，教育的宗旨不是孤立地发展个人，而是把个人放在把人类缚在一起的大链条上，使整个个人都得到发展。这才是更高发展阶段上的新起点。

教育致力于人的全面和谐的发展，是教育思想史上的主旋律，是人类追求的最高理想，尤其是文艺复兴以后，人的全面和谐发展逐渐成为贯通整个西方文化的崇高理想和人道主义的最高目标。马克思从分工考察现实人的片面现象，预示人的全面发展，指出旧分工“压抑工人多种多样的生产志趣和生产才能，人为培植工作的片面技巧”，致使“智力和身体上的畸形化”，“从根本上侵袭了个人的劳动力”。[①]“工场手工业把工人变成畸形物，它压抑工人各种各样的生产志趣和生产才能，人为地培植工人片面的技巧……个体本身也被分割开来，成为某种局部劳动的自动的工具。”[②] 随着资本主义社会生产力进一步发展，体脑对立、分工和人的片面发展也与日俱进。同时，马克思、恩格斯也敏锐地看到了现代大工业要求人的全面发展。因为“大工业的本性决定了劳动的变换、职能的更动和工人的全面流动性。”[③]“承认劳动的变换，从而承认工人尽可能多方面的发展是社会生产的普遍规律”。[④] 大工业生产的产品成倍增长，也给工人的体力和智力全面发展提供了物质条件。“用那种把不同的社会职能当作相互交替的活动方式的全面发展的个人，来代替只是承担一种社会局部职能的局部个人”，[⑤] 使人“能够适应极其不同的劳动需求并且在交替变换的职能中只是使自己先天的和后天的各种能力得到自由的发展”。[⑥]

资本主义社会现实虽然充满缺陷，但也应该相信现实同时包含了克服这些缺陷的内在倾向，资本主义社会经过又一度轮回的积累，已为下一阶段的发展提供了质变的基础和内容。我们也必须肯定理性的历史成就，相信社会进步的逻辑。

马克思、恩格斯创立的共产主义学说，就是一个必须靠“功成不必在我”的意志来圆梦的学说。它描绘的世界大同的蓝图，在阶级社会中不可能实现。要到达共产主义的理想天国，需要世世代代人的接力奋斗。在这个征程中，许多的人看不到共产主义的现实美景。明知眼前的付出不可能取得现实的回报却义无反顾，只有具有共产主义坚定信仰的人才能做到。自由，就是指人们认识和掌握了社会历史的必然性和规律，使自己成了自然界和社会的主人，从自然界和社会领域的盲目力量的支配和奴役下解放出来，从而能自觉地创造自己的历史的这样一种状态。

人生来本应该是自由的，但是由于社会的不平等，因此，人在迄今为止的阶级社会中并不自由。如经济、政治、文化等各个方面的不平等与不发达限制了人自身应有的自由。

人的自由与自然及社会的必然规律之间的关系是一种相互影响和制约的关

---

① 《马克思恩格斯全集》第 23 卷，人民出版社 1972 年版，第 399 页。
② 《马克思恩格斯全集》第 23 卷，人民出版社 1972 年版，第 399 页。
③ 《马克思恩格斯全集》第 23 卷，人民出版社 1972 年版，第 399 页。
④ 《马克思恩格斯全集》第 23 卷，人民出版社 1972 年版，第 534 页。
⑤ 《马克思恩格斯全集》第 23 卷，人民出版社 1972 年版，第 535 页。
⑥ 《马克思恩格斯论教育》，人民教育出版社 1986 年版，第 234 页。

系。当人类还不认识自然及社会的客观规律时，人类很难实现自由的状态。但人类也不能孤立于自然和社会生存，因此，人的真正的现实的自由必须是建立在对必然规律的基础之上，且运用必然规律来实现人类自己。

物质生产在发展、政治在发展、人类知识在增长、人的劳动时间在缩短、闲暇时间在增长，只有人类意识到自身能力的增长是唯一目的的时候才会真正实现自由。只有在未来的社会主义，人们才能实现真正的平等。

马克思、恩格斯的学说为人的自由个性形态的实现提供了现实的出路：只有到了共产主义社会才能使得全面发展得以实现，“旧的生产方式必须彻底变革，特别是旧的分工必须消灭。代之而起的应该是这样的生产组织：在这个组织中，一方面，任何个人都不能把自己的生产劳动这个人类生存的自然条件中所应参加的部分推到别人身上；另一方面，生产劳动给每一个人提供全面发展和表现自己全部的即体力的和脑力的能力的机会。”[①] 也就是说，只有改变资本主义雇佣劳动制度，消灭剥削和私有制，建立起共产主义制度，生产力得到高度发展，劳动才真正成为自由的劳动。劳动者才能在体力和智力上充分地和自由地发展。人的全面发展作为一种理想和目标是一定能够实现的，而且现在就要朝这个方向前进。但是这个理想只有到了充分发展和完全成熟的共产主义才能真正实现。

三、在实践中创造自由时间和发展的空间

社会时空观是马克思哲学时空观的重要维度，它具有属人性、历史性、可转换性、价值性等一系列新的特点，是我们透视社会历史现象的新视角、新方法，具有重要的理论意义及实践意义。马克思时空观的最大特色是把时空观建立在实践唯物主义基础之上，将对时间的理解扎根于人的现实的实践活动之中。[②] 对马克思的哲学思想进行研究绝对不能离开实践观，因此马克思时空观的提出也不能离开他的实践观。时空观作为物质存在的基本形式的表述也随着转化为对人类实践活动的哲学表达。社会时空特性，是社会运动的规律性在时空关系上的体现。[③]

晚清苏州有位富豪，其独生子犯了死罪，虽然多方打点，百计求脱，但证据

① 《马克思恩格斯全集》第 20 卷，人民出版社 1972 年版，第 318 页。

② 胡刘，祝莉萍：《“自在时空”到“社会历史时空”——马克思对传统时空观的实践论改造及其当代意义》，《教学与研究》2012 年第 6 期。

③ 吴绍红：《马克思的社会时空观》；《科技信息》2008 年第 2 期。

确凿，实在没有办法通融，最后还是被判了个斩立决。这急坏了富豪，因为他的独生子还没有给他留下孙子。为了不使香火断绝，富豪买通当地官员，高价买了几个乡下姑娘，轮流到监狱里去陪睡，希望借腹生子，延续血脉。但这种事不保险，所以需要争取时间，使斩立决推迟执行。富豪在省内各衙门打通一切关系，但仍然无法可想。最后他去北京活动，终于有一个刑部书吏为他想了一个绝妙的办法：当处决富豪儿子的文书发出时，负责封订文书的书吏故意与另一封发往云南的文书调换，这样苏州官员收到的就是云南处决犯人的文书，只能退回刑部，而刑部又需等云南的文书退回再发往苏州，云南离北京最远，文书来来回回，前后耽搁一年多，富豪也就争取到了时间。①

人在实践中创造自由时间，也就为自己开辟了发展的空间，人类的活动应属于追求自我的自由时间。这是人的本质力量对象化在时空关系上的表现。作为社会时间具化形式的社会空间，不但以实物形态存在，而且以社会关系形态存在，也就是社会结构。社会历史表现为两个相反的运动过程，即时间的空间化（活动结构要素转化为社会关系要素）和空间的时间化（社会关系结构要素转化为活动结构要素）。考察社会时空的内在联系，就是考察社会结构和社会活动结构的相互转化，这是解释社会规律及其实现机制的根本途径。时空关系与历史规律有着不可分割的联系，尤其是在历史分工规律上，是物化的劳动时间与主体的劳动时间之间的交换，以及这种不平等交换构成了资本主义的存在基础。② 马克思把可自由支配的时间看作财富的尺度。他指出，在社会主义社会，“社会生产力的发展将如此迅速，以致尽管生产将以所有人的富裕为目的，所有的人的可以自由支配的时间还是会增加……那时，财富的尺度决不再是劳动时间，而是可以自由支配的时间。以劳动时间作为财富的尺度，这表明财富本身是建立在贫困的基础上的”。马克思这段话的含义是什么呢？财富是劳动创造的，生产力越落后，劳动生产率越低下，创造一定的财富所需要的劳动时间就越多，要增加财富就必须付出更多的劳动时间，因而劳动时间成为财富的尺度。这种情况反映在消费关系上，表现为消费的质量和水平低下，所以说这种情况下的财富“是建立在贫困的基础上的”。反之，生产力越发展，劳动生产率越提高，生产同量的财富所需要

---

① 洪振快：《诺奖得主的智慧远不如中国贪官》，《南方都市报》，2009 年 11 月 1 日，http://www.360doc.com/content/09/1101/21/142_8236929.shtml。

② 胡刘，祝莉萍：《“自在时空”到“社会历史时空”——马克思对传统时空观的实践论改造及其当代意义》，《教学与研究》2012 年第 6 期。

的劳动时间越少。当生产力的发展水平达到一定高度后，劳动时间就可以逐渐减少。这时，劳动时间的减少与财富的增长成了同步的关系，即财富越增长，劳动时间可以越减少，从而可自由支配的时间也就越多。于是，可自由支配的时间成为财富的尺度。

马克思并不是脱离实践活动抽象地谈论时间和空间，而是把实践观贯穿在他的全部的时空理论之中，从实践活动来理解时间和空间的一系列重要问题。[①] 马克思时空理论第一次科学地把时间和空间看成在实践活动上的统一。这种时空的统一性体现在两个方面：空间是时间的结晶化；时间和空间相互转化。

1974 年获诺贝尔经济学奖的瑞典经济学家冈纳·缪尔达尔曾经提出一个“速度钱”的概念（大意是人们为了避免官僚主义的低效率，花钱去加快政府机构的文件传送和决议达成的速度，用腐败去加快烦琐的行政程序，减少达成目标的障碍），并成为分析发展中国家腐败现象的一个不错的工具。

2006 年诺贝尔文学奖得主、土耳其作家奥尔罕·帕慕克在《纯真博物馆》中所写：真正的博物馆是将时间转化为空间的地方。展览其实是时间与空间的压缩。伯纳德·屈米设计的新雅典卫城博物馆处在一个极其特殊的时空境遇中：“历史”既高高在上也沉睡现实之下，博物馆因此呈现出一种上下叠加的非线性、非均质的历史空间，从而也蕴涵着不同的历史叙事可能。引导观众能够站在多个维度——全球、所在文明、历时性、现世性——进行思考。

节气是中国人生存的时间和背景，生产和生活的指南。2016 年 11 月 30 日，“二十四节气”正式列入联合国非遗名录。余世存先生的《时间之书》告诉我们：节气是关于时间的文化。节气不仅只是遗产，它也是“旧邦新命”的生活和文明模式。节气是鲜活的存在，它不是只属于“地方性知识”，不仅只与民众的生活世界有关，也跟全球的时间演变有关，跟文明有关，就是说，它跟所有人的时空感相关。人在节气时间中认识自我、获得安顿。处在一个远离自然（天人相分）的现代世界，节气所蕴涵的天人相印相应思想、知识及其实践，极有利于校正现代性的异化和危难。从节气时间开始，中国对人类贡献的时间开始了。[②]

社会时空理论作为历史唯物主义的重要组成部分不仅有着重要的理论意义，而且有重要的现实意义。社会时空观是一种时间即空间的阐述理论，从某种意义

① 夏靖佼：《马克思时空观及其当代价值》，《黑龙江大学学报》2012 年第 5 期。

② 一本关于二十四节气的《时间之书》，http://cul.sohu.com/20161202/n474772232.shtml。

上说，社会发展就是争取时间来拓展人类的生存空间。[①] 在阶级社会，人类的发展多是以人类个体的时间来换取社会的自由时间为代价，在生产力高度发达的当代社会，科学技术为人类带来的大量闲暇时间转化为人的活动空间。这意味着，不论是社会还是个体的自由程度都会大幅提高。[②]

1949 年至改革开放初期，我国一直实行一周六天工作制，每周只能礼拜天休息。只有元旦和五一放假 1 天，春节放假 3 天，国庆放假 2 天等这些全体公民假期。1994 年 3 月 1 日，国家开始试行“1＋2”休假制度，即每天工作八小时，平均每周工作 44 小时的工时，每逢大礼拜休息两天，而在小礼拜就只休息一天。1995 年 5 月 1 日，完全意义上的双休日工作制正式实施。人们在学习和工作之外拥有了更多自由支配的时间和更大的生存自由。1999 年，国务院决定将春节、五一、十一的休息时间与前后的双休日拼接，从而形成 7 天的长假。2000 年 6 月，正式确立了“黄金周”假日制度。2007 年 12 月，国务院决定，从 2008 年起取消五一黄金周，改为 3 天短假期，同时相应地增加了清明、端午、中秋三个传统节日。这几个节日通过双休日的拼接，形成了三天小长假。此次调整后，我国法定节假日和周末休息日达到 115.3 天。

科学技术的发展对人类的重大贡献之一，是将人类从繁重的体力劳动中解放出来，使人有了充裕的闲暇时间。这为人类从对物质享受的追求转向精神自由的追求创造了条件。“罗辑思维”创始人罗振宇在 2017 年跨年演讲《时间的朋友》中提出，未来有两种生意的价值变得越来越大：一种是帮助用户省时间；那省下时间干什么？这就是第二项生意——帮助用户把时间浪费在美好的事情上。时间是新的战场，也是新的货币。在这个处境里，商业有两个获得用户的办法：一个是让他上瘾，拖住他的时间；一个是提供服务，优化他的时间。[③]

马克思十分重视社会主义制度下劳动时间的缩短和可以自由支配时间的增加。因为可自由支配的时间越长，表明用于消费的时间越多，消费的内容就可以越丰富多彩。可自由支配的时间之所以成为财富的尺度，可以从两个方面理解：一方面，休闲时间越多，意味着劳动生产率越提高和财富越多；另一方面，可自由支配的时间成为另一种意义上的财富，它也有使用价值。人们在这个时间里参

---

① 曾庆发：《略论马克思社会时空观理论及其意义》，《黄石教育学院学报》2004 年第 2 期。

② 夏靖佼：《马克思时空观及其当代价值》，《黑龙江大学学报》2012 年第 5 期。

③ 罗振宇：《时间的朋友》跨年演讲精简版：2017 年的 5 大趋势与变化，http://www.cyzone.cn/a/20170101/307041.html。

加文化艺术活动、科学技术活动、旅游娱乐活动、健身活动、社会活动等，这些都是人的全面发展所需要的，是另一种意义上的消费活动。随着社会经济的发展，人们的消费不应只着眼于物质财富的消费，还应重视日益重要的可自由支配时间的消费。①

四、在时空的永恒中定位自身的使命

苏格拉底说："未经省察的人生没有价值。"回望来时路，也许不是最美好——因为明天会更美，但它一定是一段值得为之奉献也值得永远追忆的时光。我们奋斗过，并在奋斗中播种性格，收获命运。

社会是高级的物质存在形式，按照马克思主义的辩证的自然时空理论，社会当然也具有时间和空间。这乃是社会时间和社会空间。所谓社会时间，是指社会活动的持续性。这种持续性表现为：人类活动存在和活动过程进行的久暂，一活动和另一活动，一活动过程和另一活动过程依次出现的先后顺序，以及它们之间间隔的长短。社会发展史就是社会运动和人类活动在时间上的展开和表现。社会时空的特点表现为：社会时空是实践着的人和人类社会的存在形式。社会时空具有社会历史性。社会时空之间具有可转换性。社会时空与分工，阶级，人的发展，自由，价值，革命等一系列社会历史的根本问题相关联，具有价值性的特点。

1951 年，加拿大乔克河附近一座核电站发生泄漏事故。相关负责人赶到现场时，核反应堆已经开始熔毁。如果不能立即拆除反应核，上万人的生命将受到威胁。当时机器人还无法完成这么复杂的任务，必须有人钻进核反应堆内部去拆除。

事故迫在眉睫，核电站负责人立刻向美国原子能委员会求助。他们马上派出一位受过专门训练的海军少尉前去支援。少尉火速赶到现场，投入"战斗"。他与专家们研究了核反应堆模型后，开始进行拆除演练。拆除工作分为四步，每一步都必须在 1 分 30 秒内完成，不能耽搁一秒。而且，所有步骤都要准确无误，哪怕拧错一个螺丝，后果都不堪设想。

演练结束后，少尉穿上防护衣，镇定地走进反应核，开始工作。整个过程

---

① 卫兴华：《当可自由支配时间成为财富的尺度》，《人民日报》，2006 年 6 月 2 日。http://opinion1.people.com.cn/GB/40604/4427408.html。

中，他受到的核辐射是常人一年最大辐射准许量的总和。很多人都以为少尉难以生还，只能在心中祈祷他能坚持到第六分钟，完成拆除任务。出乎意料的是，少尉不仅圆满地完成了任务，而且活了下来。后来，他获得了诺贝尔和平奖，还成为了美国总统，他就是吉米·卡特（美国第39届总统、2002年诺贝尔和平奖获得者詹姆斯·厄尔·“吉米”·卡特）。忆及往事，卡特自豪地说：“当你要完成的任务与上万人性命相连时，你就没有失败的机会。成功源于责任，一个人肩负的责任有多大，战胜困难的决心就会有多大。”①

每个人的人生至少都应有家国、社会、心灵的三重定位。首先就应在家国中定位自身。每一个民族都有自己的梦想，而所有的梦想都和自由、机遇、奋斗、磨难、信心、勇气、力量、成功、尊严相关。但中国梦独特卓越之处在于：让人类历史上最多的人口在全球化的视野里，体验自然的美妙、艺术的神奇和现代的文明；让每个人都有自由去选择改变自己的命运，而且只要努力，只要坚持，每个人都可以改善自己的命运。我们就生活在这样的一个时代背景下，我们也应该将自己的聪明智慧才情融入科学发展的实践中，与亿万同胞一起，共同创造国家民族明天的华美与庄重、成熟与尊贵、荣光和梦想。

其次要演好人生的多重角色。马克思说，人的本质，就其现实性而言是一切社会关系的总和。人生都有千面，每个个体也都是社会生活链条上的一个网上纽结。而每一个人自由全面的发展才是一切人自由全面发展的前提。我们要保证生命的长度，拓宽生命的宽度，坚守生命的硬度，追求生命的强度和力度，以及酣畅淋漓的状态，这同时是一种生命的自由状态。生命是一种行走，我们永远不知道出路在脚下的哪一步，我们只有不断地去探寻，一步一步走，一步一步扔。走出来的是路，扔掉的是负重。路越走越长，心越走越静，时刻谦卑，时刻低眉，才能修炼成精，静水深流。你会发现，命运总在一些拐角将幸运的果实留下，有比手头更好的机会在路上等待你发掘。让你相信它从未远离。因而，每一个生命个体都应该学会迷恋和感恩，学会如何守护童年的品行，如何小心翼翼地以虔敬之心看世界，向细微之物学习谦卑、忠诚、憧憬、虔敬和守朴。泰戈尔说：“攀上高峰，发现在名誉的荒芜不毛之地的高处，简直找不到一个遮身之地。”他还说过：“我们大为谦卑的时候，便是我们最近于伟大的时候。”《老子》：“上善若水，水善利万物而不争，处众人之所恶，故几于道。”在道家学说里，水为至善

---

① 发表于《环球人物》2014年第24期，《读者》第22期转载。

至柔；水性绵绵密密，微则无声，巨则汹涌；与人无争却又容纳万物。水有滋养万物的德行，它使万物得到它的利益，而不与万物发生矛盾、冲突，人生之道，莫过于此。最好的善，就像水一样。水可以根据容器的形状，而呈现相应的形状。水往低处流，地势越低，水就汇聚得越多。水虽然柔弱，但水滴石穿，再坚硬的物体，也会被水滴穿。至柔之中又有至刚、至净、能容、能大的胸襟和气度。人只有恢复到谦卑，生命才能获得神性的支持，心灵才能生出竹节的高度与尊严，才能真正成为自己人生传奇的主角，让人生的每一个侧面都华美，随时准备好在最佳的时机、最佳的状态下站到自己最靓的舞台上，让成功成为一种习惯。

再次是要合理定位自身。《庄子·德充符》中对于哀骀它的描述："丈夫与之处者，思而不能去也；妇人见之，请于父母曰'与为人妻，宁为夫子妾'者，十数而未止也。未尝有闻其唱者也，常和人而已矣。"孔子称哀骀它是"才全而德不形"者，他"死生，存亡，穷达，贫富，贤与不肖，毁誉，饥渴，寒暑，是事之变，命之行也。故日夜相代乎前，而知不能规乎其始者也。"西方学者丹托说："禅之美丽就在于不存在什么神圣的任务和特殊的活动，人可以作为一个作家和画家去实践它，也可以作为一个屠户和修车者去实践它，我觉得，这是一个对于人生幸福的贡献，让人穿越烦恼找到出路。"今天，我们应该反思我们传统的文化所给予我们的财富是什么？我们是否应该像西方关注我们一样来真正关注自身？是否也应该从自身文化中启发一种对世界文化有益的智慧？我们是否应该领悟到身心家国的同构性？是否要有足够的能力把握能够得到的，有足够的魄力放弃不能拥有的，有足够的耐力去忍耐自己所不能包容的，并要有足够的智力去区分它们。大诗人朗费罗说，你的生命一如他人，每个生命都会下雨。快乐像鲜花，即使你用心呵护，它也很快凋谢，而痛苦就像野草，无论你如何刈割、铲除，它都会顽强地生长。所以，心灵的强大才是真正的强大，要学会迎接痛苦、医治痛苦、化解痛苦，让痛苦钙化，成为我们坚强生命的一部分；让所有的挫折磨难都成为我们冲破生命之茧，化蛹成蝶的生命之剑。

"道不远人"，真理就存在于朴素而真实的生活当中。中国以前的教育，并不重视学校和课程，而是重视老师是谁，重身教、行教。像孔子，虽然到处讲学授徒，其实他并没有一所固定的学校，唐人钱起作诗说，"更怜弟子宜春服，花里寻师到杏坛"。"杏坛"也许就是一个普通的地方，但这并不妨碍孔子施教；王阳明以各处的衙门为自己讲学的场所，也不影响他传道授业。只要有名师，就会应者云集，至于教育的形式，倒在其次了。可见，中国人重师道过于重知识，师道存，则教育存，这可以说是中国古代教育思想的精华。作为一个哲学社会科学工作者，我们更应时刻认清自身“传道、授业、解惑”的使命，时刻珍惜使命、荣耀使命，认真走好人生的每段平常路；用安静而独特的视角，用锐利又温和的感染力，把无数精神的盛宴传递给每一个学生，让他们懂得超越自己，懂得守护灵魂的完整，懂得把长长的视线延伸到历史和未来。

从原始社会到封建社会，从推翻帝制、创建中华民国到新中国诞生、再到中国特色社会主义事业的开辟，其间每次社会进步都有许许多多的人们为此付出长时间的艰辛乃至生命的代价。用历史的眼光看这花开花落、朝朝暮暮，不难发现，不管是用和平方式世袭承继，还是用战争手段“破旧立新”、完成更替，都是一种历史接续，由此推动着社会发展。在这个过程中，一个人的力量是微不足道的，不可能完成打烂旧世界、建立新制度的历史使命。作为微观的“人”即一个人，他在这个历史长河中就像天上的“流星”瞬间即逝。但是，作为宏观的“人”即广大人民群众，是由看似“渺小”的一个个普通人所组成，个人微不足道的力量累积，最终汇聚成为巨大的历史洪流，推动历史的车轮滚滚向前。所以，“功成不必在我”是历史的结论。在毕业作文中，马克思写道：人与动物不同，动物完全依赖自然的生活条件，只能在自然提供的一定范围内活动，而人却能掌握自己的命运，有选择的自由。这正是人比动物优越的地方。但是，如果认为生活在社会中的人们能够不受任何限制，随心所欲地自由选择职业，那就完全错了。人们在选择职业时，正如人们在社会上的其他活动一样，并不是完全取决于自己的希望和志愿，而要受到自己所处的社会地位和社会中的关系的限制。他说：“我们并不总是能够选择我们自认为适合的职业：我们在社会上的关系，还在我们有能力对它们起决定性影响以前就已经在某种程度上开始确立了。”青年时期的马克思，在他的中学毕业论文《青年在选择职业时的考虑》中写道：“历史承认那些为共同目标劳动因而使自己变得更加高尚的人，历史承认他们为伟大；那些为最大多数人带来幸福的人，经验证明他们为最幸福的人。”“在选择职业时，我们应该遵循的主要指针是人类的幸福和我们自身的完美，人们只有为同时代人的完美、为他们的幸福而工作，才能使自己也达到完美。”[①] 这是一种非常深刻的思想。在这里，马克思已经把人们的活动、人们的职业与人们在社会上

① 马克思：《青年在选择职业时的考虑》，《马克思恩格斯全集》第40卷，第5页。

的关系联系起来。后来马克思在许多著作中进一步发展了这一思想。

马克思认为，选择职业是关系到个人生活目的和生活道路的重大问题。因此，不应该为一时的兴趣、渺小的激情、个人的虚荣心所左右，而必须采取严肃的态度，“选择一种使我们最有尊严的职业；选择一种建立在我们深信其正确的思想上的职业；选择一种能给我们提供广阔场所来为人类进行活动……的职业。”[①]“如果我们选择了最能为人类福利而劳动的职业，那么重担就不能把我们压倒，因为这是为大家而献身；那时我们所感到的就不是可怜的、有限的、自私的乐趣，我们的幸福将属于千百万人，我们的事业将默默地但是永恒发挥作用地存在下去，而面对我们的骨灰，高尚的人们将洒下热泪。”[②] 在为人类服务的光辉历程中，马克思始终坚定不移，勇往直前。各国反动派的疯狂迫害，资产阶级的残酷报复，庸俗民主派的诽谤攻击，丝毫没有动摇他的坚定信念。革命事业的暂时挫折，昔日盟友的背信弃义，革命组织的涣散分裂，丝毫没有动摇他的必胜信心。艰苦的思想劳动，贫困的物质生活，多年疾病的折磨，丝毫没有动摇他的钢铁意志。正如他的战友和学生威廉·李卜克内西所说，“他不像《一千零一夜》里的王子那样由于周围的叫嚷和恐怖情景便吓坏了，胆怯地回头一看就失去了胜利和胜利的报偿；马克思却一直向前，目光总是盯着前面光辉灿烂的目标……”[③]

人的尊严可以用一句话来概括：他的信念……它比金钱地位权势，甚至比生命都更有价值（海卡尔）。哪里有理性、智慧，哪里就有尊严（马丹·杜·加尔语）。巴斯葛说，人的一切尊严，就在于思想。

康德真诚地劝诫世人：这个令人肃然起敬的“人格”观念，一面使我们从头注意到自己的行为同它有欠符合，并因此挫抑了我们的自负心，同时却使我们明白地看出了我们的天性的崇高；这个观念就是在极平常的人类理性方面也是自然发生显而易见的。凡稍知廉耻的人有时会发现，他原来可以撒一次无伤大雅的谎，以便摆脱某种可厌之举，甚或为其可爱可敬的友人求得某种利益，可是他却仅仅因为害怕暗自鄙弃，而不曾撒谎。一个正直的人只要废弃职责，原可摆脱某种惨境，而其所以能够不辞辛苦，坚持下去，不是由于他自觉到这样才可以身作则，维护人的尊严，加以尊崇，才可以内省不疚，不怕良心谴责吗?

黑格尔说：只有那些躺在泥沟里，却从不仰望星空的人，才永远不会掉进沟

① 马克思：《青年在选择职业时的考虑》，《马克思恩格斯全集》第40卷，第6页。

② 马克思：《青年在选择职业时的考虑》，《马克思恩格斯全集》第40卷，第7页。

③ 威廉·李卜克内西：《纪念卡尔·马克思：生平与回忆》，《回忆马克思恩格斯》，第60页。

里。真理虽然就存在于生活中，但我们对真理的求索却应该像夸父追日一样，要永远不停歇地追赶。

《周易》：“天行健，君子以自强不息”（乾卦）；“地势坤，君子以厚德载物”（坤卦）。著名哲学家、哲学史家、国学大师，北京大学哲学系教授张岱年先生把中华民族精神概括为“自强不息”“厚德载物”。“天行健，君子以自强不息；地势坤，君子以厚德载物”两句意谓：天（自然）的运动刚强劲健，相应于此，君子处世，应像天一样，自我力求进步，刚毅坚卓，发愤图强，永不停息；大地的气势厚实和顺，君子应增厚美德，容载万物。译为：君子应该像天宇一样运行不息，即使颠沛流离，也不屈不挠。曾子也曾对子襄说：“你喜欢勇敢吗？我曾经在孔子那里听到过关于大勇的道理：反省自己觉得理亏，那么即使对普通百姓，我也不去恐吓；反省自己觉得理直，纵然面对千万人，我也勇往直前。”

由此，哲学时空观的文化意蕴即是要引领人超越红尘琐碎和有限，去追求切实而高远的人生意境和自由澄明之境；从而引领人以感激的心情诗意地栖居，去珍惜于千万人中你所遇见的，于千万年中，在时间无涯的荒野里，没有早一步，也没有晚一步，刚巧赶上了的人和事。让每个生命个体在仰望星空这个最璀璨的精神屋顶时，都能领会巍峨、神秘、纯净、浩瀚、深邃、慷慨和无限；去让每个生命个体都能在心灵深处最柔软的部分为真理留下空间；引领人去格物、致知、诚意、正心、修身、齐家、治国、平天下，去用千差万别的丈量尺度发现美，创造美；去珍惜每一个可能的开始，热爱自己生活的全部；去明了高贵必然陡峭，因为卓尔不群的高度注定了艰难曲折，而险象环生地一路攀越才能最终到达人生的制高点；教会每个个体去认识自己、发现自己、去用五十分的眼睛发现和创造一百分的世界，寻找到历史赋予自己的那一份无上的光耀！给每一个凡俗的生命以一双非凡的翅膀，让更多的心灵真正得到自由的长空。

高山仰止，景行行止，虽不能至，心向往之。

理念决定命运。一个人的眼界、格局和思维方式，决定了他的结局。

水浮万物，玉石流止；在时间的永恒中，我们都如此短暂和渺小，唯有美好的品质灼灼其华。愿只求耕耘，不问收获。

第一章　当代中国哲学的定位和使命

“虽然哲学什么具体功能也没有，但它毕竟能把我们引向一个新高尚的境界”。不可否认，我们心目中固有的雅俗之辨、经典/流行、严肃/通俗、精英/大众等概念区分的壁垒森严和意识形态自身的暧昧往往令我们在研究时显出难以言说的尴尬、含混，乃至不可察觉的偏见。

黑格尔曾经说过，一门学科首先要解决的问题是这门学科是什么及其是否存在。皮亚杰则认为，任何一门学科总还是不完善的，经常处于建构的过程之中。

一、当代中国哲学的时空背景

习近平同志在全国宣传思想工作会议上的讲话中提出，领导干部特别是高级干部，要把系统掌握马克思主义基本理论作为看家本领，老老实实、原原本本学习基本理论。这一要求具有很强的现实针对性，对于我们党的思想建设具有重大而深远的历史意义。21世纪中国哲学的时空背景依然是现代化进程中的中国，它首先要确认的仍是以中国化的马克思主义为指导的现代理性文化传统，因为，中国化的马克思主义从一开始就实现了对中国传统文化和西方现代理性文明的双重的自觉的批判，同时也唯有马克思的社会历史观能以一种积极的建设与批判相结合的态度而与我国现代化发展实践保持广泛开放和灵活适应的关系。在习近平同志关于文化发展繁荣的系列重要讲话中，弘扬中华优秀传统文化是一个重要主题。习近平同志指出，中华民族创造了源远流长、博大精深的中华文化，中华文化是中华民族创造的精神财富，反映了中华民族强大的文化创造力。继承要基于辩证的分析。讲话强调，一个国家、一个民族的强盛总是以文化兴盛为支撑的，中华民族伟大复兴需要以中华文化发展繁荣为条件。对历史文化特别是先人传下来的道德规范，要坚持古为今用、推陈出新，有鉴别地加以对待，有扬弃地予以继承。

据此，对中国传统文化的批判继承应该做到以下几点。首先，发现和挖掘现代与传统之间的张力，用现代化的普遍理性主义方法来重新检视传统文化的理性内涵和人文精神，把传统文化创造性地转化、创新性发展为现代化中国的价值理想的重要部分。中华文化在文明延续、社会平衡、政治统一、民族和合、反抗外侮等方面发挥了积极历史作用。中国人民的理想、价值观和精神世界是始终扎根于中华优秀传统文化的沃土之中的，同时又是随着历史和时代前进而不断与时俱进的。因此，实现中华民族伟大复兴，就要重视中华优秀传统文化，继承和弘扬中华优秀传统文化，积极深入中华民族历久弥新的精神世界，把长期以来我们民族形成的积极向上向善的思想文化充分继承和弘扬起来。

其次，要提炼和把握人文精神与科学精神的辩证张力，用科学的、批判的、时代的、严谨的分析方法对中国传统文化进行现代理性梳理。中华民族创造了中华文化，中华文化为中华民族提供了丰厚滋养；中华文化既记载了中华民族的历史，又孕育了中华民族的品格；中华文化既代表着中华民族的精神特性，又培育了中华民族的价值追求。中华优秀传统文化是中华民族的突出优势，是我们最深厚的文化软实力，今天依然是我们推进改革开放和社会主义现代化建设的强大精神力量，是我们在世界文化激荡中站稳脚跟的根基。中华民族的伟大复兴要以中华文化的发展繁荣为条件。要认真汲取中华优秀传统文化的思想精华和道德精髓，大力弘扬以爱国主义为核心的民族精神和以改革创新为核心的时代精神，深入挖掘和阐发中华优秀传统文化讲仁爱、重民本、守诚信、崇正义、尚和合、求大同的时代价值，使中华优秀传统文化成为涵养社会主义核心价值观的重要源泉。

再次，自觉实现传统与现代的交融和交相辉映。党的十七届六中全会论述了中华文化与中国特色社会主义的关系，提出了中华文化是建设中华民族共有精神家园的重要支撑、中华文化是发展社会主义先进文化的深厚基础等观点。习近平同志对此作了新的发展，强调中华文化不仅是精神家园的支撑、先进文化的基础，从根本上说，中华文化是中国特色社会主义的沃土。中国特色社会主义应把中华优秀传统文化作为自己的深厚历史渊源，要植根在中华文化之中。需要指出的是，我们对传统文化的批判继承是要使中国传统文化能够超越其文化中对现代化造成的阻力和“文化古老也必沉重的局限性”。中国特色社会主义是在中华大地上的伟大实践，以中华民族为实践主体，必然要立足于中华民族的民族精神，立足于中华优秀传统文化，扎根于中国的历史文化，依赖中华文化的精神支撑；

中华民族伟大复兴的中国梦是今天我们坚持和发展中国特色社会主义的奋斗目标，而中国梦的实现需要汲取中华优秀传统文化的思想精华，弘扬中国精神。弘扬中国精神必须把长期以来中华民族形成的优秀思想文化充分继承和弘扬起来，使之成为全国各族人民团结奋斗的重要思想基础。

因而，21世纪中国哲学的关照必须要以国人的世俗生活为出发点，以培育国民现代文化心理素质为发力点。哲学要回归生活世界，要及时总结中国文化实践的态势和成绩，积极开展渐次深入的文化启蒙，让现代工业文明的创造性文化成果向人民的日常生活氤氲化生，培育公民的现代意识、生活情态和价值取向。我们要善于把弘扬优秀传统文化同发展现实文化有机统一起来、紧密结合起来，在继承中发展，在发展中继承。要使中华民族最基本的文化基因与当代文化相适应、与现代社会相协调，以人们喜闻乐见、具有广泛参与性的方式，把跨越时空、超越国度、富有永恒魅力、具有当代价值的文化精神弘扬起来，把继承优秀传统文化又弘扬时代精神、立足本国又面向世界的当代中国文化创新成果传播出去。

二、当代中国哲学的使命与权力

习近平强调，中国优秀传统思想文化体现着中华民族世世代代在生产生活中形成和传承的世界观、人生观、价值观、审美观等，其中最核心的内容已经成为中华民族最基本的文化基因，是中华民族和中国人民在修齐治平、尊时守位、知常达变、开物成务、建功立业过程中逐渐形成的有别于其他民族的独特标识。中国人民的理想和奋斗，中国人民的价值观和精神世界，是始终深深植根于中国优秀传统文化沃土之中的，同时又是随着历史和时代前进而不断与日俱新、与时俱进的。在21世纪的今天，几千年来人类积累的一切理性知识和实践知识依然是人类创造性前进的重要基础。只有不断发掘和利用人类创造的一切优秀思想文化和丰富知识，我们才能更好认识世界、认识社会、认识自己，才能更好地开创人类社会的未来。

21世纪的中国哲学依然还有艰巨的、繁重的文化启蒙和文化自觉的历史使命。哲学作为理论化、系统化的世界观，作为人们认识世界、改造世界的方法论，既可以以经院哲学、政治哲学、文化哲学、科学哲学等形式存在，也可以以大众哲学、文学批评、生活哲学的形式存在。中华优秀传统文化必须与当代文化相适应、与现代社会相协调；传承发展中华优秀传统文化必须坚持中国特色社会主义文化发展道路，立足于巩固马克思主义在意识形态领域的指导地位、巩固全党全国人民团结奋斗的共同思想基础。要实现中国哲学语言表达的民族化和规范化。哲学应立足于人的现实生活情态，破除抽象的原则和刻板的教条对人的束缚，在真理与价值、手段与目的、理想与现实、经验与实存等矛盾之间实现辩证的和解和良性的互补，鼓舞和帮助人们在琐碎的、凌乱的、具体的、现实的礼俗社会生活中去超越生活的有限和狭隘，去发现和创造更符合自身"人之为人"的生活道路和生存境界。哲学必须要观察生活、理解生活、提炼生活、超越生活，哲学要以自身的真诚、真实、真切、真挚、同情、理解、关怀、热情、理性、理想和想象力来引导人、引导生活。在这里，哲学既是教育，又是对话，更是生活本身。从古至今，真正的哲学永远都是一门通过平等交流和对话，引领人走向真善美的自由澄明之境的学问。

三、预测未来的最好办法就是把它创造出来

在改革开放深入发展的当代，教育的基础性和根本性作用日益彰显。在中国社会发展迅速推进的基础上，对新型现代性的日益自觉，为教育拓展了新的学理空间，带来了历史机缘。

（一）塑造高尚的思想道德素质和"为人"品格

2016 年召开的全国高校思想政治工作会议提出，高校思想政治工作关系高校培养什么样的人、如何培养人以及为谁培养人这个根本问题。要坚持把立德树人作为中心环节，把思想政治工作贯穿教育教学全过程，实现全程育人、全方位育人，努力开创我国高等教育事业发展新局面。教育是一项长期任务，其效果往往需要很长的时间才能够充分显现出来。实现中华民族伟大复兴，教育的地位和作用不可忽视。我们对高等教育的需要比以往任何时候都更加迫切，对科学知识和卓越人才的渴求比以往任何时候都更加强烈。高等教育格外需要耐心和勇气。因而，高等教育要始终从战略高度，从夯实我国未来社会基础的高度来布局和谋划。高校不仅是培养高素质人才的摇篮，还是国家重要的科研基地和优秀拔尖人才的集聚之地，在实施科教兴国战略中发挥了重要作用。高校在加强党的执政能力建设、培养社会主义事业建设者和接班人、落实科教兴国战略、传播和建设社

会主义先进文化等方面肩负着重大责任和神圣使命。教育是培养大写的“人”，是心灵的解放。受教育者健全人格的培养是全面发展的基石。高等教育事实上是在做人的工作，高校的思想政治教育也就是在对青年中的中坚力量进行“做人”导向的一项重要而艰巨的工作。为此，如何使未来社会中的主流人才具有高尚的思想道德素质和“为人”品格，从而创造性地服务社会，就成为高校思想政治教育所面临的主要任务。借用美国麻省理工学院多媒体实验室主任尼古拉·尼葛洛庞蒂（Nicholas Negroponte）的话表达：预测未来的最好办法就是把它创造出来。

（二）用伟大的理念引领人去从事与之相匹配的事业

教育的目的是提升人的世界观、人生观和价值观，是实现人的内心世界的转变。思想政治教育不仅是社会或国家对个体的一种规定和要求，也不仅仅是用社会性规范去要求个人。教育的最终落脚点应当是使个体在社会取向与个人取向上得到有机整合，使个体生命的舒展与社会生活的有序之间达成动态的平衡。因而：

第一，充分发挥哲学社会科学课程的教育功能

我国有独特的历史、独特的文化、独特的国情，决定了我国必须走自己的高等教育发展道路，扎实办好中国特色社会主义高校。我国高等教育发展方向要同我国发展的现实目标和未来方向紧密联系在一起，为人民服务，为中国共产党治国理政服务，为巩固和发展中国特色社会主义制度服务，为改革开放和社会主义现代化建设服务。这就特别需要我们去梳理和建立民族文化中对信任的崇尚，对共同理想的追求，大力弘扬民族文化中的优良传统，在国际性视野中书写我们民族的文字，建立我们民族的形象，发出我们民族的声音。要把思想政治教育贯彻到哲学社会科学课程的教学过程之中，融入大学生专业学习的各个环节中。学校教育是培养公民专门化的学习和训练场所，是系统化、强有力的社会化途径，要在学校生活中，引导学生树立现代社会的基本精神，完善自己的人格。要用伟大的理念支配人去从事与之相匹配的事业。没有这种理念也是和这个伟大的时代不相称的。正如尼葛洛庞蒂所坦言的：我们必须在前所未有的地方找到新的希望和尊严。

第二，推动大学生教育理论创新

思想政治工作从根本上说是做人的工作，必须围绕学生、关照学生、服务学生，不断提高学生思想水平、政治觉悟、道德品质、文化素养，让学生成为德才兼备、全面发展的人才。思想政治教育理论和实践的深化都是与时俱进的动态过程。21 世纪中国的哲学社会科学仍将肩负着繁重的理性启蒙、民主文化建设的历史任务。这就要求 21 世纪的教育必须在消化、吸收、改造传统哲学范畴上狠下功夫。思想政治教育必须观察生活又超越生活，洞悉人生，把握社会大众文化心理的共鸣区域。思想政治教育要以自身的真诚、真实、激情、理智与想象力来引导人、说服人、教育人。要教育引导学生正确认识世界和中国发展大势，从我们党探索中国特色社会主义历史发展和伟大实践中，认识和把握人类社会发展的历史必然性，认识和把握中国特色社会主义的历史必然性，不断树立为共产主义远大理想和中国特色社会主义共同理想而奋斗的信念和信心；正确认识中国特色和国际的比较，全面客观认识当代中国、看待外部世界；正确认识时代责任和历史使命，用中国梦激扬青春梦，为学生点亮理想的灯、照亮前行的路，激励学生自觉把个人的理想追求融入国家和民族的事业中，勇做走在时代前列的奋进者、开拓者；正确认识远大抱负和脚踏实地，珍惜韶华、脚踏实地，把远大抱负落实到实际行动中，让勤奋学习成为青春飞扬的动力，让增长本领成为青春搏击的能量。

要用好课堂教学这个主渠道，思想政治理论课要坚持在改进中加强，提升思想政治教育亲和力和针对性，满足学生成长发展需求和期待，其他各门课都要守好一段渠、种好责任田，使各类课程与思想政治理论课同向同行，形成协同效应。要加快构建中国特色哲学社会科学学科体系和教材体系，推出更多高水平教材，创新学术话语体系，建立科学权威、公开透明的哲学社会科学成果评价体系，努力构建全方位、全领域、全要素的哲学社会科学体系。要更加注重以文化人、以文育人，广泛开展文明校园创建，开展形式多样、健康向上、格调高雅的校园文化活动，广泛开展各类社会实践。要运用新媒体、新技术使工作活起来，推动思想政治工作传统优势同信息技术高度融合，增强时代感和吸引力。[①]

这就要求理论创新要把握研究领域的前沿和实践理论的前沿，就是理论研究必须与中国的实际相结合，与大学生思想政治教育的现状相结合，面对道德建设领域出现的新情况、新问题，高等学校迫切需要加强社会主义道德规范教

① 习近平在全国高校思想政治工作会议上强调：把思想政治工作贯穿教育教学全过程　开创我国高等教育事业发展新局面，2016 年 12 月 8 日。来源：新华社，http://www.moe.edu.cn/jyb_xwfb/s6052/moe_838/201612/t20161208_291306.html。

育。理论创新本身也正是研究、回答重大时代课题的过程。思想政治教育工作还要及时研究、把握自己所从事研究领域的学术动态和理论前沿，使自己的研究工作不重复前人，又在前人的基础上“发前人之所未发”，在理论上有所突破、有所创新。

第三，使每位教育工作者都勇于承担起自己的历史使命和社会职责

高素质的人才应当有更高素质的培养。中国高等教育中，大师风范，高山仰止；青年名师，灿若星辰。他们中既不乏奠基性的学术创见，又有堪为师表之道德文章。以一流的学术声誉、一流的培养质量，以开放的态势融汇到国际先进的教育体系中，是“高等教育”题中应有之意，更是高等教育工作者应自觉承担的历史责任。办好我们的高校，必须坚持以马克思主义为指导，全面贯彻党的教育方针。要坚持不懈传播马克思主义科学理论，抓好马克思主义理论教育，为学生一生成长奠定科学的思想基础。要坚持不懈培育和弘扬社会主义核心价值观，引导广大师生做社会主义核心价值观的坚定信仰者、积极传播者、模范践行者。

青年是国家未来的建设者和接班人，在青年中树立凛然正气、培育健康的社会新风，必将对中国的未来产生深刻影响，确保中国特色社会主义事业后继有人。所有教育工作者，无论是哲学社会科学教师，还是专业课教师，在加强和改进大学生思想政治教育中，都肩负着建设中国特色、中国风格、中国气派的教育教学这一重大使命。每一个教育工作者要不负历史的重托，按照党中央的要求，做好科学研究工作，做好育人工作，为中国特色社会主义现代化建设作出应有的贡献。这首先就要坚持正确的指导思想，以马克思主义、毛泽东思想、邓小平理论和“三个代表”重要思想指导研究工作。为此，我们应该树立三种意识：责任意识、阵地意识和学术意识。

（三）从战略高度去规划、从战术角度去推进

一要继续加强渗透式教育

教学永远具有教育性。在各学科、各专业教育中渗透思想政治教育应是大学的一大特色。注重发挥各学科对思想政治教育的“载道作用”和“渗透作用”。要求每门主修专业都要从历史、社会和伦理学角度进行学习和研究，即要求学生对任何一门课程的学习都要回答三个问题：该领域的历史和传统是什么？它们所涉及的社会和经济问题是什么？要面对哪些伦理和道德问题？当然，人文精神的培养绝不是仅仅增设几门人类课程或搞几次第二课堂活动所能达到的。必须将理

想、追求、伦理道德，严谨求实，宽容合作的人格品性教育贯穿大学教育的全过程。

思想政治理论课要坚持在改进中加强，提升思想政治教育亲和力和针对性，满足学生成长发展的需求和期待，其他各门课都要守好一段渠、种好责任田，使各类课程与思想政治理论课同向同行，形成协同效应。在各学科全面推进的同时，也要坚持重点推进，着力打造反映学校特色和水平的教育形式和载体。同时，也要探索思想政治教育内容的层次性和评价体系问题，帮助学生站在更新的高度去理解我们所倡导的价值观。

二要使学生在教育当中的主体地位得到确认

高等教育的根本任务是育人，教育要坚持以学生为本，强调学生在教育当中的主体地位。这里面有两层意思，一层意思，我们的目标、我们的目的，就是为了学生观念的形成。另一层意思，就是学生是主体，必须要把学生内在的积极性和主动性调动起来，要努力使思想政治教育成为大学生内在的强烈的需求。思想政治工作从根本上说是做人的工作，必须围绕学生、关照学生、服务学生，不断提高学生思想水平、政治觉悟、道德品质、文化素养，让学生成为德才兼备、全面发展的人才。

这就需要从微观的个人行为和意识的养成着手，构筑从实践到理论，再从理论到实践的“知、信、行”的内部循环。教育的目的是搭建沟通的桥梁，其中很现实的问题是社会差距与个人心理不平衡的问题，我们要探讨的正是沟通的媒介问题，我们必须思考现有的教育理念缺失之处到底在哪里？我们的改革究竟要站在什么样的高度，才能真正有所突破？

三要进一步探索适合学生特点的教育方式

新的历史时期，思想政治问题已经凸显到一个必须从战略高度加以规划、从理论层面系统阐释、从战术角度全面推进的状态。国情、世情、党情，问题、矛盾、挑战，都需要高等学校进一步提高和增强教育工作者的素质和本领。高校具有丰富的人才资源、门类齐全的学科设置、大跨度的学科间交叉和渗透等优势，是国家创新体系的重要组成部分。如何将资源优势进一步转化为教育强势，是高等教育面临的最重要课题。思想政治教育，除了理论层面的纵深推进之外，还要积极探索适合学生特点的教育方式。要更加注重以文化人、以文育人，广泛开展文明校园创建，开展形式多样、健康向上、格调高雅的校园文化活动，广泛开展各类社会实践。要运用新媒体、新技术使工作活起来，推动思想政治工作传统优势同信息技术高度融合，增强时代感和吸引力。

四、当代中国哲学的使命

1. 哲学看似无用，实则大用，而且经世致用

文化自觉的功能。理查·罗蒂曾在《哲学与自然之境》中断言："伟大的教化哲学却无日暮途穷之虞，可与人类永远同在。"[①]冯友兰在20世纪40年代就说过："虽然哲学什么具体功能也没有，但它毕竟能把我们引向一个新高尚的境界"。[②] 哲学注定仍肩负着培养人们追求远大理想或终极关怀的神圣使命。在现代社会生活中，哲学仍为现代人把握自身提供着符合人本质的认识方式，为现代人的生存提供着一种切实而又高远的人生意境，同样，也为引导现代人走出人类困境提供着理论智慧。雅斯贝尔斯认为，可以把哲学的所有课题让与其他科学，而哲学尚可保留有关自身的历史知识，也就是退缩到哲学史上；或是把哲学的论点尽量变得合乎科学，成为一种具有科学性基础的学问，如数理逻辑等。[③] 蔡元培先生在论及科学、哲学、文学三者的关系时说："治文学者，恒蔑视科学，而不知近世文学，全以科学为基础……治自然科学者，局守一门，而不稍涉哲学，而不知哲学即科学之归宿，其中如自然哲学一部，尤为科学家需要；治哲学者，以能读懂古书为足用，不耐烦于科学之实验，而不知哲学之基础不外科学，即最超然之玄学，亦不能与科学全无关。"[④] 在我们的时代，数学逻辑和哲学思维的相互作用在罗素和怀特海的著作中是明显的。自然选择和进化的生物学概念显现在像尼采、本格森和杜威这样的哲学家中。我们时代的许多哲学贡献是由在科学领域做出杰出成就的人做出的，如詹姆斯、罗素、布里奇曼、莫里斯、弗兰克和维纳。[⑤] 德布罗意也强调："哲学存在的根据在于它试图总结全部人类知识，以比较和批判的方法做最高的概括，从而建造一个体系——普遍的理论——以囊括全部知识。这个体系是相当脆弱的，然而它却适应于人类热烈而迫切的需要。对

---

① 理查·罗蒂：《哲学与自然之镜》，生活·读书·新知三联书店1987年版，第324页，第341—342页。

② 《冯友兰选集》，天津人民出版社1994年版，第276页。

③ 吴怡：《哲学的三大柱石》，正中书局1973年版，第9—10页。

④ 刘为民：《"赛先生"与五四新文学》，山东大学出版社1994年版，第7页。

⑤ K. W. Deutsch, Scientific and Humanistic Knowledge in the Growth of Civilization. H. Brown ed., Science and the Creative Spirit, Essays on Humanistic Aspects of Science, University of Toronto Press, 1958, pp. 1—51.

那一时代的科学结论无知，甚至不知其梗概的人，又怎么能以严肃的态度去完成这项艰巨的任务？如果一个人不在一定程度上通晓各学科所使用的方法，对这些科学结论也无足够广泛的知识，他怎能对这些方法进行比较和鉴别？怎能评价这些结论？如果一个人不能悉心去考察由科学的精密研究所提供的关于自然的资料，他怎能着手对自然界做普遍解释这项大胆的工作？如果忽视这些，哲学家是不可能认真地进行工作的。”① 正因为科学永远代替不了生活，更代替不了哲学，所以，所有哲学最终都要面临终极关怀和追问，都要努力不断提升和重建人类的精神家园。哲学的任务决定了它必须要关心人的生活世界，不能只在概念中兜圈子，要从现实生活中孕育理想，要植根于现实生活并超越现实生活，为人的自由解放和实现对自身本质的占有提供尽可能最优和最理想的并且为民众所认可、接受和愿意为之奋斗的生活境界。

分析和批判功能。哲学虽然不再是一切知识的总汇，也不再是科学之科学，但是，哲学定位宇宙、安排自身过程中始终对真理进行不懈追求的科学精神却必须持守。21世纪的中国哲学必须要有针对性、主题性地对因“文化古老所以沉重”而伴随的不符合现代社会要求的国民心理旧习进行文化改造。而马克思主义哲学本来就是一种深刻分析现代人类社会结构及其转换规律的科学方法论。它直面人的现实生活情态和生活实践，关注提升人的自主能动性、创造性和超越性。有中国特色的社会主义现代化建设实践的成功经验再一次证明了马克思“把握特殊对象的特殊逻辑”这一科学分析方法的强大现实生命力。

任何哲学都要在分析和批判现存世界基础上，逻辑地想象和建构一个优化的、比现实更优越的理想世界。这个被建构的世界既可信又可爱。它用充满批判的精神和实践通过对现实生活的多重否定来推动现实向超越迈进，向自由解放迈进。“理性向来就存在，只不过它不是永远以理性的形式出现。因此，批评家可以把任何一种形式的理论意识和实践意识作为出发点，并且从现存的现实本身的形式中引出它最终目的的真正现实。”② 科学中的最有意义、最重要的进展是以这种方式做出的：伟大的探究者都有一种习惯，也就是使他们的单个概念与整个现象领域的普遍概念或理想一致，在他们对部分的处理中始终考虑整体，可以把这种习惯的特征概括为名副其实的哲学的传统做法。任何特殊科学的真正哲学处

---

① ［法］德布罗意：《物理学与微观物理学》，朱津栋译，商务印书馆1992年版，第202—203页。

② 《马克思恩格斯全集》第1卷，第417页。

理，将总是在于把结果引入与已经确立的关于整体的知识的联系与和谐之中。[①]

2. 马克思主义的特质和深刻意蕴

“新唯物主义”是马克思本人对自己哲学的科学命名。在历史上的不同时期，后人又给马克思主义哲学以三个不同的名字，它们分别是“辩证唯物主义”“历史唯物主义”和“实践唯物主义”。

“辩证唯物主义”强调了“新唯物主义”在方法论上的创新和本质特征。

“历史唯物主义”强调了“新唯物主义”在研究对象上的创新和本质特征，即强调了“社会历史的发展”是“新”哲学的主要研究对象。

“实践唯物主义”则强调了“新唯物主义”在理论起点和哲学功能上的创新和本质特征，即强调了“实践”在“新”哲学中的重要地位和作用。

首先，马克思主义是唯物的、辩证的、历史的。马克思主义哲学在内容上实现了：唯物主义和辩证法的统一，唯物辩证的自然观和历史观的统一。唯物史观揭示了人类社会的发展本身就是一个合目的性与合规律性相统一的过程。一方面，社会发展是社会基本矛盾运动推动的结果。另一方面，人是社会历史活动的主体，会对历史活动做出自己的选择。而人们对历史的选择性，归根结底是人民群众的选择性。社会历史规律存在于并实现于人的实践活动之中。当代最具国际声誉的马克思主义研究学者，英国当代思想家特里·伊格尔顿（Terry Eagleton，1943—），作为一位坚定的马克思主义者，基于多年对马克思主义深入和系统的研究认为，让整个世界重新认识、反思马克思主义的契机正在显现，他“申辩”式的写作手法提醒了人们，马克思以科学、辩证的方法诠释历史，但着眼点仍是人类的未来，马克思和恩格斯所要颠覆的正是资本主义带来的人与物质异化的事实——而这正是资本主义越成功、道德就越败坏的原因。作者指出，马克思主义理论对于当今社会的重大意义不仅在于其对资本主义制度全面彻底的揭露，还在于其辩证唯物主义和历史唯物主义的研究方法对当今社会同样适用。

马克思对他所生活的那个时代中一些重要问题的真知灼见足以使“马克思主义者”成为一个令无数人心向往之的标签。马克思主义哲学的精髓是一种深刻分析现代人类社会结构及其转换规律的科学方法论。它直面人的现实生活和实践，以强调人的现实生活以及人的自主能动性和创造性为特征，适应着现代社会和时代精神的要求。

---

① ［法］莫兰：《复杂思想：自觉的科学》，陈一壮译，北京大学出版社 2001 年版，第 7 页。

其次，马克思主义是实践的、革命的、批判的。马克思说：“哲学家们只是用不同方式解释世界，而问题在于改造世界”。《共产党宣言》被认为是“毫无疑问的十九世纪最具影响力的作品”。与政治家、科学家、军人和宗教人士不同，很少有思想家能真正改变历史的进程，而《共产党宣言》的作者恰恰在人类历史的发展进程中发挥了决定性的作用。历史上从未出现过建立在笛卡儿思想之上的政府，用柏拉图思想武装起来的游击队，或者以黑格尔的理论为指导的工会组织。

马克思第一个提出了“资本主义”这种历史现象，他向我们展示了资本主义如何兴起，如何运行，以及它可能的结局。像牛顿发现万有引力定律和弗洛伊德发现潜意识一样，马克思揭示了我们日常生活中一个一直为人所忽略的事物，那就是资本主义的生产方式。

马克思哲学是对实体性哲学与主体性哲学两种范式同时超越的主体性的现代实践哲学范式，与作为古代实践哲学之典范的中国传统哲学同属实践哲学理路。马克思主义学说的革命性是指它不崇拜任何东西，按其本质来说，它是批判的、革命的，并把变革旧世界和变革现存事物作为自身的任务和目的。马克思主义本身也是发展的、开放的，将之进行创新与发展，才能对其进行丰富和发扬，才能使理论与实践共同与时俱进。

最后，马克思主义是人文的、主体的、理想的。马克思主义哲学最早表达了现代哲学的基本精神，它向现实生活世界的转向的实质即是转向人或是此在的“现身情态”，是在人的现实活动和生存状态中理解人本身。

马克思思想的独特之处在于他将阶级斗争和生产方式这两个概念结合在一起，从而创造了一种全新的历史观。从本质上说，马克思主义是一种关于长期历史变化的理论和实践。马克思主义不仅为我们提供了生产力高度发达、社会物质财富极大丰富的共产主义理想，更为每个个体的自由解放找寻到了现实的出路。共产主义社会是“建立在个人全面发展和他们共同的社会生产能力成为他们的社会财富这一基础上的自由个性”形态；而“每个人自由全面的发展是一切人全面发展的前提”。此时，社会关系不再作为异己力量支配人，而是置于人们共同控制之下。人们将在丰富、全面的社会关系中获得自由、全面的发展，成为具有自由个性的人。

伟大的理念支配人去从事与这种理念相匹配的事业。现代化建设、社会文化及全球自然科学发展的现实是实现理论创新的源头。科学的理论只能在正确的社会实践中产生，发展当代马克思主义必须充分结合社会主义现代化建设实践这个最大的现实。而这也正是马克思为我们开辟的道路。

马克思的学说不仅有途径更有理想。正如他在博士论文中所写的那样：“深怀着令人坚信不疑的、光辉灿烂的理想主义，唯有这种理想主义才知道那能唤起世界上一切心灵的真理；他从不在倒退着的幽灵所投下的阴影面前畏缩，也不被时代上空常见的浓云密雾所吓倒，相反地，他永远以神一般的精力和刚毅坚定的目光，透过一切风云变幻，看到那在世人心中燃烧着的九重天。”① 马克思主义学说不仅有对人类自由解放路径的探索和发现，更有对全人类最悲悯的情怀；马克思主义学说折射了勇气与智慧兼具的人生传奇，更挥洒了那种“唯其如此才能唤醒人心中真理”的光辉灿烂的理想主义；这些穿越时空的智慧将时刻引领我们，如马克思所期望的那样，去“透过世间的一切风云变幻，看到那在世人心中燃烧着的九重天。”21 世纪哲学需要雅斯贝尔斯所呼吁的“为哲学辩护”。哲学为自己的生存权辩护，就是为人的自由辩护，为智慧的尊严辩护，为真理辩护。哲学并不是在为某种所谓道德正义、政治理想进行辩护时才有权力生存下去，哲学只需为人类自由地思想这个主题进行辩护。21 世纪的中国哲学同样需要为实现自己的生存权利而奋斗，需要为争取一种独立的学术研究权利和自由的思想权利而自我辩护，而不是为实现自己的市场价值而努力。21 世纪，哲学将自觉或不自觉地通向与现实生活的实践紧密相连的道路，而这也正是马克思为哲学所开辟的道路。

传统文化与马克思主义的契合是马克思主义中国化的基础。中国共产党以马克思列宁主义、毛泽东思想、邓小平理论和“三个代表”重要思想作为自己的行动指南。因为马克思哲学作为对实体性哲学与主体性哲学两种范式同时超越的主体性的现代实践哲学范式，与作为古代实践哲学之典范的中国传统哲学同属实践哲学理路，这种亲和性，使之构成中国哲学重建的积极的、非常重要的中介。当代中国哲学的时空参照系是现代化的中国，它首先要确认的仍是以中国化的马克思主义为指导的现代理性传统，因为它从一开始就实现了对中国传统文化和西方现代理性文明的自觉批判与超越，同时亦唯有马克思的社会历史观能以一种建设与批判相结合的态度而与现代化发展实践保持一种广泛开放、灵活适应的关系。

马克思主义哲学不止是对西方哲学的概括和提升，而且也是对中国哲学的概

---

① 马克思：《博士论文》，《马克思恩格斯全集》第 40 卷，第 187 页。

括和提升，中国传统文化对于马克思主义的产生和形成同样是有贡献的。可以说，中国传统文化在诸多方面是马克思主义的重要“渊源”，也应当是“全人类智慧结晶”的题中应有之义。传统文化同马克思主义的契合点，决定了马克思主义中国化的实现。马克思主义哲学最早表达了现代哲学的基本精神，它向现实生活世界的转向的实质即是转向人或是此在的“现身情态”，是在人的现实活动和生存状态中理解人本身。马克思主义哲学在生活世界中进行着思考和建构，这种真正源于生活的统一性思想仍是国家强盛、人民幸福的精神条件，它将实际地参与生活世界的创造性发展和进步。在当代语境中，马克思主义哲学仍为现代人把握自身提供着符合人本质的认识方式，为现代人提供着一种切实而高远的人生意境，同样也为现代人走出当代人类困境提供着理论智慧。马克思主义哲学从来就和那样一些研究所谓万事万物普遍发展规律、垄断具体科学解释权的形而上学有着鲜明的区别，其精髓本是一种深刻分析现代人类社会结构及其转换规律的科学方法论。它直面人的现实生活和实践，以强调人的现实生活以及人的自主能动性和创造性为特征，适应着现代社会的时代精神的要求。中国特色社会主义现代化建设实践的成功经验再一次证明了马克思的“把握特殊对象的特殊逻辑”这一科学分析方法的强大现实生命力。

价值观的契合是传统文化与马克思主义交流的文化基础。中国传统文化与马克思主义所依赖的“社会存在”所具有的相通之处集中体现在对科学共产主义理论的探索实践上。大同理想是长期在中国占统治地位的儒家所追求的最高境界，马克思主义的终极目标也正是“共产主义”理想的实现，二者都是自觉、公开的政治理想，都具有“善”的价值取向。建立一个“大道之行，天下为公，选贤与能，讲信修睦”的“大同”世界，是中华文化的永恒追求。孔子的“不患寡而患不均，不患贫而患不安”，墨家“兼爱非攻”、各尽所能，合于“尚贤使能”而源于“自我实现”；按需分配，合于“天下为公”而源于对西方“私有财产神圣不可侵犯”的革命批判精神；孔子的“博施济众”和“老安少怀”，道家的原始共产主义理想；康有为对未来大同世界政治、经济制度及社会基本规范、原则所作的全面构想，对生产力高度发展、富裕文明的人间乐园的描绘等都与马克思的生产力高度发达、社会物质财富极大丰富的共产主义理想相契合；中华文明博大精深，与马克思主义具有诸多相通性、共同性和互补性的中国古代朴素的唯物主义观点、朴素的辩证法思想，凝结着中华民族智慧的概念、范畴和思维方式，传统文化对认识论的研究和深化，从未间断的“无神论”的传统和革命的战斗精神，形式逻辑的体系和朴素辩证逻辑的雏形以及科学方法论上取得的成就，平民化自由人格的主张以及把个性解放与群体自由联系起来的历史观等，在所有这些层面上，马克思主义的主要哲学观点都可以从传统文化中找到“渊源”。这些契合决定了马克思主义曾经并继续中国化的态势。

3. 全球化是“当代马克思主义继续中国化”的依据

马克思是全球化理论的第一人，早在19世纪40年代，他就在《德意志意识形态》和《共产党宣言》中对全球化做了论述，只是由于那个时代的人类生存矛盾和实践矛盾尚未充分展开，所以马克思也只是以实践唯物主义的方式开辟了新的时代课题，我们认为提出问题本身比解决问题更重要，问题就是桥梁，正是共同的时代性问题使我们能在今天把对马克思主义的研究与全球化和“中国特色社会主义道路”的选择联系在一起，这也是我们能给马克思主义哲学以新的时代解释的基本依据。

马克思主义中国化包含着两个层面：一是马克思主义与中国革命和建设的实践相结合；二是马克思主义与中国传统文化相结合。毛泽东思想是马克思列宁主义与中国传统文化相结合的产物，是被实践证明了的关于中国革命和建设的正确理论原则和经验总结；邓小平理论是马克思主义发展的新阶段，是中国化的马克思主义。“三个代表”重要思想是对马克思列宁主义、毛泽东思想、邓小平理论的继承和发展，反映了当代世界和中国的发展变化对党和国家工作的新要求。东西文化融合，是马克思主义发展不可脱离的文化背景，而且，马克思主义本身也是发展的、开放的，将之进行创新与发展，才能对其进行丰富和发扬，才能使理论与实践共同与时俱进。世界现代化的历史运动，荡涤着一切文化隔离的壁垒，统一的世界文化的形成已不可逆转，不仅高度发达的商品经济、民主政治为世界各民族现代化的一般特征和绝对要求，而且在精神生活的各方面，特别是基本人生态度、情感方式、思维模式、致思途径、价值观念等诸方面，也日益增多着可以互相理解沟通乃至认同的普遍性因素，马克思所说的从各民族的文化形成为一种世界的文化，正在地球上一切有人群的地方成为明显的事实。文化必须是开放的，只有在开放中才能对话、才能发展。全球化使世界各种文化相遇于同一时空背景之下，置各个民族文化于多元化的冲突之中。“遥望神州九点烟，一泓海水杯中泻”这一宏大宇宙意识已成为生活的现实。因而全球化背景下文化的可持续发展首先要重视民族文化的个性，也就是要突出本民族文化的特色。全球化所带来的挑战，关系到人类的生存质量和人类社会的进步发展。进攻才是最好的防守，在全球化时代使民族文化发展占住先机的关键，就是要控制住全面“被格式化”的势头，在全球化与民族化之间找到新的平衡。中华传统文化是历史悠久、历久弥新的文化，是人类文明独特的部分，其所凝聚的生活、实践智慧、审美的魅力和情趣等，通过在世界文化格局中的交流、碰撞，必将显示并永葆勃勃生机，成为超越时空的世界文化精神具有独到魅力的部分，为中华民族争得更多的世界性声誉。因此，中国文化的主流必须是立足于本国国情，以马列主义、毛泽东思想、邓小平理论和“三个代表”重要思想为指导，在同外民族文化的冲突融合中发展出新型文化。拥有九十年历史的中国共产党正在并且会持续地以自己的实践证明马克思主义的正确性。对马克思在当今中国也是对的这一问题最强有力的证明，是中国共产党在马克思主义指导下带领中国人民所取得的伟大成就。“天行健，君子以自强不息。”对全球化的积极回应，就是要使“为往圣继绝学，为万世开太平”的民族文化努力去理解、适应、转化，尽可能在趋利避害中重建新时代的文化，在全球化时空中挥洒我们民族的个性、彰显我们民族的性格、建立起民族文化的温馨家园。

雅斯贝尔斯有一个很著名的命题——“轴心时代”。他在 1949 年出版的《历史的起源与目标》中说，公元前 800 年至公元前 200 年之间，尤其是公元前 600 年至前 300 年间，是人类文明的“轴心时代”。“轴心时代”发生的地区大概是在北纬 25 度至 35 度区间。这段时期是人类文明精神的重大突破时期。在轴心时代里，各个文明都出现了伟大的精神导师——古希腊有苏格拉底、柏拉图、亚里士多德，以色列有犹太教的先知们，古印度有释迦牟尼，中国有孔子、老子……他们提出的思想原则塑造了不同的文化传统，也一直影响着人类的生活。而且更重要的是，虽然中国、印度、中东和希腊之间有千山万水的阻隔，但它们在轴心时代的文化却有很多相通的地方。

在那个时代，古希腊、以色列、中国和印度的古代文化都发生了“终极关怀的觉醒”。换句话说，这几个地方的人们开始用理智的方法、道德的方式来面对这个世界，同时也产生了宗教。它们是对原始文化的超越和突破。而超越和突破的不同类型决定了今天西方、印度、中国、伊斯兰不同的文化形态。

那些没有实现超越突破的古文明，如巴比伦文化、埃及文化，虽规模宏大，但都难以摆脱灭绝的命运，成为文化的化石。而这些轴心时代所产生的文化一直延续到今天。每当人类社会面临危机或新的飞跃的时候，我们总是回过头去，参考轴心时代的先哲们的哲思。

全球化将各种民族文化汇集于一个空间，虽然经济、政治、文化等领域的竞争异常激烈，但各国、各民族、各地区之间的相互依存关系也越来越突出。拥有不同文化传统、处于不同社会发展阶段，以及科技发展的水平差距很大的许多国家和民族，都已经在平等互利的基础上建立起睦邻友好关系。只有多民族文化的共同努力，互相采撷殊方异域文化的精英，才能推动整个人类文明的繁荣发展。在这个因文化的发现而不同于过去并深刻起来的世界，民族文化更应建立一种开放的观念，在宽容、自由的原则指导下，不仅认同本民族，更要认同全世界，既努力将民族文化融入世界潮流，又在世界的背景中彰显民族性格。刻意保持自己的文化特征来证明自己与众不同，这是弱者的文化心态。应该坚信各种民族文化、地域文化，就其所对应和反映的民族和时代要求来说，都极具各自存在的合理性。这种存在的合理性也就是存在的必要性和不可替代性，足以使各民族文化、地域文化牢固地占领适于自己生存和发展的战略要冲。一种文化只有与时代相适应、与时俱进，既不断地更新和发展，又不失却自身传统的特色，才是一种有生命力的、根深叶茂的文化。“和实生物，同则不继。”在异质文化同本土文化激烈冲突的今天，建立民族文化中对信任的崇尚，对共同理想的追求，是我们国家和民族在新世纪中保持独立的关键，也是我们对马克思主义中国化进行人文审视的真正意义所在。一种理论，可以像流星、像幽颜、像昙花，它们的共同特点是享朝夕之绚烂，但更应该像水杉、银杏等古树一样，去历经岁月之瑰美。因为能够长久地伫立和存在，那就是一种实力。马克思主义的存在是如此，一个人、一个民族、一个国家的生存亦然。

文化交流只有激活各种文化的潜在的生命力，才能使文化焕发出新的生机。民族文化在相互交流中彼此认同，“道并行而不悖，一致而百虑，殊途而同归”，才能推动世界文化的发展。伟大的理念支配人去从事与这种理念相匹配的事业，没有这种理念也是与这个伟大的时代不相称的。社会主义现代化建设、社会文化及全球自然科学发展的现实是实现理论创新的源头。科学的理论只能在正确的社会实践中产生，发展当代马克思主义必须充分结合社会主义现代化建设实践这个最大的现实。21 世纪，哲学将自觉或不自觉地通向与现实生活和实践紧密相连的道路，而这也正是马克思为哲学所开辟的道路。

第二章　实践是人的存在方式

也只有马克思才真正读懂了黑格尔哲学是抽象地、逻辑地、思辨地表达了关于人的自由解放的学说。

——自题

批判黑格尔哲学是整个现代哲学的出发点，正如美国当代哲学家莫尔顿·怀特所说："几乎二十世纪的每一种主要的哲学运动都是以攻击那位思想庞杂而声名赫赫的十九世纪德国教授的观点开始的，这实际上就是对他加以特别显著的颂扬。"与其他哲学相比，在现代哲学中，只有马克思主义哲学才是黑格尔哲学的忠实继承者，是近代理性主义哲学旗帜的继续高扬者。也只有马克思才真正读懂了黑格尔哲学是抽象地、逻辑地、思辨地表达了关于人的自由解放的学说。然而，在相当长的时间内我国哲学界一直只注重了黑格尔的逻辑学，认为马克思主义哲学从中只吸取了辩证法的"合理内核"，只是近几年来，《精神现象学》的核心地位才被提出来，但对于黑格尔哲学的评价也只是止于近代理性哲学的终结，没有看到它作为马克思现代实践唯物主义哲学直接理论前提的现代形态。而且对黑格尔哲学的研究也多注重从某个侧面入手，很少从体系方面进行重新解读，特别是对黑格尔哲学与马克思主义哲学的真正渊源关系的正本清源工作做得更少。我们认为，注重对马克思主义哲学进行"返本开新"，也就是在为马克思主义哲学的生存权辩护，进而为人的自由辩护。正如恩格斯所说，"对民族的精神发展有过如此巨大影响的黑格尔哲学这样的伟大创作，必须从它的本来意义上'扬弃'它，要批判地消灭它的形式，但是要救出通过这种形式获得的新内容。"[①]

黑格尔常说："熟知非真知"。对于黑格尔哲学的探究亦是如此，传统哲学因对黑格尔哲学的偏颇理解所形成的教条、僵化、无主体的体系是当代哲学所极欲

---

① 《马克思恩格斯选集》第 4 卷，人民出版社 1995 年版，第 223 页。

解构和摧毁的对象，实践唯物主义虽已成为哲学界的共识，但仍有争议。我们追溯根源，从马克思主义哲学的历史渊源上找出“实践”这一生长点即将黑格尔哲学的本质理解为实践唯心主义，这无疑是对马克思实践唯物主义哲学的有力证明。同时，又为哲学走出诸多方面的困境提供了理论智慧。毕竟也只有马克思实践唯物主义能以一种积极的建设与批判相结合的态度与现代化发展实践保持广泛开放、灵活适应的关系。

总之，学界对黑格尔哲学的关注已表明黑格尔哲学在历史的沉浮中已再显峥嵘!

一、黑格尔实践唯心主义产生的历史必然性

（一）时代发展的要求和反映

18世纪的德国，在经济发展上远远落后于英国，在政治上落后于英国、美国，比大革命发源地和心脏的法国更是落后了整整一个时代。在这些先进的国家，人们对于自由和人类的解放有着比德国当时要先进得多、切实得多的实际经验和理论。但这并不意味着德国没有一些践履，事实上，它也有着自己的特殊优点。德国人在社会政治经济落后的情况下，在反动的普鲁士的高压下，仍然保持着从宗教改革以来的精神传统，它在哲学的活动中以一种思辨的隐晦的语言呼喊着革命和进步，力图以此跟上法国大革命的前进步伐，并且在思考的深度上比法国人要远为优胜。正如马克思所说：“我们德意志人是在思想中、哲学中经历自己的未来历史的。我们是本世纪的哲学同时代人，而不是本世纪的历史同时代人”，“即使从历史的观点来看，理论的解放对德国也有特别实际的意义。德国的革命过去就是理论性的，这就是宗教改革。正像当时的革命是从僧侣的头脑开始一样，现在的革命是从哲学家的头脑开始的”。①

黑格尔本人也特别清楚地谈到了这一点：“康德哲学所包含的真理在于把思维理解为本身具体的，自己规定自己的东西；因而它承认了自由。卢梭已经把自由提出来当作绝对的东西了。康德提出了同样的原则，不过主要是从理论方面提出来的；法国则从意志方面来掌握这个原则。……法国人有现实感、实践的意

---

① 《马克思恩格斯全集》第1卷，第458页。

志、把事情办成的决心——在他们那里观念立刻就能转变成行动。因此，人们都很实际地注重现实世界的事物。”“在德国，同一个自由原则占据了意识的兴趣；但只是在理论方面得到了发挥。我们在头脑里面和头脑上面发生了各式各样的骚动，但是德国人的头脑，却仍然可以很安静地戴着睡帽，坐在那里，让思维自由地在内部进行活动。”① 在同法国的这种比较中，黑格尔生动刻画出德国人只是从思维、从哲学的方面进行它的“革命”的特点。它只是在理论上研究什么是“人”，什么是“自由”：一方面，羡慕法国人实践了自由，而自己却不敢行动只能思想；另一方面，又认为法国人虽然对自由进行了具体实践，在理解上却是非常“抽象”的，因而力图在自己的哲学思维中把自由引向“具体”。其实情形恰是如此。德国古典哲学的历史就是这样一部在抽象思维中把握各种自由的具体概念的历史。这既是它的致命弱点，又是它优于法国及其他民族的突出优点。

黑格尔明确地指出，任何哲学都是受时代制约的。这种制约关系表现为相互联系的两个方面。一方面，“一种哲学属于它的时代，受它的时代的局限性限制，即因为它是某一特殊发展阶段的表现”；另一方面，每一哲学“只能满足那适合它的时代的要求和兴趣”②。换言之，“哲学并不站在它的时代以外，它就是对它的时代的本质的知识。”③ 哲学史的本质在于，“揭示民族和时代的一般性格和一般情况。而事实上哲学史的确陈述了这种一般的性格，并且还陈述它的最高点。”④ 这里，黑格尔实质上已经初步提出了哲学作为时代精神的精华的思想，也是他承认哲学史有规律性，从而力图把哲学史研究引上科学轨道的又一重要文献，透过其神秘注意的重重迷雾，在不得不涉及哲学产生的具体历史条件时，黑格尔实践的观点便处处闪现。他曾经指出：“当一个民族脱离了它的具体生活，当阶级地位发生了分化和区别，而整个民族要接近于没落，内心的要求与外在的现实发生了裂痕，而仍有的宗教形式已不复令人满足，精神对它的现实生活表示漠不关心，或表示不满和厌烦，共同的伦理生活因而解体——哲学思想就会开始出现。精神逃避在思想的空旷领域里，它建立一个思想的王国以反抗现实的世界。”⑤ 在这里，黑格尔论述哲学思想发生的历史条件，实质上已经触及了哲学与阶级斗争密切相关的本质问题，即时代的本质问题。所谓“阶级地位发生了分

① 黑格尔：《哲学史讲演录》第 4 卷，商务印书馆 1978 年版，第 256 页。
② 黑格尔：《哲学史讲演录》第 1 卷，第 48 页。
③ 黑格尔：《哲学史讲演录》第 1 卷，第 52 页。
④ 黑格尔：《哲学史讲演录》第 1 卷，第 54 页。
⑤ 黑格尔：《哲学史讲演录》第 1 卷，第 54 页。

化和区别"，"内心的要求与外在的现实发生了裂痕"，"共同的伦理生活因而解体"，等等，所有这些都显示了旧制度衰落和行将灭亡前阶级矛盾激化、阶级斗争尖锐的情况。而黑格尔认为，哲学正是在这种阶级分化、精神危机和政治危机的情况下产生的，并且是以反对旧制度和迎接新制度的姿态出现的，即所谓"它建立一个思想王国以反抗现实的世界"。这表明，在分析哲学产生的历史条件时，黑格尔比 18 世纪法国唯物论者更深刻地触及了时代的本质。虽然 18 世纪法国启蒙哲学家都非常重视社会问题、时代问题，但是，他们在哲学与时代的关系上往往主张天才论。黑格尔在"循环论"风靡一时的思潮之后提出了时代决定论，以及他对时代本质的天才猜测，无论对当时德国哲学界的此情此景还是对其未来走向都提供了极大启迪。

我们知道，黑格尔所处的时代正是资产阶级开始形成的阶段，资产阶级"第一个证明了，人的活动能够取得什么样的成就"。[①] "生产的不断变革，一切社会状况不停的动荡，永远的不安定和变动，这就是资产阶级时代不同于过去一切时代的地方"[②]，因此"人们终于不得不用冷静的眼光来看他们的生活地位，他们的相互关系"。[③] "资产阶级，由于一切生产工具的迅速改进，由于交通的极其便利，把一切民族甚至最野蛮的民族都卷到文明中来了……一句话，它按照自己的面貌为自己创造出了一个世界"。[④] 也就是说，资本主义商品经济的宏大背景使哲学的主题也发生了相应的变化。因为从此开始，人类生存和发展所面临的主要矛盾，就已不再是传统的人与自然界的矛盾，而是转化为人同自己所创造出来的世界的矛盾，即人同自己的活动及其产物的矛盾。这个世界，对自然来说是人化世界，对人来说又是物化世界。人类发展在当时代的发展特点，正是通过这种既有创造性又有依赖性的矛盾关系中表现出来。亦即哲学研究的重点已经变成由人类的感性活动所创造的感性世界。由于人类实际上已生活在由他自己所创造的世界之中，因而这个时期人与世界的关系中，人与自然世界的关系是间接的，人与属人世界的关系则是直接的，所以前一种关系已经转化为前提和背景，后一种关系成为哲学探究的重点。这个属人世界，即是由人类的活动及其产物所建构的物化世界，更具体地说，是商品世界。人与社会发展中的许许多多矛盾和问题，都

---

① 《马克思主义哲学原著选读》上编，第 77 页。
② 《马克思主义哲学原著选读》上编，第 77 页。
③ 《马克思主义哲学原著选读》上编，第 78 页。
④ 《马克思主义哲学原著选读》上编，第 78 页。

是从这里产生的。特别是商品经济发展，更是把“市民社会”的地位和作用鲜明地凸显出来。而社会规律作为人的活动规律，必然更多地与主体、价值、目的、选择、机制等联系在一起。商品经济时代规律的特点意味着认识论的重点也应该从自然转向社会，从无主体的认识对象转向有主体的认识对象。黑格尔是德国古典哲学家中研究过经济学的第一人，广阔的时代背景使其哲学思想也不可避免地打上商品经济时代的深刻烙印，只是由于那个时代的实践矛盾和人类生存矛盾尚未充分展开，所以，黑格尔也只是以实践唯心主义的方式开辟了新的时代课题。我们认为，提出问题本身比解决问题更重要，问题就是桥梁，正是共同的时代性问题使我们把对马克思实践唯物主义的研究同黑格尔的思想联系起来，这也是我们能对黑格尔哲学给出新的时代解释的基本根据。

马克思在《政治经济学批判导言》中指出，“只有到 18 世纪，在市民社会中，社会联系的各种形式，对个人说来，才表现为达到他私人目的的手段，才表现为外在的必然性”。[①] “在这个自由竞争的社会里，单个的人表现为摆脱了自然联系等等，而在过去的历史时代自然联系等等使他成为一定的狭隘人群的附属物”。[②] 也就是说，从此开始，人的发展走进了“个体本位”的困境，它把人从对自然的屈从和对抽象共同体的依赖中解放出来，却又使人陷入了对物的依赖性。要走出这种困境，必须生成人的“自由个性”形态，这种形态意味着在自由自觉的实践活动中，人与自然将实现更高层次的否定性统一。黑格尔洞察到了这一点，从哲学高度探讨了实现自由的道路。尽管真正从哲学高度探讨自由的本质，开始于西方，并且它几乎是同实践问题并行得到探讨的。但是，在黑格尔之前，对于自由的本质，只有斯宾诺莎、卢梭和康德等人接触到和做过一些零散的阐述。只有黑格尔才从哲学的高度，把自由作为实践的目的性，人的本质和世界历史发展的原则提出来，并在探讨中多方面地、深刻地揭示了自由的具体本质。这是黑格尔所代表的德国资产阶级革命性和进步性在理论上的重要表现。故马克思说：“德国唯一实际可能的解放是从宣布人本身是人的最高本质这个理论出发的解放。”[③]

黑格尔认为“‘精神’——人之所以为人的本质——是自由的”。[④] 拆穿来

① 《马克思主义哲学原著选读》上编，第 107 页。

② 《马克思主义哲学原著选读》上编，第 107 页。

③ 《马克思恩格斯选集》第 1 卷，人民出版社 1995 年版，第 467 页。

④ 黑格尔：《历史哲学》，生活 · 读书 · 新知三联书店 1959 年版，第 56 页。

看，黑格尔在这里不过是赋予自由作为人的本质这个命题以唯心主义的意义罢了。他如此曲解地提出时代需要解决的重要问题，清楚地说明了黑格尔作为19世纪德国资产阶级代言人的软弱性。而黑格尔实践的唯心主义合理之处恰恰就在于他能够根据人类具体实践过程考察人的自由，并赋予了自由以逻辑的必然性。这使他对自由的理解又大大超出了狭隘的资产阶级自由的界限，其前无古人的探讨使其唯心主义又有了一定的现代性。黑格尔指出，"'自由'要靠知识和意志无穷的训练才可以找出和获得"。[①] 而"世界历史无非是自由意识的进展"。[②] 也就是说，黑格尔从人的本质是自由出发，认为自由是历史的原则和目的即自由是人类历史这个过程，历史的目的是实现自由，历史的本质是自由的进展。他洞察到了人类实现自由的困难，不仅要依据于历史，而且也依据于现实。事实告诉人们，在现实社会里从人与人的各方面关系中都能发现实现自由的障碍。也正是从这些障碍的顽固性中，黑格尔洞察到实现自由是个长期的历史过程。毋庸置疑，黑格尔因其唯心主义的立场不能解决这个问题，而在其论述中暗含着提出来的探讨不自由的深刻根源和实现自由的具体途径的问题本身在一定意义上就是向实践唯物主义的一种趋近。特别值得强调的是，黑格尔在追索人类实践过程中，能够从客观规律的高度对自由加以理解即他为自由赋予了逻辑的必然性。在黑格尔之前，斯宾诺莎提出自由是对必然的认识，卢梭提出奴役别人的人，自己并不自由，等等。黑格尔的天才在于他从来不满足于已有的正确思想，而是能够通过对古今种种主观片面、形式主义的观点进行深刻批判，提出新见解。从批判"任性"、斯多葛主义观点中，他从思维与存在的关系的维度，发现自由既不是主观对客观的摆脱，更不是不问必然性而听任偶然性摆布，从而提出自由是在认识和把握必然性的前提下实现主体与客体统一的深刻思想。从批判康德主义观点中，他发现，抛弃一切具体内容的自由，只满足于形式主义的"意志自律"，完全是空洞的幻想，从而提出要克服自然的疏远化和人的本质丧失的异化，把主体与客体统一的思想进一步具体化了。这一切都表明，黑格尔实践的唯心主义将自由与解放的探讨始终放在了人类的历史实践和现实实践中。因而，他能够根据人类的实践过程，从人与自然的关系和人与人之间的关系两个相互联系的方面，把自由提高到把握客观规律的高度来理解。

---

① 黑格尔：《历史哲学》，生活·读书·新知三联书店1959年版，第80—81页。

② 黑格尔：《历史哲学》，生活·读书·新知三联书店1959年版，第57页。

（二）理论自身发展的必然结果

恩格斯具体地指出："在法国发生政治革命的同时，德国发生了哲学革命。这个革命是由康德开始的。他推翻了前世纪末欧洲各大学所采用的陈旧的莱布尼茨的形而上学体系。费希特和谢林开始了哲学的改造工作，黑格尔完成了新的体系。"① 大家知道，黑格尔作为德国资产阶级的代言人，他谈论的自由是从反对封建主义开始的。早在 1795 年 4 月黑格尔写给谢林的信中，他就明确指出，人的自由天赋得到承认，就"证明压迫者和人间上帝们头上的灵光消失了"。② 在黑格尔看来，由康德所奠基的德国古典唯心主义哲学，所接受的是与法国启蒙运动相同的原则，只不过是用德国特有的方式加以表达（一个要求以理性为最高权威；一个提倡以思维为最高权威）罢了。毕竟在本质上它们都是摆脱封建专制统治和争取资产阶级自由的理论表现。黑格尔从不讳言德国古典唯心主义哲学与法国启蒙运动的思想联系。他明确地指出，康德关于自由的思想原则，是直接在卢梭思想的影响下确立的。"康德接受了卢梭认为意志是自在自为地自由的那个看法"，③ "提出了同样的原则"。④ 同时，黑格尔也不隐讳他自己对法国启蒙运动思想的赞同和向往。他对上述自由思想的原则进行评价时，坚定地认为，"这个原则的建立乃是一个很大的进步，即认为，自由为人所赖以旋转的枢纽，并认为自由为最后的顶点，再也不能强加任何东西在它上面。所以人不能承认任何违反他的自由的东西，他不能承认任何权威"。⑤ 这里，黑格尔颂扬自由思想原则的革命意义，不言而喻。我们只要将之放在当时的封建势力还占统治地位的德国历史条件下，就不能不承认，黑格尔的这种颂扬确实是一种革命的喷火，洋溢着对封建专制统治的叛逆精神。也正是在这种革命的意义下，黑格尔说："康德哲学的最后结果是启蒙思想"。⑥

黑格尔并未止于肯定了康德所接受的启蒙思想，他还着力批判了启蒙思想在康德特有形式的软弱无力。他认为，法国大革命使启蒙思想原则最终在现实中兑现了。但在康德形式下，启蒙思想则表现为只承认"实验的自由"和接受"绝对

① 《马克思恩格斯选集》第 1 卷，人民出版社 1995 年版，第 9 页。
② 《黑格尔通信百封》，上海人民出版社 1981 年版，第 43 页。
③ 黑格尔：《康德哲学论述》，商务印书馆 1962 年版，第 17 页。
④ 黑格尔：《康德哲学论述》，商务印书馆 1962 年版，第 51 页。
⑤ 黑格尔：《康德哲学论述》，商务印书馆 1962 年版，第 49 页。
⑥ 黑格尔：《康德哲学论述》，商务印书馆 1962 年版，第 18 页。

命令”，满足于“应当”的抽象道德法则，丝毫不触及现实的物质利益，也根本不想在现实世界里实现。实质上，正是通过这种方式，康德把法国大革命中实现了的一切，统统推到了永远值得信仰和追求却永远达不到的彼岸。这一切，充分表现了德国资产阶级的软弱性和妥协性。黑格尔从实践的唯心辩证法的观点出发，对康德在“实验自由”和抽象道德法则下所表现的软弱无力在理论上做了尖锐的抨击。他认为，理性具有客观现实的力量，理性必须而且能够达到“客观真理”，这在当时德国的具体条件下，对于自康德开始的“理论的解放事业”或称之为“哲学革命”，确是一个很大的发展和进步。也可以说是德国资产阶级力量有所壮大的必然。它从一个方面预示了德国资产阶级民主革命的临近。

当然我们必须指出，在把理论原则付诸实践，推翻封建制度，夺取政权上，黑格尔并未超出康德的局限性。由于他不理解甚至诋毁革命实践的意义，所以黑格尔包含有辩证法的理性的能动作用只表现在理论上，因而只是一种抽象的能动性。而这种抽象能动性也正是德国古典唯心主义的一个基本特征，甚至是它的主要特征。从形式上看，它主要表现为德国古典唯心主义者们把客观物质世界“自我意识”化，以及把作为主观东西的“自我意识”客体化的双重过程。正如黑格尔所概括的那样：“在德国出现的就是这样的一种自己思维的、自己深入自身的绝对概念，即认为一切实在性都归于自我意识——这是一种唯心主义，这种唯心主义把自在之物的一切环节都归属在自我意识里”。[①] 但从本质上看，抽象能动性的提出，都应看作近代哲学发展的一个重要转折点。它是在经验论与唯理论都已陷入绝境时提出的，其合理性主要在于抽象的能动性要克服这两种片面性的辩证意向和建立以人为世界主宰的意向。就唯物主义的经验论而言，18 世纪法国唯物主义者和部分启蒙学者，作为洛克的学生，已把唯物主义的经验论推到尽头。他们使用这种哲学武器沉重打击了从精神上维护封建专制统治的宗教迷信和神学，有助于促使人们在鬼神面前站立起来，具有唤醒人们反对专制统治的巨大启蒙作用。但是，他们的这种哲学却没有同时促使人们在自然界面前站立起来。就唯物主义的唯理论而言，斯宾诺莎克服了笛卡儿的二元论，提出了以“实体”为核心的著名体系。在他那里，“实体”作为世界整体性和统一性的哲学范畴，它实质上指的就是自然界。尽管斯宾诺莎以泛神论的形式提出了关于世界整体性的宏伟理论，但这种理论由于局限于理性推论，因而保留了诸多形而上学性。有

① 黑格尔：《康德哲学论述》，商务印书馆 1962 年版，第 13 页。

鉴于此，德国古典唯心主义者们针对唯物主义经验论诉诸感性的消极被动性以及唯物主义唯理论比较僵化的整体性而逐步形成以“自我意识”为全体和以抽象能动性为基本特征的唯心辩证的哲学派别也就是历史的一种必然。这使得德国古典唯心主义哲学中凝结了极为丰富的合理内容，从而它能够成为马克思主义直接的思想理论来源之一，具有深远的历史意义。正如恩格斯所特别强调指出的那样，“如果不是先为德国哲学，特别是黑格尔哲学，那么德国科学社会主义，就绝不能创立”。①

必须承认，黑格尔哲学的合理思想都是建立在绝对理念为世界本原这些客观唯心主义基础之上，或者说这些合理思想都是以歪曲颠倒的形式呈现着。尽管黑格尔没有把这些合理思想以科学的形态表达出来，但他却为以科学形态表达出人的自由解放提供了迄今仍在启迪人的思想酵母。如雅克·德里达所说：“不要拒绝解放的欲望，在今天坚持它比任何时候更为重要。”② 只是这种欲望必须被置于当下的具体实践中，而不是在狂热的冲动中逃向过去和未来。

马克思指出，法国唯物主义有两个派别，一派继承了机械的传统，而“另一派则直接成为社会主义和共产主义的财产”，③ 这“另一派”指的是以爱尔维修和孔狄亚克为代表的法国唯物主义，马克思认为他们“关于人性本善和人们智力平等，关于经验、习惯、教育的万能，关于外部环境对人的影响，关于工业的重大意义，关于享乐的合理性等的唯物主义学说，同共产主义和社会主义之间有着必然的联系”。④ 亦由此，自然唯物主义开始衰落，人本唯物主义开始兴起，而费尔巴哈正式创立的人本唯物主义，一方面是对黑格尔辩证唯心主义的否定，另一方面则是对爱尔维修、孔狄亚克唯物主义的直接继承。那么，黑格尔唯心主义哲学为何会经由法国古典唯物主义却没最终直接走向费尔巴哈人本唯物主义，而是直接导引了实践唯物主义的诞生？

如我们知道的那样，在马克思实践唯物主义产生之前唯物主义的最高形态是以拉美特利、狄德罗、爱尔维修和霍尔巴赫为代表的 18 世纪法国古典唯物主义。它继承和发展了古代朴素唯物主义，尤其是它的典型代表德谟克利特的原子论，把 17 世纪唯物主义推进到了一个新的高峰，即 17—18 世纪自然唯物主义的典型

---

① 《马克思恩格斯选集》第 2 卷，人民出版社 1995 年版，第 300 页。
② J. Derride. Spectres de Marx (Paris, 1992, p. 38).
③ 《马克思恩格斯全集》第 2 卷，第 161 页。
④ 《马克思恩格斯全集》第 2 卷，第 166 页。

形态。马克思曾指出："17 世纪的形而上学的衰败可以说是由 18 世纪唯物主义理论的影响造成的，这正如同这种理论运动本身是由当时法国生活的实践性质所促成的一样。这种生活趋向于直接的现实，趋向于尘世的享乐和尘世的利益，趋向于尘世的世界。和它那反神学、反形而上学的唯物主义实践相适应的，必然是反神学、反形而上学的唯物主义理论。形而上学在实践上已经威信扫地。在这里我们只需要大略地指出这种进化的理论过程。"① 十八世纪作为"知识变成了科学，各门科学都接近于完成，即一方面和哲学，另一方面和实践结合了起来"②的世纪，真正说来，"唯物主义"一词是在此时开始使用的。在哲学基本问题上，法国古典唯物主义达到了真正的唯物主义一元论。如恩格斯指出的那样："十八世纪科学的最高峰是唯物主义，它是第一个自然哲学体系"，③ 是标志世纪特征的"光辉的学派"，④ 它"使十八世纪成为主要是法国人的世纪"⑤。然而，法国古典唯物主义者并未能将它的唯物主义路线贯彻到底，未能把自然观与历史观统一起来。尽管他们对历史的看法中有许多有益的见解，如霍尔巴赫的《社会体系》和在《自然体系》以及其他著作中的相当丰富的历史观。但总的说来，其历史观的必然局限性和形而上学性，使他们不能正确地理解社会发展的规律。他们不能克服自己历史观点的这一矛盾：人们的意志决定于社会环境，而社会环境又决定于人们的意志。他们未能进一步提示出支配人们社会生活的客观规律，而迷惑于有关人的本性是社会发展原因的模糊不清的论断。特别是对于思维与存在的关系的唯物主义理解更是基于根本上排斥其关于社会思想与社会存在关系的循环论的、唯心论的理解。法国古典唯物主义哲学的内在矛盾乃在于一方面承认客观世界是第一性的，本源的，是认识的唯一源泉，而另一方面又承认社会思想是第一性的，人的理性自身、"人性"本身是本源的，具有决定性意义的这两者之间，因为二者彼此在逻辑上是不相容的。而且，他们自己并未清楚地意识到这一矛盾。马克思说："成熟的共产主义是直接起源于法国唯物主义学说和共产主义的逻辑基础加以发展"。⑥ 法国古典唯物主义中的人本唯物主义虽是马克思主义哲学的出发点，但这种过渡却借助了德国古典哲学特别是黑格尔的实践唯心主义。

---

① 《马克思恩格斯全集》第 2 卷，第 166 页。
② 《马克思恩格斯全集》第 1 卷，第 461 页。
③ 《马克思恩格斯全集》第 1 卷，第 657 页。
④ 《马克思恩格斯全集》第 3 卷，第 384 页。
⑤ 《马克思恩格斯全集》第 3 卷，第 385 页。
⑥ 《马克思恩格斯全集》第 2 卷，第 75 页。

正如恩格斯所指出的那样："我们的主观的思维和客观的世界服从于同样的规律，因而二者在自己的结果中不能互相矛盾，而必须彼此一致，这个事实绝对地统治着我们的整个理论思维。它是我们的理论思维的不自觉的和无条件的前提。十八世纪的唯物主义，由于它在本质上是形而上学的性质，只就这个前提的内容去研究这个前提。……只现代唯物主义的而同时也是辩证的哲学，特别是黑格尔，从形式方面研究了这个前提"。①

黑格尔十分赞赏法国人在大革命中把自由原则付诸实践的勇气，在他看来，这次革命是"自由"国家的实践，但是，他又非常害怕这种实践的后果，他抓住了雅各宾专政原则的片面性，认为它所带来的"绝对自由和恐怖"，是精神异化的顶峰。黑格尔一方面承认"现实中爆发革命"的必然性和进步意义，但另一方面又贬低它的历史地位。在现象学的意义上，它作为较低的经验阶段，仍然要向更高更优越的阶段——道德世界隐退。黑格尔认为："尽管自由本身是具体的，但自由在被他们应用到现实时都仍然还是未经发展的，带着抽象性的。要想把抽象的观念生硬地应用于现实，那就破坏了现实。人民群众把自由抓到手里，所表现出来的怪诞情形实在可怕。……一切事物都应该为之而存在的就是人，自我意识，但都是作为一般的人。对于这种行为的意识，在抽象的方式下，就是康德哲学"。② 在黑格尔看来，资产阶级革命从启蒙运动开始，经过法国革命而走向德国历史，不过是世界精神挑选三个民族来实现自己的自由本质而已。前两个民族已裹足不前，只有德国不仅吸收了启蒙思想，而且获得了法国革命的现实成果(实际上，马背上的世界精神已成为德国历史的内容)。故而，准确地说，黑格尔主张的是德国已不再需要法国式的现实革命，但作为资产阶级革命过程的一个环节的法国革命不但需要，而且必不可少。正如他本人在《逻辑学》中指出的那样，法国革命的目标是要获得和坚守那种尚未展开的自由原则，"但这里有较高的要求，就是使原则成为科学"。③ 这也是黑格尔对他那个时代发展的最高结论。

这表明，哲学发展到黑格尔时代，摆在他面前的任务就是要克服法国古典唯物主义存在的固有矛盾，并在新的高度上反映出时代精神。而历史发展到黑格尔时代，"过去那种地方的和民族的自给自足和闭关自守的状态，被各民族的各方面的互相往来和各方面的互相依赖所代替了。物质的生产是如此，精神的生产也

① 恩格斯：《自然辩证法》，第 243—244 页。

② 黑格尔：《哲学史讲演录》第 4 卷，商务印书馆 1978 年版，第 256 页。

③ 黑格尔：《逻辑学》(下卷)，杨一之译，商务印书馆 1966 年版，第 3 页。

是如此，各民族的精神产品成了公共的财产。民族的片面性和局限性日益成为不可能，于是由许多种民族的和地方的文学形成了一种世界的文学”。[①] 因此，黑格尔哲学的民族性特征虽然明显，但黑格尔还是以其惊人的洞观注意到了历史向世界历史转变这一趋势，注意到了人的活动的无穷伟力。如前所述，法国人用唯物主义已试图解决新的历史时期所带来的人与环境、人与教育的关系的矛盾，却又无可避免地陷入了此几者的二律背反。资产阶级以其全部活动所创造的这个属人世界，在黑格尔哲学视野中才被完全凸显出来，他以德国人特有的方式，即哲学民族从哲学家的头脑开始革命这一历史传承，用实践唯心主义的方式，提出并解答了商品经济将占主导地位（至少在德国是如此）时代的新课题。而费尔巴哈哲学虽然在时间上在黑格尔哲学之后，而且“他比‘解释的’唯物主义者有巨大的优越性：他也承认人是‘感性的对象’”，[②] 把人看作是思维和自然相统一的基础，力图以“现实的人”为基本原则来理解世界。但费尔巴哈对世界历史的现状及人的实践的理解却远不及黑格尔深邃。费尔巴哈不理解实践是人的存在方式，“没有把感性世界理解为构成这一世界的个人的共同的、活生生的，感性的活动”。[③] 这甚至与黑格尔为历史运动找到的抽象的、逻辑的、思辨的表达相比，也只是一种倒退，而历史注定要促使反映时代精神的哲学前行。在黑格尔用隐晦的形式表达出的人以其全部实践追寻把握人的解放自由以及费尔巴哈哲学把思维和存在相统一的真正基础理解为人之后，哲学已初步走出了意识和自然的二维结构，唯物主义的下一步发展注定要将焦点集中在如何理解“人”上，可以说，实践唯物主义已经呼之欲出。正因为黑格尔率先对时代课题的正确读解，以及他作为研究英国古典政治经济学的第一人，使其能以人的全部劳动（实践）为世界历史运动找到一种“近乎合理”的表达，也正是因为他对人的实践正面效应的过多肯定，使其只是为历史运动找到了逻辑的、抽象的、思辨的表达。而费尔巴哈“只是从客体的形式”，忽视人的能动性、创造性、主体性，没有“从主体方面去理解”，“对象、现实、感性”这一缺憾又使之陷入了旧唯物主义的樊篱，从而也没能使黑格尔唯心主义就此止步。因此，黑格尔哲学是对人本唯物主义的扬弃，它对时代课题的关注和全新读解使其注定要成为人本唯物主义之后的一个必经的哲学形态。是德国社会特有的现实与黑格尔高瞻远瞩的深沉智慧，使其实践唯心

① 《马克思恩格斯全集》第 3 卷，第 49 页。
② 《马克思恩格斯全集》第 3 卷，第 50 页。
③ 《马克思恩格斯全集》第 3 卷，第 163 页。

主义哲学成为马克思哲学之前最具洞观的哲学形态。而这也正是历史的必然。马克思在与黑格尔相脱离，即改造黑格尔实践唯心主义的过程中，改造了费尔巴哈的人本唯物主义，从而创立了实践唯物主义。也就是说，无论是时代的发展还是理论自身的发展，都促使黑格尔实践唯心主义成为由人本唯物主义向马克思实践唯物主义过渡的桥梁。

我们认为，研究哲学的人如果只从哲学的概念出发而不注意某种哲学的生命、它所要解决的问题、在它的哲学概念中包含的人的生活的内容，就不可能真正理解这种哲学本身，而只能将概念弄得非常抽象，并且只在概念本身里兜圈子。事实上，黑格尔哲学是在康德之后追求人类自由反思的新的高峰。即使就它的唯心主义形态来说，也并非完全荒谬，而是当时探讨人类自由的重要的必要经过的哲学方式。如前所述，在法国唯物主义没有能力解决和发扬人的能动精神和自由之后，唯物主义至少已暂时威信扫地，不再能充当推动历史前进的思想形式了。卢梭为了法国人民的解放提出了关于自由的哲学，已经很突出地提出了辩证法思想①，而这时卢梭本人也开始转向唯心主义。康德和以后的德国古典哲学，作为对法国革命的德国反思，固然会因德国还比较落后的环境的影响而加强了它的唯心主义，但也正是在这种方式下，他们才得以对人的自由进行更深刻具体的研究和总结规定，哲学成就也更大。所以，黑格尔的唯心主义正是他得以发展其关于自由、关于人类历史进步的辩证法的形式，二者原是有机统一的。也正是在此意义上，我们将它称为实践唯心主义。只有到了唯心主义终于也束缚了对于人的自由解放的探讨时，到了有可能突破旧唯物主义，使唯物主义采取新的形态，并能成为探讨和发展人类自由解放的有力工具时，这种唯心主义才成为过时的必须予以抛弃的旧哲学形式。而这也就是新唯物主义即马克思实践唯物主义的诞生。所以我们不可只停留于这些形态、概念本身。马克思是从人类解放的基本探求线索来批判黑格尔和一切其他哲学的，在《1844 年经济学—哲学手稿》最后一章中他特别明白地揭示出这一点："他（黑格尔）只是为那种历史的运动找到抽象的、逻辑的、思辨的表达"。②

尽管黑格尔自己把自由原则局限于理论范围，藏之于唯心主义外壳中，但历

---

① 参见《论人类不平等的起源》和恩格斯在《反杜林论》中把卢梭的辩证法同黑格尔、马克思的联系起来，指出了其间的一贯连续发展，清楚地表明：辩证法的本质就在于它是发现和论证人类由不平等即异化到否定这种不平等的过程的规律性。

② 《1844 年经济学—哲学手稿》，人民出版社 1985 年单行本，第 116 页。

史的经验证明，任何一种进步的新思想，在理论上进行发挥，从来都是在实践上进行发挥的一种准备。黑格尔藏在唯心主义外壳中的自由火炬，在德国历史上的革命意义，也正在于此。

二、黑格尔实践唯心主义的具体内容

与法国唯物主义只看到人的受动性而截然对立，19 世纪德国古典哲学抽象地发展了人的能动性的一面。他们把思维和存在的同一理解为一种有中介的同一。这一中介被理解为是思维对存在的一种把握活动。康德把思维理解为构造现象界的能动活动，黑格尔则进一步把思维和存在的同一性理解为一种具有历史性的过程。黑格尔在实践唯心主义的基础上，实现了思维和存在的内在统一，为马克思实践唯物主义哲学的创立提供了直接的理论前提和逻辑出发点。

（一）黑格尔哲学体系的内在关系

黑格尔哲学体系包括两部分：一是《精神现象学》，1807 年出版，它所阐述的是人的意识如何从最低级形态一步步提升到“绝对知识”的过程。绝对精神进入知识阶段，才由现象进入本质，进入了哲学本身的发展阶段。因此，《精神现象学》是引导读者进入他哲学体系本身的导言。二是《哲学全书》，包括逻辑学、自然哲学、精神哲学三部分，1812—1816 年写成，可看作是黑格尔哲学体系本身的内容。

逻辑学是研究纯粹概念（或理念）自在自为的学问。黑格尔认为概念（或理念）是万事万物的实质、核心，或称普遍的东西即共性。所以，逻辑学属于他的体系的形而上学，即本体部分。其长处是深造严谨，代表了黑格尔中期的专门艰深的纯哲学系统。在这里，黑格尔人为地撇开了普遍的本质、共相与感性的东西即特殊和个别的东西（自然界和人类社会）的联系，纯粹地研究概念或理念的体系。他认为绝对精神在尚未体现为自然界和人类社会之前，是以纯粹思维、纯粹概念的形式表现出来的，概念（或理念）是使一切事物成为可能的先决条件，是第一性的。逻辑学就是研究在人的头脑之外的概念的自我运动，它怎样从潜在的、尚未显现、尚未展开过渡到逐步展开逐步发展的科学。当概念发展丰满后，它就要向自然阶段外化。

自然哲学是研究概念（或理念）异在或外在化的学问。在黑格尔看来，“自然是作为它在形式中的理念产生出来的。既然理念现在是作为它自身的否定东西而存在的，或者说，它对自身是外在的，那么自然就并作仅仅相对于这种理念（和这种理念的主观存在，即精神）才是存在的，相反，外在性就构成了自然的规定，在这种规定中自然才作为自然而存在"。[①] 也就是说，概念经逻辑阶段丰满自身后还要把内容显现出来，借外化对立物来实现自己，即它首先要外化为自然界。理念产生完全与自己相异的自然界，是为了自己规定自己。亦即理念这一作为普遍性的东西，要变为现实，需要设定一个"他在"的形式，即自然界这种特殊形式与自身相对立。自然界作为完整的理念发展的一个环节，还只是自在的（潜在的）理念，它还不具有意识。外在性也构成了其规定性；自然是直接存在着的理念，是被建立的存在，所以自然是对理念的否定，亦即在自然阶段理念发展处于否定阶段。自然界里潜藏着理念，这种理念发展到精神阶段，产生自我意识，从自然现象到人类精神、人类社会现象，就由外在性、分离性达到了统一性。

精神哲学是研究理念从外化回复到自身的学问，是自然阶段和逻辑阶段的高度统一。在精神阶段由于绝对观念显现在人身上，具有了主体性和创造性。它一方面克服了逻辑阶段那种绝对抽象、缺乏实在内容的片面性，又克服了在自然阶段那种僵死的物质，缺乏自觉能动性的片面性。通过绝对观念的主动性和创造性，终于战胜了被动的、无力的物质、自然，摆脱了和自己对立的外在形式，回复到自身，展现了自身全部丰富的内容。黑格尔认为只有精神阶段才能谈得上统一，这里的精神指人的意识或认识。描述精神产生自己、发展自己的过程，也就是精神的自由本质实现的过程。黑格尔的自由就是对立的统一，自然阶段的外在性与逻辑阶段是对立的，还不是自由的，只有到了精神阶段产生了自我意识，通过意识的创造活动，才能克服外在性。即黑格尔所认为的实践是人类一切认识世界和创造世界活动的轴心，人们通过实践"观照自己""认识自己""去改变外在事物""创造自己"。这种实践的性质，表现为人特有的一种活动，即包括主观冲动和改变外在事物的主客观统一活动。实践的目的就是"克服外在世界的疏远性"，[②] 把异化的外在世界变成为我的人性化的世界，从而使人获得自由。也就是通过实践这种创造性活动，能够把逻辑阶段所描述的万事万物的普遍性的本质、共相，从特殊性、个别性的东西里面（自然界和人类社会）抽取出来。因

① 黑格尔：《自然哲学》，第 19—20 页。
② 黑格尔：《美学》第 1 卷，第 39 页。

此，在精神阶段，才产生人的自我意识，通过人的意识的创造活动即实践，实现了逻辑阶段和自然阶段的高度统一，在这里，黑格尔提供了对必然和自由现实对立的实践解决方式。《精神哲学》和《自然哲学》博大兼备，作为应用逻辑学，它们代表了黑格尔晚年系统的全体大用、枝叶扶疏。

从黑格尔哲学体系的内在关系上看，显然是精神阶段最高，黑格尔认为，精神哲学是逻辑哲学和自然哲学的统一，是最具体的、最高的。他精神哲学的观点体现在《法哲学原理》《历史哲学》《美学》《宗教哲学讲演录》《哲学史讲演录》等著作中，作为黑格尔整个哲学体系导论的《精神现象学》（它也代表了黑格尔早年的自由创进的精神）也集中论述了精神哲学的基本观点。黑格尔认为逻辑学是片面的，停留在纯粹的概念、片面的抽象的阿门塞斯阴影王国之中；他的自然哲学中的自然本身，如果离开了理念，只表现为外在性与理念的对立，也是片面的；只有到了精神阶段，使理念在自然界和人类社会逗留并充实了更加丰富的内容，克服了上述正反两方面各自的片面性而走向合题，回复到自身后，才达到了绝对真理的最高境界。因此，黑格尔视精神哲学为现实的具体和最高。由此，亦可以看出，黑格尔把人的学问看作是最高的学问，而关于人的学问也恰恰就是关于自由的学问。黑格尔曾经讲过三个在先：一是理念是绝对在先的东西，即理念是客观存在的自然事物的根本、本质、前提、源泉或真理，自然是绝对理念的外化，即物质化或客观化。二是“自然在时间上是最先的东西”。[①] 黑格尔认为，按照时间的次序，人的意识对于对象总是先形成表象，后才形成概念。特定的有限事物有先后的问题。没有自然界，就谈不上逻辑理念，谈不上人类社会。自然界是把逻辑理念和人类社会联结在一起的中项。三是精神在先。含义有两个，第一，精神作为自然界的目标在先。“自由的精神是作为自然界发展的一个目标，而先于自然”。第二，精神的东西是全面的东西，是根据。理念的东西（单纯的正）和自然界的东西（单纯的反），都不是真实的东西，它们必须合拼为精神的东西，才变为全面的、本质的东西，才成为其他两项的根据。由此可见，黑格尔三个在先的思想，是从三个角度讲了它们互为中项的关系。在三者何为最高的问题上，他只是对精神哲学做了如是概括。所谓精神哲学是最高的，就是整个世界的发展都是向着精神，向着最高的人的自由，向着顶峰发展。所以，精神现象学居于自然哲学和逻辑哲学的顶峰，正反的最高点是合，从而走向了具体真理。

---

① 黑格尔：《自然哲学》，第 28 页。

马克思从黑格尔哲学体系三个部分现实的内在统一中，在最高层次的现实整体关系上概括出它的全部发展。在《1844 年经济学—哲学手稿》中，他对黑格尔哲学做了全面的评价："由于黑格尔根据否定之否定所包含的肯定方面把否定之否定看成真正的和唯一的肯定的东西，而根据它所包含的否定方面把它看成一切存在的唯一真正的活动和自我实现的活动，所以他只是为那种历史的运动找到抽象的、逻辑的、思辨的表达，这种历史还不是作为既定的主体的人的现实的历史，而只是人的产生的活动、人的发生的历史"。① 从这段话中可以看出马克思对黑格尔的评价是全方位的，而突出的是《精神哲学》。

黑格尔认为一切事物都是有矛盾的，矛盾是一切事物运动的源泉。他把矛盾双方的关系规定为肯定和否定的关系，肯定的东西在自身中就包含着否定性。否定就是运动。所以，黑格尔把一切存在所包含的这一否定方面看成是人的活动，是人自我实现的创造活动，也就是说，在人的自我创造活动（实践）中体现了否定之否定的辩证运动，这种否定之否定是对人类历史运动的抽象的、逻辑的、思辨的表达，而且这一否定性辩证法到处贯穿于黑格尔的全部著作中。如在《逻辑学》中，黑格尔撇开了自然和人类社会的特殊性和个别性，对概念进行普遍性、共性的推理，他仍然力求，有时甚至极力和竭尽全力"把人的合目的性的活动纳入逻辑的范畴，说这些活动是'推理'，说主体（人）在逻辑的'推理'的'格'中起着某一'项'的作用等等"。② 列宁说：黑格尔把行动、实践看作是逻辑的"推理"，逻辑的"格"，"这里有非常深刻的、纯粹唯物主义的内容。"③ 因为人的实践活动经过亿万次的重复，在人的意识中以逻辑的格固定下来，形成逻辑定式（思维规律），具有公理的性质。列宁又指出黑格尔关于行动、实践活动本身的逻辑所包含的三个前提："第一个前提：'善的目的'（主观的目的）对现实（'外部关系'）的关系。第二个前提：外部的手段（工具，客观的东西）。第三个前提即结论：客观真理的标准。"④ 黑格尔关于行动、实践活动本身的逻辑揭示出他的哲学体系在这一基础上的内在联系。实践活动一端与主观目的相联结，另一端与外部现实相联结，这外部现实一个是自然界的现实，一个是人类社会现实，并形成人与自然的关系、人与人的社会关系、人及其生命存在形式与意识的

① 黑格尔：《自然哲学》，第 617 页。
② 《列宁全集》第 38 卷，第 203 页。
③ 《列宁全集》第 38 卷，第 233—234 页。
④ 《列宁全集》第 38 卷，第 203—204 页。

关系。通过一定的手段和形式，使主体和客体相一致。“卓越的地方是：黑格尔通过人的实践的、合目的性的活动，接近于作为概念和客体一致的‘观念’，接近于真理的观念”。[①] 也就是说黑格尔《逻辑学》中关于概念的本质、共相，是通过实践活动使之外化为自然界、外化为人类社会后，才有自己的本质规定，通过实践活动，在克服这种外化和对象化的过程中，才能认识和抽取出来这一概念的共同本质。实践活动是理念发展到自我意识、落实到人身上才具有的。所以，精神阶段就成为三个阶段中的最高层次，是核心部分。

黑格尔在《精神现象学》中的否定性辩证法体现在自我意识（人的本质）（“异化”）这一概念上。理念外化为自然界的存在形式时，还没有产生意识和自我意识，只是自然界由低级向高级发展产生了人以后，理念体现在人身上，就产生了意识和自我意识，这时便由自然阶段进入了精神阶段。自我意识就是精神依靠自己而存在，即精神的自由本性。“自我意识就是欲望一般。意识，作为自我意识，在这里就拥有双重的对象：一个是直接的感觉和感知的对象，这对象从自我意识看来，带有否定的特性的标志，另一个就是意识自身，它之所以是一个真实的本质，首先就只在于有第一个对象和它相对立，自我意识在这里被表明一种运动，在这个运动中它和它的对象的对立被扬弃了，而它和它自身的等同性或统一性建立起来了”。[②] 这段话是说由于欲望的需要，自我意识首先要与自然界的一个物相联系，这物是欲望的对象，形成自我意识或人与自然界的关系。为使这种关系变成现实关系，还要通过自我意识的创造活动，使人的本质力量外化、对象化，创造一个对象化的世界，形成人类社会的生命运动形式，在自我意识（人的本质）和自然界之间形成一个矛盾运动统一体。在社会这种生命运动形式中，人与自然的关系变为了主体与客体的关系。满足需要，就需要根据对象所给定的条件，通过中介系统，才能使主体与客体构成现实的运动关系。黑格尔通过主人和奴隶的关系的中介作用，进一步说明了主体与客体是如何变成现实关系的。主人和奴隶的关系离不开人与物的关系作基础。主人由于占有物，他可以只享受不创造，并且有权支配奴隶，把奴隶当作会说话的工具，“对物予以加工改造”，[③] 通过这种中介，物的现有存在形式被否定了、扬弃了，创造了所需要的形式，“主人享受了物”。在占有对象、占有感性活动的过程中，作为人这个能思维的主

① 《列宁全集》，第 38 卷，第 203 页。

② 黑格尔：《精神现象学》上卷，第 116－117 页。

③ 黑格尔：《精神现象学》上卷，第 128 页。

体逐渐认识到，外在的客体是同他互相联系着的，认识到这些客体实际上就是他本身对象化的现实。通过这种对外部世界的反思，自我意识充分展开了自己的全部内容：精神实体在对自身的否定中外化、对象化为自然界和人类社会，这种否定性的发展使绝对精神摆脱了在逻辑阶段那种抽象性，形成了具体的特殊世界。但这还不是精神所蕴涵的否定性的生命力的全部实现。自然和人类社会是同绝对精神的本性、自由的理性相对立的形态，因此，它们在这种异在中是不自由的。通过固有否定性的继续活动，最后扬弃这种外在性和对象性，带着在异在中全部发展的成果回到精神中，这时的精神无论从内容还是从形式上都是最真实最具体的精神，即自我实现了的绝对精神，并使欲望达到了满足。“欲望的满足诚然是自我意识返回到自己本身，或者是自我意识确信自己变成了（客观的）真理”。[①] 黑格尔上述表达的就是人类历史的运动。这在他的《历史哲学》中表现得更为明显。

在《历史哲学》一书中，黑格尔把世界历史看作是“理性”合理的发展过程。理性一方面是宇宙的本体，另一方面又是宇宙的无限权力。理性既要将自己展现在自然现象之中，又要展现在社会历史现象之中，展现在世界历史领域中的理性属于精神。精神的实质或本质是自由。而自由就是依靠自己而存在。精神的这种依靠自己而存在的本性就是自我意识——意识到自己的存在。在精神自由本性中已经含有历史的全体，而世界历史就是自由本性潜伏在自身中的精神的表现，就如同一粒萌芽中的果树树种已经含有果树的全部性质一样。所以，“自由本身便是它自己追求的目的和‘精神’的唯一目的。”[②] 这个最后实现了的目的（结果）便是世界历史。

在通过何种手段和途径实现追求的目的向最后结果的转化问题上，黑格尔认为，目的或精神的自由本性都是抽象的、内在的，它只存在于我们的思想之中，存在于我们的主观计划之中，而不存在于现实之中，要使其成为现实，那就必须实行、实现广义的人类活动。有了这种活动，然后上述的“理想”和一般抽象的特质才能实现，才能实行。黑格尔把自我意识的活动看作是“理性”的手段和途径，通过自我意识的创造活动（实践），使理性的自由本性外化、对象化，并在世界历史中实现自己，确证自己，然后又通过活动回复到自身。而黑格尔认为行动的原动力是需要和热情。“我们对历史最初的一瞥，便使我们深信人类的行动

① 黑格尔：《精神现象学》上卷，第121页。

② 黑格尔：《历史哲学》，生活·读书·新知三联书店1959年版，第58页。

都发生于他们的需要、他们的热情、他们的兴趣、他们的个性和才能；当然，这类需要、热情和兴趣，便是一切行动的唯一源泉”。热情是指从私人的利益，特殊的目的或利己的企图出发而产生的人类活动。这是由于需要而引起的人类活动。“假如没有热情，世界上一切伟大的事业都不会成功。因此有两个因素就成为我们考虑的对象：第一是那个‘理念’，第二是人类的热情，这两者交织成为世界历史的经纬”。其中的“理念”是指理性的自由本性，既是最初的目的，又是最后的目的，即结果；其中的“热情”是由于需要而引起的人类活动。它作为中介或手段，在一端联结“观念”和自我意识，在另一端联结一个自然物，在自我意识的创造活动中，它们构成主体和客体的相互转化运动。正如黑格尔所说：“这两个极端的结合——一个普通的观念赋形于直接的现实，以及一种特殊性提高成为普遍的真理——它们结合的情形”。意即通过自我意识的创造活动，使观念的东西外化、对象化为自然界和人类社会这种特殊的直接现实的存在形式，反过来，在这种特殊存在形式中抽取出观念的东西，达到对万事万物普遍的真理性的认识。当然黑格尔认为本原的东西不是自然界和人类社会，万事万物的本质、共相是理念。他说：“这里好比一个三段论式，活动是它的中间名词，它的一端是普遍的东西，就是‘观念’，它休息在‘精神’的内部；另一端就是一般的‘外在性’，就是客观的物质。活动是中心，普遍的、内在的东西从而过渡到‘客观性’的领域”。克服这种外在性，观念的东西在更高层次上又回复到自身。活动（实践）作为联结两个端点的中介系统，黑格尔除了强调工具作用外，还特别强调社会关系对形成全人类活动的作用。工具作为“社会器官”，通过手段的交换，使人与人之间形成了普遍的社会联系。黑格尔说：“我必须配合着别人的行动，普遍性的形式就是由此而来的。既然我从别人那里取得满足的手段，我就得接受别人的意见，而同时我也不得不产生满足别人的手段。于是彼此配合，相互联系，一切个别的东西就这样地成为社会的”。[①] 只有在社会中，以主体和主体的联系为中介，主体才能运用工具（“社会器官”）作用于客体，才有主体与客体、人与自然之间现实的关系。所以，社会的存在形式即实践活动是“观念”与自然界统一的基础和中介。由是，黑格尔强调他的哲学体系三部分中精神哲学为最高，因为它在三者中处于现实的矛盾统一体的地位。黑格尔说他的“‘哲学’所关心的只是‘观念’在‘世界历史’的明镜中照射出来的光辉”，[②] 道理就在于此。

---

① 黑格尔：《法哲学原理》，第20页、第207页。

② 黑格尔：《历史哲学》，生活·读书·新知三联书店1959年版，第66—68页。

(二) 黑格尔实践唯心主义的本体论

黑格尔哲学无论是体系还是方法，都有足够的特色空间供人借鉴。他关于在实践活动的基础上实现人与世界辩证统一的抽象的、逻辑的、思辨的表达，为马克思实现哲学基本问题第一方面的革命提供了直接理论前提。我们将黑格尔在本体论方面有价值的思想概括为：第一，黑格尔关于实体即全体、主体的思想，突出了主体在本体中的地位和作用。黑格尔明确指出："一切问题的关键在于：不仅把真实的东西或真理理解和表述为实体，并且同样理解和表述为主体。同时，还必须认识到，实体性自身即包含着共相（或普遍）或知识自身的直接性"。[①]也就是说，黑格尔的实体性（本体）既包含着普遍性的概念，又包含着直接存在着的东西，亦即作为普遍概念对象性存在物的自然界和人类社会。同时，它还不仅包括客观自在性的一面，而且还包括主体人及其创造活动（实践）。实体是全体，整体中"绝对自身同一"，简言之也就是逻辑阶段（正）、自然阶段（反）在精神阶段上整体的现实的统一。尽管黑格尔所言的"精神"并不就是现实的世界，其精神的发展也不是现实的历史运动，但由于他把精神不仅视为世界的最高实体而且同时也理解为自身能动的主体即自我创造的运动过程，是运动本身，它最终的完成即绝对的自身肯定就是自由。因此，黑格尔的"精神"事实上已经蕴涵着现实世界及其历史运动的最本质的东西。况且，按照黑格尔的观点，普遍性不是抽象的概括性，不是排除特殊和个别的共同性，而是包含特殊和个别于自身中的具体的普遍性。所以，我们不难发现，黑格尔的实体性（本体）既是普遍性的概念，又是直接存在着的东西即自然界（自然阶段）和人类社会（精神阶段），是以人的全部活动（实践）为基础的自然界和人类社会的统一，是以人类历史为核心的高度统一，是人与外部世界现实的整体的统一。

第二，黑格尔的实体即本体是自在自为的统一，突出了本体的辩证法。黑格尔认为实体不仅包括客观自在性的一面，而且还包括人及其全部活动所实现的实体的自在自为的统一。黑格尔明示：思维必须自觉。他认为，尽管自然界也蕴涵着普遍理性，但自然界不能使它所蕴涵的理性得到意识，只有人才具有双重的性能，是一个能意识到普遍性的普遍者。人的这种普遍性最初表现即在于当人能说出一个"我"字并自觉地把"我"与"非我"区分开来的时候。但是，倘使思维

① 黑格尔：《精神现象学》上卷，第10页。

就此便一味执着于自己与对象的这种凝固化的差别和对立，那么它就不能实现其作为普遍者的自身，而且反而陷入特殊性，从而走向自己的反面。因此，思维必须通过自己的全部活动（实践）进一步扬弃自身并最终达到和对象的握手言和统一。正如黑格尔自己所阐述的那样："精神生活在其素朴的本能的阶段，表现为无邪的天真和淳朴的信赖。但精神的本质在于扬弃这种素朴的状态，因为精神生活之所以异于自然生活，特别是异于禽兽的生活，即在于其不停留在它的自在存在的阶段，而力求达到自为存在。但这种分裂境地，也同样需要加以扬弃，而精神总是要通过自身以返回它原来的统一。这样赢得的统一乃是精神的统一。而导致返回到这种统一的根本动力即在于思维本身"。[①] 虽然黑格尔对思维与存在的统一，不过是思维对存在的吞噬，但是黑格尔却始终抓住了精神的（同时也是人的）自我创造这个自由能动的本质。因此，黑格尔这个看起来极其抽象的神秘的精神中，事实上已经蕴涵着现实世界及其历史运动的最本质的东西，从而也抬高了精神阶段作为最高层次的地位和作用。

第三，黑格尔整体、实体是自身包含辩证否定运动的过程，突出了本体是辩证的实践的唯心主义。黑格尔认为"实体自身本质上也是否定的东西"。[②] 实体虽然是绝对的无限者，但精神并不只是一个结果，因为单纯的结果只是一个空洞的存在或内容的抽象，精神不是某种静止的东西，而是活生生的自我运动的过程（实践过程）。在黑格尔看来，精神是一切事物的本质，因而包含着整个世界的丰富性。但是，精神只有在自己的运动中将其全部的丰富性显现出来并达到对自己的认识，才能使自己最终成为现实。黑格尔指出："哲学从来不与空洞的单纯彼岸世界的东西打交道。哲学所从事的，永远是具体的东西，并且完全是规定的东西。"[③] 依其观点，精神的无限丰富性在由一物向他物转化的无穷递进中，并未得到实现，因为这种否定只是一种片面的否定性。是故，现实的精神必须从否定的这种片面性中解脱出来，重新达到对自己的肯定，这种新的肯定才是精神的实现，亦即黑格尔的"真无限"。由此黑格尔说："真的无限毋宁是'在自己中'，或者从过程方面来看就是'在别物中返回到自己'"。[④] 这一过程，简言之，即实体通过主体外化、对象化的活动，建立起与自身相对立的否定物，并把这种否定

① 黑格尔：《小逻辑》，第 84 页。
② 黑格尔：《精神现象学》上卷，第 25 页。
③ 黑格尔：《小逻辑》，第 207 页。
④ 黑格尔：《小逻辑》，第 418 页。

性看作实体的"灵魂或推动者"，又通过这种否定力量推动实体本身不断运动，最终扬弃对象化回到主体自身。而且如黑格尔所言，"这种否定运动看起来是在实体之外进行的，似乎是一种指向实体的活动，而事实上这就是实体自己的行动，实体因此表明它自己本质上就是主体"。① 黑格尔的实体虽然形式上是唯心的，但它却是地地道道的对人与世界关系在人的全部活动（实践）基础上现实的、整体的、辩证否定运动倒置过来的表述。"黑格尔用矛盾法来解释经验，解释宇宙人生，而求得一简易一贯的识度，这是黑格尔矛盾法的特色及空前的妙用。""黑格尔的这种方法是任何事物所不能抗拒的一种绝对的、唯一的、最高的、无限的力量，是理性（人）企图在每一个事物中发现和认识自己的意向"。② 这也是黑格尔超出前人甚至自己时代的杰出洞见。它所包含的唯物主义和辩证法在实践基础上辩证否定运动的成分最多，所以列宁说过他总是竭力用唯物主义观点来读黑格尔的著作，黑格尔学说是倒置过来的唯物主义（恩格斯的说法），也就是说列宁大抵抛弃了神、绝对、纯经验等。

第四，黑格尔的实践观中所包含的作为推动原则和创造原则的否定性辩证法突出了社会历史观的核心地位。在劳动（实践）的认识史上，真正将劳动当作一个哲学论题进行研究并卓有成效的，黑格尔是第一人。他把劳动（实践）与人、与人类自身的发展联系起来，从主体和客体对立统一的高度，着重考察了劳动的主体——人通过劳动不断地证实、改造和发展自身的过程，论证了劳动的本质和作用。在黑格尔看来，人为了满足自己的需要，必须通过实践与外部自然界发生关系，劳动在使人从动物界提升出来的过程中起着重大的作用，正是通过劳动，人使自己超越自然的生活，也使人的需要的满足由直接的本能的满足变成了一种理想的、真正的人的需要的满足。通过"个别的人在他个别的劳动里本就不自觉地或无意识地完成着一种普遍的劳动"，③ 黑格尔还猜测到了劳动具有一种社会性。把劳动（实践）作为人的本质和自我创造的手段，进而把人的自我创造看成历史的基本内容，就构成了黑格尔哲学的主题。

就人类实践的特征而言，黑格尔从未否认人类制造和使用工具进行生产劳动的重要意义，尽管他还远未达到劳动创造世界也同时创造人本身的马克思主义的理解。不过，黑格尔在这方面所强调的根本东西，还是"理性"的作用。这种

① 黑格尔：《精神现象学》上卷，第 24 页。
② 贺麟：《黑格尔哲学演讲集》，第 625 页。
③ 黑格尔：《精神现象学》上卷，第 243 页。

“理性”作用表现在实践活动上，就是目的性，黑格尔的深刻之处在于他从人本质出发考察目的性。黑格尔明确提出了人的本质是自由的观点。在他看来，自由既然是人的本质，也就是人类通过实践不断加以实现的根本目的。黑格尔写道：“人类自身具有目的，就是因为他自身中具有‘神圣’的东西——那便是我们从开始就称作‘理性’的东西，又把它的活动和自决的力量，称作‘自由’”。[①] 他还写道：“主体方面所能掌握的最高的内容可以简称为‘自由’。自由是心灵的最高定性”。[②] “世界历史无非是‘自由’意识的进展；这一种进展是我们必须在它的必然性中加以认识的”。[③] 因而，对于目的性的真正理解，有赖于对自由及其如何实现的真正理解。

黑格尔尖锐地批判了把“任性”当作自由的观点。他认为“任性”是一种对必然性无知而产生的主观的随意活动，这种活动非但不自由，而且表明它完全在必然性的支配之下。黑格尔批判地继承了斯宾诺莎到康德的合理思想，即自由与必然统一的思想，并在此基础上提出了自己的自由观。斯宾诺莎已经提出自由是对必然认识的思想，但未将其展开。康德试图把自由和道德实践联系起来，但由于他的历史局限性和在理论上缺乏辩证思维，终于导致了二者的割裂。黑格尔将自由的思想发展到了一个高峰。他洞察到，不仅客体对主体存在着“必然王国”，而且当主体以自身为对象时，主体自身也存在着“必然王国”。因此，黑格尔认为，在实现主体与客体统一时，既需要克服客观的片面性，也需要克服主观的片面性。特别值得注意的是，黑格尔还提出并把这种关于必然性的认识用于创造世界（包括人本身）。在说明了作为实践的重要性质——追求自由这种目的性之后，黑格尔又指出了如何实现这种目的的途径。在这方面，黑格尔提示了作为人类实践的另一重要性质，即实践是实现主体与客体统一的中介。黑格尔说：“我的目的最初仅仅是内在的东西，主观的东西，客体对于主体，仍然是一个异己的‘外部世界’。”[④] 因此，人要把目的性的冲动实现于外部世界，他就要陶冶自然物，以造成手段（工具），去创造第二自然（衣、食、住、行以及精神等需要的东西），以为自己享用。也就是说，黑格尔揭示的实践的中介性质，是指人类在克服主观片面性和客观片面性以达到主体与客体统一这种创造世界的活动中，不仅

① 黑格尔：《历史哲学》，生活·读书·新知三联书店 1959 年版，第 503 页。
② 黑格尔：《历史哲学》，生活·读书·新知三联书店 1959 年版，第 73 页。
③ 黑格尔：《美学》第 1 卷，第 124 页。
④ 黑格尔：《法哲学原理》，第 20 页、第 30 页。

要有明确的目的，而且还要有相应的手段（工具）。在黑格尔看来，创造出与目的相一致的手段尤为重要，因为它已经是主体与客体统一的标志，而且正是人所创造的这种手段，成为延续不断的主体与客体统一的桥梁。用他的话说即“目的通过手段与客观性相结合，并且在客观性中与自身相结合，手段是推论的中项”。[①] 尽管黑格尔没明确指明“目的”是主体的目的，但其手段作为联结主体（人）与客体的中项是不言自明的。如列宁所指出的，“这里有非常深刻的、纯粹的唯物主义的内容。要倒过来说，人的实践活动必然亿万次地使人的意识在重复各种不同逻辑的格，以便这些格能够获得公理的意义”。[②]

关于手段（工具）作为中介的重要意义，黑格尔进一步指出：“但中项作为进行结合的东西，必须本身是目的的总体”。[③] 它说明，手段作为联结主客体的桥梁，并不是外在于二者的第三者，而是主客体的有机统一。首先，手段体现主体的目的性，也就是与目的相一致；其次，这种手段又取自客体，只不过是改变了的客体。所以，在手段（工具）的创造中，最集中体现了人类的创造智慧和力量。因而，手段的水平体现了人类征服自然和社会发展不同阶段的真正标志。黑格尔把人这种创造手段（工具）以改造世界（包括人本身）的智慧和力量，称为“理性的狡狯”。其实，他所说的这一特点，也正是人之为人的根本标志。

从实践包含目的性和具有结合主客体的中介性质出发，黑格尔进而揭示了实践还具有包含理论和高于理论的特征。一方面他强调理论对实践发展的重要性，强调要实现意志的自由必须取得关于必然性的本质认识，否则不可能现实地实现自由。他指出，“意志只有作为能思维的理智才是真实的、自由的意志”。[④] 另一方面，黑格尔又明确指出，实践“不仅具有普遍的资格，而且还具有绝对现实的资格”。[⑤] 就是说，只有实践才能使作为目的性的意志和理论真正变成现实。此外，在实践包含理论而又高于理论的意义上，黑格尔进而把实践概括为“概念的总体”这种总体，实质上就是主体与客体的现实统一。也就是说，理论活动还只是认识世界的过程，从客观到主观的过程。只有实践活动，才是既包括从客观到主观的认识世界的过程，又包括从主观到客观的创造世界的过程。实践是这两个

---

① 《列宁全集》第38卷，第227页。

② 冯友兰：《中国哲学史新编》，第13－14页。黑格尔：《逻辑学》下卷，杨一之译，商务印书馆1966年版，第433页。

③ 黑格尔：《逻辑学》下卷，杨一之译，商务印书馆1966年版，第435页。

④ 黑格尔：《法哲学原理》，第31页。

⑤ 黑格尔：《逻辑学》下卷，杨一之译，商务印书馆1966年版，第523页。

过程的统一。

应当说，在黑格尔揭示的实践的三种基本性质中，实践的中介性质最为重要。它作为手段（工具）使主体与客体达到统一，使人获得越来越多的自由。换句话说，这种自由是人类通过体现自己的目的和理论的手段（工具），在改变客观世界和主观世界中赢得的。黑格尔写道，“人还通过实践的活动来达到为自己（认识自己），因为人有一种冲动，要在直接呈现于他面前的外在事物中实现他自己，而且就在这实践过程中认识他自己。人通过改变外在事物来达到这个目的。在这些外在事物上面烙下他自己内心生活的烙印，而且发现他自己的性格在这些外在事物中复现了。人这样做，目的在于要以自由人的身份，去消除外在世界的那种顽强的疏远性，在事物的形状中他欣赏的只是他自己的外在现实”。[①] 黑格尔这段极为重要的话，讲了实践所包括的三个环节。其一，人类要借助实践把自己实现于外物，来认识自己的本质。其二，这种目的实现，必须通过改变外物而创造的“第二自然”。其三，这种改变外物的结果，就克服了（经过斗争）外部世界与人类之间那种“顽强的疏远性”。这是因为，所谓改变外物，就是在外物上面划下了人类生活的印迹，体现了人的旨趣和性格，所以人类才能在这种外物中发现、认识并赢得自身的自由。

不言而喻，黑格尔的实践观是唯心主义的，因为从他的理论前提出发，人的实践活动，归根结底，也只能是理念的精神活动的一个环节。但黑格尔按照他的理论模式所概括的，并非是离开人类真实的实践过程，而是紧紧追索和力图把握这个过程。黑格尔实际上把人类一切活动，都归于实践活动，包括物质生产、科学、艺术、政治等社会活动。他揭示的人类实践所特有的基本性质、包含而又高于理论等特征，突出地表明，他的哲学确实是马克思主义哲学的“前夜”，成为马克思实践唯物主义的直接理论来源。

（三）黑格尔实践唯心主义的思维与存在的同一性

思维和存在具有同一性，这是黑格尔的唯心主义命题，它被恩格斯加以改造，用来表述哲学基本问题第二方面的内容。黑格尔这一命题的深邃之处表现在：

首先，黑格尔认为思维与存在的同一是有中介的同一。尽管黑格尔不是把思

① 黑格尔：《美学》第1卷，第39页。

维看作是对存在的反映，但他站在反思思维和存在关系的维度上揭示出思维与存在具有同一性，这不能不说是一大进步。他认为此二者的同一是有中介的同一。即思维对存在有一种把握活动。黑格尔认为要真正实现实体向主体的转化，达到思维与存在的真正统一，除理性认识外，还必须通过实践活动。在“理论活动”阶段，客体尚非主体创造的产物，它只是当作外界给予的材料而被接受到主观范畴中，至于主观范畴本身则是空虚的、抽象的，主体与客体在这里显然没有达到真正统一。康德哲学就是仅仅停留于此。黑格尔断言，“理论活动”认客体为外在的，主体为被动的，因此，它所认识的必然性只是外部现成的内容，只是“外在的必然性”，而非“真正的或内在的必然性”，“真正的必然性自在地是自己与自己联系着的概念”。[①] 亦即“实践的理念即行动”。这样，整个认识的历程就从主体被动接受客体的“理论活动”（认识活动）过渡到了主体主动改造客体的“实践活动”（“意志”）。实践活动是主体铸造和决定自己的对象的活动，“只有当概念成为在实践意义上的‘自为存在’的时候，人的概念才能‘最终’地把握、抓住、通晓认识的这个客观真理”。[②] 尽管黑格尔把实践、劳动看作是精神活动，但他却把思维与存在的同一理解为思维经过反思自己实现自己的过程，从而肯定了思维具有创造的功能，是一种创造性活动。这里，黑格尔把实践看成是从主观性达到绝对理念的中间环节，并且认为认识以主体和外部世界为前提，其任务就在于扬弃主观与客观的片面性，即扬弃是通过理论活动和实践活动而实现的。“理论活动通过接受了存在着的世界，使之进入自身内，进入主观的表象和思想内，从而扬弃了理念的片向的主观性，并把这种真实有效的客观性当作它的内容，借以充实它自身的抽象确定性”。[③] 而意志或理念的实践活动则是扬弃、克服客观实物世界的片面性并把主观性的内在本性所固有的理性必然性和确定性纳入客观实物世界中。黑格尔说：“实践理念，即行动”[④] 是改造外部世界的创造性活动，是思维转化为存在，主体转化为客体，主观转化为客观的“中介”。同时，黑格尔认为“善之理念”比“真之理念”更高，它不仅具有普遍性的资格，还具有绝对现实性的资格，也就是黑格尔实际上还说出了实践为其理念提供了检验标准这层意思。正缘于此，黑格尔把这种把握活动理解为一种历史性的过程，

---

① 黑格尔：《小逻辑》，第410页。
② 《列宁全集》第38卷，第92页。
③ 黑格尔：《小逻辑》，第522页。
④ 黑格尔：《小逻辑》，第43页。

从而突出了实践活动在认识中的作用。而且，他还突出了人类历史在认识中的前提作用。黑格尔说过“只有人才是一个能意识到普遍性的普遍者”。意即只有绝对观念落实在人身上，产生了自我意识，通过自我意识的创造活动即反思即实践，才把自己丰富起来，才认识到自己全部丰富的内容，回到自身。

其次，黑格尔“实体即主体”的命题，表述了认识是个辩证发展过程的思想。黑格尔认为，真理是由实体到主体及实体与主体的统一。“真理是全体。但全体只是通过自身发展而达于完满的那种本质。关于绝对，我们可以说，它本质上是个结果，它只有到终点才真正成为它之所以为它；而它的本性恰恰就在这里，因为按照它的本性，它是现实、主体或自我形成”。[①] 因为实体虽是绝对自身的同一，是绝对的无限者，但精神不止是一个结果，它不是静止的，而是活生生的自我运动的过程。黑格尔说过，“事情并不穷尽于它的实现，现实的整体也不仅是结果，而是结果连同其产生过程”。[②] “活的实体，只有当它是建立自身的运动时，或者说，只当它是自身转化为与其自己之间的中介时，它才真正是现实的存在，或者换个说法也一样，它这个存在才真正是主体。实体作为主体是纯粹的简单的否定性，唯其如此它是单一的东西分裂为二的过程或树立对立面的双重化过程，而这种过程则又是这种漠不相干的区别和对立的否定。所以，唯有这种正在重建其自身的同一性或在他物中的反映，才是绝对的真理，而原始的或直接的同一性，就其本身而言，则不是绝对的真理。真理就是它自己的完成过程，就是这样一个圆圈，预悬它的终点为目的并以它的终点为起点，而且只当它实现了并达到它的终点它才是现实的。”[③] 马克思针对黑格尔这种把真理理解为实体和主体统一，理解为实体向主体的上升过程做出了恰到好处的评价：“把实体了解为主体，了解为内部的过程，了解为绝对的人格，这种了解方式就是黑格尔方法的基本特征”。[④] 这就是说，真理既是实体又是主体，是两者的统一。主体离开了对象，即实体，就是片面的、空虚的，因而是不真实的。只有主体包括了对象（实体），真理才呈现出来，而且主体所包含的对象范围愈广，就愈能实现其自己；而当主体概括一切实体时，就成为绝对知识，成为最真实的东西。反之，“活的实体”只有当自身运动、转化为主体的时候，实体才能成为真正的现实存

① 黑格尔：《精神现象学》上卷，第 12 页。
② 黑格尔：《精神现象学》上卷，第 2 页。
③ 黑格尔：《精神现象学》上卷，第 11 页。
④ 《马克思恩格斯全集》第 2 卷，第 75 页。

在。黑格尔认为，当实体作为原始的直接的统一时即作为本体来说，它不是真理，只有实体经过自己的运动和内容的展开，再回复到主体时，才是真正的存在，才是真理。开端或绝对，最初说出来，只是一个共相，只是一个抽象的东西，实体只有经过自身的否定，又以否定为中介，最后回复到自身，才是绝对的真理。以此出发，黑格尔批判了两种错误观点。一种是以康德为代表的"主观主义"，认为"思维就是思维"，主体与实体间有一条不可逾越的鸿沟，永远不能达到统一。另一种是以谢林为代表的"形式主义"，认为"思维在其自身中就是与实体的存在合为一体的"，即把主体与实体当作无差别的"绝对同一"。在这里，黑格尔还表述"真理是过程""真理是具体的"等思想，而且他还认为真理是主观形式与客观内容相统一的。黑格尔对主体的能动性、创造性和实践功能的论述非常深刻。按其观点，认识绝不只是人对外物的观照而不包括对自身的反映和反思。它是对客体的受动反映和能动改造的统一，是对外意识与自我意识的统一。

再次，黑格尔关于思维与存在的同一是辩证法、认识论、逻辑学三者的同一。尽管黑格尔从未明确讲过此三者同一的论断，但他在表述逻辑学对象时却体现了这一思想。列宁在《哲学笔记》中对黑格尔关于三者同一的思想做了揭示：黑格尔的"思维按其必然性的'发展'"[①] 是关于思维形式和思维规律的统一。黑格尔强调逻辑学的对象不是事物，而是"事物的本质，事物的概念"，"逻各斯，即存在着东西的理性"。[②] 列宁认为，按照唯物主义的说法，"不是事物，而是事物运动的规律"。[③] 而在黑格尔那里，概念和思维既是主观的，又是客观的，主观的概念和思维正是客观的概念和思维在人类精神中的表现，故逻辑学的对象正是"鼓舞精神并在精神中起作用的这个逻辑的本性"。[④] 这说明逻辑学与本体论（辩证唯心主义）的同一。此外，黑格尔认为关于范畴的发展史也就是逻辑学的对象。"本能的活动""分用在无限多样的材料中"，相反地，"智力和意识的活动"把"动因的内容""从它和主体的直接统一中分出来，使之成为它（主体）面前的对象"。"在这面网上，到处有牢固的纽结，这些纽结是它的（精神或主体的）生活和意识的据点和出发点"。[⑤] 列宁把黑格尔上述思想概括为"在人面前是自然现象之网。本能的人，即野蛮人没有把自己同自然界区分开来。自觉的人

① 《列宁全集》第 38 卷，第 92 页。
② 《列宁全集》第 38 卷，第 91 页。
③ 《列宁全集》第 38 卷，第 91 页。
④ 《列宁全集》第 38 卷，第 89 页。
⑤ 《列宁全集》第 38 卷，第 89 页。

则区分开了，范畴是区分过程中的一些小阶段，是帮助我们认识和掌握自然现象之网的网上纽结”。[①] 自觉的人是从事认识和改造自然界活动中的人，范畴就是人类改造自然的实践活动过程中形成的认识的纽结。范畴之间的普遍联系，反映了人与外部世界的本质和规律所形成的逻辑的“格”，并在此基础上实现了逻辑学与认识论的同一。它们同一在所形成的逻辑的“格”之中，这是对思维与存在同一性的最高概括。

三、黑格尔实践唯心主义的涅墨西斯——马克思实践唯物主义

冯友兰先生说过：“近代唯物主义哲学，整个的马克思主义体系，也都是人类精神的反思，所以也都是《精神现象学》”。[②] 只不过康德采用了批判反思，黑格尔进行了思辨反思，而马克思开创了实践反思。哲学作为时代精神的精华，既要能给出历史的画面，为人们揭示历史的教训，又要站到现时代的制高点上，从历史和现实的发展中，为人们揭示把握未来的趋势和方法。在这一点上，黑格尔哲学并不是他所自述的那样，仅仅是要等到黄昏到来才会起飞的密纳发的猫头鹰，他和马克思实践唯物主义都是对德国所处的现实世界没落的洞察与前瞻，因而也都是对所处时代精神的最高概括。也正缘于此，黑格尔所培植的哲学在新时代的生长点，经由费尔巴哈人本唯物主义所提供的新的蕴藉，被马克思深刻透视和剖析之后，凸显在哲学视野的是实践唯物主义形态而非其他。

（一）从黑格尔的实践唯心主义直接走向的是马克思的实践唯物主义

黑格尔认为：近代哲学的主要兴趣“均在于说明思想与客观对立的性质和效用”，[③] 而近代哲学若想达到两者的言和就须给自己规定这样的任务，即以思维和存在作为对象，并通过思维克服它们的对立，达到两者的统一。也就是黑格尔所说的：“哲学的最高目的就在于确认思维和经验的一致，并达到自觉的理性与存在于事物中的理性的和解，亦即达到理性与现实的和解”。[④] 这种“和解”就是思维和存在在人的活动基础上现实的、整体的、辩证否定的统一。纵观黑格尔

① 《列宁全集》第38卷，第90页。

② 冯友兰：《中国哲学史新编》，第13－14页。

③ 黑格尔：《小逻辑》，第43页。

④ 黑格尔：《小逻辑》，第95页。

哲学，自我意识在一定条件下的创造活动，使其体系具有了特有的质感，而对黑格尔来说，意识和人、人的本质又是直接同一的，故其否定性辩证法实质上揭示的正是人的自由，而且作为人类自有哲学以来最深沉的理论兴趣之一的对人的本质的探究，又是以人类对自己的自由本性的认识作为其理论探究的真正开端。如我们常说的那样，黑格尔哲学有一种厚重的现实感和历史感，“黑格尔常常在思辨叙述中做出把握住事物本身的、真实的叙述”。① 它赋予我们的是人与自然、社会的现实的、整体的而且是动态的统一，并且黑格尔始终从人的活动中把握着人与外部世界的关系，这就使人与外部世界在人的活动基础上形成的矛盾统一体凸显在了哲学视野。亦即黑格尔以论证如何实现人的自由为其目的，并且也找到了为实现这个自由而必需的自由能动的本体一人，而一个自由能动的本体又须在一定条件下进行创造活动（实践）才能展开并实现其自由，确切地说就是自我意识（人）要在和外部世界的互动中自我创造、自我发展、自我实现。也就是通过人类的全部创造活动，使人与自然构成现实的辩证否定运动过程，以人的全部创造活动为中介，形成矛盾统一体，这个矛盾统一体使人与外部世界构成了互为对象化的辩证否定运动。故按黑格尔的观点，思维与存在的辩证统一，即人与外部世界以人的全部创造活动为基础的现实的、整体的、动态的矛盾统一体，才是哲学的起点。

黑格尔以其独特的方式——实践唯心主义解决了思维与存在的关系问题，为马克思以实践为中心关于人和对象世界同时得到解放的哲学，亦即历史的辩证的现代唯物主义（实践唯物主义）哲学的创立，提供了直接理论来源。马克思讲到黑格尔主义时，他脑子里首先考虑的是黑格尔在他的《精神现象学》中建立的历史哲学。马克思本人确实也特别重视对黑格尔《精神现象学》的研究，在《1844年经济学—哲学手稿》中，他称《精神现象学》为“黑格尔哲学的真正诞生地和秘密”，② 在《德意志意识形态》中又称它是“黑格尔的圣经”。③ 它们共同的意思就是说《精神现象学》是理解黑格尔哲学的关键，是打开其哲学奥秘的钥匙。马克思指出：“由于《现象学》紧紧抓住人的异化，——尽管人只是以精神的形式出现的，其中仍然隐藏着批判的一切要素，而且这些要素往往已经以远远超过

① 《马克思恩格斯全集》第1卷，第76页。

② 《马克思恩格斯全集》第42卷，第159页。

③ 《马克思恩格斯全集》第3卷，第163页。

黑格尔观点的方式准备和加工过了”。[①] 马克思还独具慧眼地发现打开黑格尔哲学的关键和钥匙，即黑格尔的《精神现象学》及其最后成果——作为推动原则和创造原则的否定性的辩证法——伟大之处首先在于，黑格尔把人的自我产生看作是一个过程，把对象化看作是失去对象，看作外化和这种外化的扬弃；因而他抓住了劳动的本质，把对象性的人，现实的因而是真正的人理解为他自己劳动的结果。人同作为类存在物即作为人的存在物的自身发生现实、能动的关系，或者说，人使自身作为现实的类存在物即作为人的存在物实际表现出来，只有通过下述途径才是可能的：人实际上把自己的类的力量统统发挥出来（这又是只有通过人类的全部活动，只有作为历史的结果才有可能），并且把这些力量当作对象来对待，而这首先又是只有通过异化的形式才有可能。也就是说，黑格尔作为推动原则和创造原则的否定性辩证法，是通过人类的全部活动，通过劳动实践的途径体现出来的，它潜藏在黑格尔把人的本质的异化或自我意识的异化看作是劳动创造活动的过程之中。可以说，黑格尔抓住了人类的全部活动，特别是劳动活动作为实现主体现实性的整体的统一的基础，突出了社会历史这种运动形式在其整体统一中的核心地位。

黑格尔把人类历史看作是由具体的社会的人来完成的，有必然联系的有机整体，这无疑是一种非常杰出的洞观，如马克思所说，黑格尔哲学体现了唯心史观对人类最高理想的求索。但是黑格尔具有自身确定性的真理性自我意识，并不就是现实的人，而且自我意识所作的奥德赛式的航行也只是为现实的历史运动找到了抽象的、思辨的、逻辑的表达。马克思、恩格斯对此进行了改造，指出：黑格尔“这个划时代的历史观是新的唯物主义观点的直接理论前提，单单由于这种历史观，也就为逻辑方法提供了一个出发点”。[②] 这直接理论前提主要是指黑格尔对哲学基本问题的解决方式即黑格尔在“观念”和自然物质对立两极之间，通过自我意识创造即实践活动，形成对象化的世界即人类社会这种生命存在的形式，构成“观念”与自然物质矛盾双方否定之否定的辩证运动的矛盾统一体。这种解决哲学基本问题的独特方式成为马克思建立实践唯物主义体系的直接前提。恩格斯指出，有了人，我们就开始有了历史。但是，人的出现，绝不意味着现实的社会历史的开端。马克思也强调以人的实践活动为基础，来认识和把握现实世界。这个对象世界、现实世界即是人通过实践活动创造的，以社会为中介，人与自然

① 《1844年经济学—哲学手稿》，人民出版社1985年单行本，第120页。

② 《马克思恩格斯选集》第2卷，人民出版社1995年版，第42页。

界实现的现实的整体的辩证统一运动形态。一方面，人类通过劳动改造客观世界使自己的活动和本质力量（体力和智慧）对象化、外化，使矛盾双方形成否定性的关系；另一方面，人类劳动所创造的对象性存在又向主体转化，转化为主体的活动形式、本质力量、才能和技巧，克服外化、对象化，回复到主体自身，形成否定的发展趋势。这就是人类历史的现实存在形态。人类社会历史就是人们通过能动和创造性的全部劳动，创造对象和占有对象，改造客观世界和自我改造的现实的、整体的辩证否定运动。

第一，立足于人的实践活动所创造的现实世界，马克思解决了哲学的研究对象。在首先严格区分了被黑格尔混淆的对象化和异化的概念后，马克思指出："当现实的、有形体的、站在稳固的地球上呼吸着一切自然力的人通过自己的外化把自己现实的、对象化的本质力量设定为异己的对象时，这种设定并不是主体，它是对象性的本质力量的主体性，因而这些本质力量也必须是对象性活动。对象的存在客观地活动着，而只要它的本质规定中不包含对象性的东西，它就不能客观地活动。它所以能创造和设定对象，只是因为它本身是被对象设定的，因而它本身就是自然界。因此，并不是它在设定这一行动中从自己的'纯粹的活动'转而创造对象，而是它的对象性的产物仅仅证实了它的对象性活动，证实了它的活动是对象性的，自然存在物的活动"。[①] 这里所讲的客观的活动，客观的能动性，客观的主体性，就是被黑格尔颠倒了的对象化活动结构中人、对象、劳动活动三者的关系。即马克思认为，人的活动是客观实在的人对于客观实在的自然界进行的一种客观实在的能动活动，所以，这种活动才能发挥出客观的效力，建立起客观的对象（产品）来。而这种客观的产物本身也就证实着人本来就是客观的存在，证实着人的本质力量是客观的存在，证实着人的活动本身是一种客观实在的活动。由于"黑格尔唯一知道并承认的劳动是抽象的精神的劳动"，[②] 因而，黑格尔哲学中虽隐藏着一切批判的要素，但终究未能成为人类解放的誓师宣言。有鉴于此，马克思先是将黑格尔的自我意识改造为现实的从事实践活动的人。马克思指出："思想从来也不能超出旧世界秩序的范围。思想根本不能实现什么东西。为了实现思想，就需要有使用实践力量的人"。[③] 接着，马克思将黑格尔意识到自我意识的助跑阶段改造为人类历史的三个前提（现实的人、他们的

---

① 《马克思恩格斯全集》第42卷，第167页。

② 《1844年经济学—哲学手稿》，人民出版社1985年单行本，第120页。

③ 《马克思恩格斯全集》第2卷，第152页。

物质生产条件及他们的活动)。他说:“我们的出发点是从事实际活动的人”,“从现实的、有生命的个人本身出发”。[1] 通过同时对费尔巴哈人本唯物主义的改造,马克思又将黑格尔对内意识与对外意识的统一的思想改造为人类社会历史就是人们通过能动性和创造性的全部活动,改造客观世界和自我改造的现实的、整体的辩证否定运动。也就是说,马克思立足于人的实践活动所创造的现实世界,正确解决了哲学研究的对象,将之定位于在实践基础上研究人与外部世界的总体性关系。这外部世界即自然界和人类社会的矛盾统一体。通过实践活动,在人与自然之间形成这种最高的现实的物质存在形态,实现以社会为中介的人与自然现实的历史辩证统一体。马克思主义哲学从来就是和那些研究所谓世界万物普遍发展规律、垄断具体科学解释权的形而上学有着鲜明的区别。马克思主义哲学的精髓本是一种深刻分析现代人类社会结构及其转换规律的科学方法论。

第二,黑格尔的实践唯心主义,为马克思解决哲学基本问题提供了新思路。黑格尔认为应在意识和对象的关系中确定意识的本质、本体的地位。在他看来,对象是意识为了认识和实现自身采取的手段和表现形式。意识要认识自己,必须先把自己外化为对象,才能在对象中反过来认识自己。所以,对象不过是自我意识的外化物,是自我意识自身发展的否定、否定之否定的环节。黑格尔把对象(自然界和人类社会)看作是外化的自我意识,但他认为对象性是自我意识创造活动的辩证否定性环节。马克思在对其改造中,首先确立了自然界的客观实在性和对人先在性的地位。指出,人“它所以能创造或设定对象,只是因为它本身是被对象设定的,因为它本来就是自然界”。[2] 存在除了包括自然界外,还包括在人与自然界之间,被实践活动对象化了的现实的社会存在形态。这种存在形态既包含有物质世界客观实在性的特性,又包含有人与自然界在对象化世界中运动变化发展的属性。即以实践为基础,以社会为中介,人与自然现实的辩证统一,构成了现实的世界即存在。这就把黑格尔的辩证法引向了唯物主义方向使存在(物质)在现实社会存在形态中实现了唯物主义与辩证法的统一。正确解决了哲学基本问题的第一方面。也就是说,马克思首先在“对象性”这一崭新的立足点上,实现了对传统本体论的突破。他将自然这个客体性范畴,理解转换成为对象性关系的存在范畴,它不关注世界“如何产生”这类形而上学的问题,其核心是对世界“如何存在”问题的回答。这里的自然范畴不仅包括自然界,而且也穿透社

① 《马克思恩格斯全集》第 3 卷,第 30 页。
② 《马克思恩格斯全集》第 42 卷,第 167 页。

会、人等一切对象性存在，体现了对历史现实存在的最大普遍性的本体论概括。在对象性关系中，自然界作为主体的人的主观理解，也解决了人与自然的本质直接辩证统一的问题，这种统一是能动与受动的统一，因而，马克思实践唯物主义能够获得对自然与人的主客体对象性存在的辩证统一性及其本质的关系问题做出正确的言说。马克思主义哲学的本体论不追问所谓最高存在者，它主要在主体、社会、实践这三个全新的向度上，对存在与本质的关系问题做出解答，并回答存在的必然性问题。总的说来，对现实世界的一切关系进行有机的、全面的、本质的透视，不设终极存在目标，把脱离人的自然视为“无”的，关于现实历史的自然界，人类社会存在与本质发展的本体论是马克思实践唯物主义的根本所在，是其认识论、方法论和历史观的基础。这也正是黑格尔“实体即主体”思想所予以的启示。一言以蔽之，马克思实践唯物主义否定了旧唯物主义那种以“实体”为核心的静态的、一经把握便永远不变的“本体”，而确立了以实践活动为基础的本体论。它把实践作为“整个人类世界”“整个现存世界”的基础和本质以及人类一切新的关系“由此产生”的源泉。这是一种以“物质实践活动”为基础的动态的、不断发展的、不断生成的本体。其根本特点就在于，它立足于人类本身活动并关注着人类自身的发展，这是一种动态的本体论，并必然随着人类实践格局的转换而不断地改变自己的形式。它是一个开放的体系。

在哲学基本问题的第二方面，马克思指出，意识或者“思想”必须与“利益”联系起来，由于物质利益的需要，就要采取有目的的活动。“历史不过是追求着自己目的的人的活动而已”。[①] 在活动中重要的、决定性的是“行动着的群众”，通过人民群众物质生产的创造活动，形成了“人对自然界的理论关系和实践关系”。“历史的全部运动，既是这种共产主义的现实的产生活动即它的经验存在的诞生活动，同时对它的能思维的意识来说，又是它的被理解到和被认识到的生成运动”。[②] 马克思进一步指出：“我们看到，理论的对立本身的解决，只有通过实践方式，只有借助于人的实践的力量才是可能的；因此，这种对立的解决不只是认识的任务，而是一个现实生活的任务。而哲学未能解决这个任务，正因为哲学把这仅仅看作是理论的任务”。[③] “对实践的唯物主义者，即共产主义者来

① 《马克思恩格斯全集》第 2 卷，第 118—119 页。
② 《马克思恩格斯全集》第 42 卷，第 120 页。
③ 《马克思恩格斯全集》第 42 卷，人民出版社 1979 年版，第 127 页。

说，全部问题都在于使现存世界革命化，实际地反对和改变事物的现状”。[①] 思维能否对现实的对象化世界达到真理性的认识，这不是一个理论的问题，而是一个实践的问题。马克思把实践和辩证法引入认识过程，提出了从革命的能动的反映论的角度，对哲学基本问题第二方面正确解决的思路。即哲学变革的实质，不仅在于认识世界，而问题在于改变世界，这种认识和改造都是通过统一的实践活动来进行的。“人应该在实践中证明自己思维的真理性，即自己思维的现实性和力量，亦即自己思维的此岸性。关于离开实践的思维是否具有现实性的争论，是一个纯粹经院哲学的问题”。[②] 从而也实现了辩证法、认识论、逻辑学在实践的唯物主义基础上的三者同一。实践本身就是客观的物质活动，人们思维真理性认识是在实践基础上，主体对客体能动的反映，并在实践中得到进一步验证和发展，也就是说，马克思的认识论从唯物主义出发，经历了由实践经过中介到认识，再由认识经过中介到实践的无限反复的辩证发展过程。引起这种变革的实践途径或手段当然也就成了检验真理的标准。

第三，黑格尔实践唯心主义为马克思主义哲学实现哲学研究内容的根本变革提供了借鉴。马克思对黑格尔实践唯心主义进行了正确的解读和诠释，将自己哲学的出发点范畴定为实践；吸收了黑格尔的主体性原则，在实践唯物主义的坐标系统中，突出了人的主体地位；将世界理解为实践的要素和前提；把社会视为人类实践活动的展开形式，而认识则是实践结构的内化和升华；人类从而成为一个“自我塑造的自组织系统”。可以说，马克思实践唯物主义是对黑格尔实践唯心主义合理内容的高扬，它认为实践不仅具有“客观性”，而且具有主体性和批判性；实践不仅仅是手段和中介过程，它本身还是一个总体性的范畴，实践是全部哲学的基础和出发点。

马克思把黑格尔的实践进一步提升为哲学的根本原则和思维方式，从而创立了一种实践的、辩证的、历史的唯物主义。它从实践出发去反观、透视和理解现存世界，把“对象、现实、感性”当作实践去理解。[③] 而这同时也就是“从主体方面去理解”现存世界。“人的存在是有机生命所经历的前一个过程的结果。只是在这个过程的一定阶段上，人才成为人。但是一旦人已经存在，人，作为人类历史的经常前提，它也是人类历史的经常的产物和结果，而人只有作为自己本身

---

① 《马克思恩格斯选集》第1卷，人民出版社1995年版，第54页。
② 《马克思恩格斯选集》第1卷，人民出版社1995年版，第48页。
③ 《马克思恩格斯全集》第23卷，第201页。

的产物和结果才成为前提”。① 也就是说，人是通过自己的活动自我创造、自我塑造的结果，人的本质、特征就形成于人的生存活动中，人的秘密就在实践活动中。“个人怎样表现自己的生活，他们自己也就怎样，”② 实践使人与自然的关系成为“为我而存在的”③ 关系。正是对人与自然这种“为我而存在”的否定性关系的深刻洞察，使马克思能够通过对人的实践活动及其意义进行深入而全面的剖析，使唯物主义和人的主体性相统一，从而也将唯物论与辩证法结合起来。与此同时，也实现了唯物主义自然观与历史观的统一。这是同一个过程的两个方面。马克思从“物质过程”这一“现实历史的基础”出发去理解观念以及一切重大历史事件，创立了唯物史观。他从实践出发去理解社会以及社会与自然的关系，指出，人们为创造历史，必须能够生活；为了能够生活，必须进行物质实践，实现人和自然之间的物质变换；为了实现人和自然之间的物质变换，人和人之间必须互换其活动，并必然结成一定的社会关系。社会关系“不过是他们的物质和个体的活动所借以实现的必然形式”。④ 即使生产力本质上也是“人们的实践能力的结果”。⑤ 实践是全部社会关系的发源地和全部社会生活的本质。从根本上说，社会就是从人和自然之间的物质变换形成和发展起来的。人和自然之间的物质变换形成了社会存在和发展的“永恒的自然必然性”。因此，实践的观点是马克思主义哲学首要的和基本的观点，历史唯物主义和辩证唯物主义这两个重要特征都是从实践的唯物主义这一本质特征引申出来的，是这一本质特征必然展开的内在逻辑和理论表现。一方面，马克思实践唯物主义始终遵循了从抽象上升到具体、逻辑和历史相统一等基本的方法论原则，另一方面，它以唯物史观这一人类思想的最大成果为立足点，从对社会实践及其主体的社会本性出发考察人的认识，从人对世界的自主性和能动性活动着眼考察人同外部世界的关系。这既在一个新的高度上再现了人类认识发展史，又从新的层次上回答了传统哲学以及现代哲学所必须回答的问题。如此，马克思主义哲学的理论体系（唯物论与辩证法，辩证唯物主义和历史唯物主义，本体论、认识论和历史观，世界观、认识论和方法论）也就由于找到了实践这个贯穿一切的中心线索而从内容和实质上连成了一体。

第四，马克思实践辩证法是对黑格尔实践唯心观的正确解读和高扬。马克思

① 《马克思恩格斯全集》第 26 卷，第 545 页。
② 《马克思恩格斯全集》第 3 卷，第 24 页。
③ 《马克思恩格斯全集》第 3 卷，第 34 页。
④ 《马克思恩格斯选集》第 4 卷，第 532 页。
⑤ 《马克思恩格斯全集》第 27 卷，第 477 页。

把辩证法从黑格尔的唯心主义束缚中解放出来，把实践辩证法作为唯物辩证法的现实基础，从而把唯物辩证法理解为是以实践辩证法为核心的，包含着客观辩证法与主观辩证法的抽象的三级系统。

首先，马克思主义实践辩证法克服了把人抽象化的哲学思维方式，找到了一条通向人的“现实世界”的道路，辩证法因此成为“关于现实的人及其发展的科学”。立足于实践观点，马克思实践辩证法表明：其一，人绝不是与物一样的“自我同一”，而是由“矛盾”精神所推动的自我超越与价值创造的存在。正是在此含义上，对立统一规律才是辩证法的核心原则。其二，实践活动同时又是一种历史性的开创未来的活动，人就是在这种历史性创造活动中自我发展，处于历史变化之中并向未来不断敞开新的可能性空间的自由自觉和自为的存在，正是在此意义上，辩证法才是“毫无片面性弊端的关于发展的学说”（列宁语）。这样，立足于马克思主义的实践观点，辩证法真正成为表达人独特的存在方式与发展规律的“人的逻辑”。从而以一种适合人的本性的方式实现了对人的自觉把握。

其次，实践辩证法认为：人的本性是自由自觉的活动，这种本性必须通过人与自然、人与人的否定性统一关系中才能得以实现，它必须在实践中经过漫长发展的辩证历程才能真正实现全面丰富的一体性关系，因此，辩证法昭示了一种内在超越，不竭创造的人生意境，并以此表达了人类对生活价值信念与自由解放的追求。同时，实践辩证法立足于对人的现实理解，消解了抽象原则与刻板教条对人的专制，激励人们在具体的现实生活中去选择自身的生活道路、生活境界。此外，辩证法要求在价值理性与工具理性、自然性与超自然性、现实性与理想性、经验与先验等矛盾之间实现辩证的和解和良性互补，从而使现实的人的生存和发展处于上述各种矛盾的巨大张力之间，“但同时——能把二者和谐有序地融合成一种存在方式和行动”。①

再次，实践辩证法为走出“启蒙精神的困境”提供了思维方式指导。指出所谓启蒙精神的困境实质上就是人的发展的第二种历史形态，即“个体本位”的困境（第一种形态是“人的依赖关系”，第三种形态是自由个性形态）。相对于第一种形态，“个体本位”无疑是人的巨大解放，但它同时是建立在人与自然、人与人之间知性对立的基础上，因而它在把人从对自然和对抽象共同体的依赖中解放出来的同时，却又使人陷入了对物的依赖性。要走出这种困境，必须生成人的

---

① 毫克：《绝望与信心》，中国社科出版社 1992 年版，第 212 页。

“自由个性”形态。“建立在个人共同的社会生产力成为他们的社会财富这一基础上的自由个性”[①] 形态意味着在自由自觉的实践活动中，人与自然将实现更高层次的否定性统一，正如马克思所说的“共产主义作为完成了的自然主义，等于人道主义，作为完成了的人本主义，等于自然主义，它是人与自然之间……斗争的真正解决”，[②]“社会化的个人，相互联合的生产者合理地安排他们与自然之间的物质交换，使它处于他们共同控制之下，而不允许盲目的力量来控制自己”，[③] 与此同时，每个人在人格上得到充分自由的发展，同时又把个人存在纳入他人本质，并把他人存在纳入自身本质，从而实现个人与社会，小我与大我的内在统一并建立起真正的“自由人的联合体”。从而为真正解决启蒙精神的困境提供了现实的道路。

综上所述，黑格尔以其独特的方式——实践唯心主义地解决了思维与存在的关系问题为马克思以实践为中心关于人和对象同时得到解放的哲学，亦即历史的辩证的现代唯物主义（实践唯物主义）哲学的创立，提供了直接理论来源，历史上由于对黑格尔哲学的不同评价，建构起了不同的哲学体系，其中受黑格尔抽象的、逻辑的、思辨的表述负面效应影响所建构的体系，是促使哲学陷入困境的主要历史渊源，若使哲学走出这种困境，就必须要从反思思维与存在关系的维度，去反思实践，反思科学，同样更需要去反思马克思主义哲学与黑格尔哲学的关系。

（二）黑格尔实践唯心主义为马克思直接改造费尔巴哈人本唯物主义提供了新的蕴藉

之所以将马克思主义哲学与费尔巴哈哲学的关系单列出来，并非表明马克思创立实践唯物主义过程中对黑格尔哲学和费尔巴哈哲学进行分离式的单向度的批判，恰恰相反，这一过程同时表现为马克思用费尔巴哈特种唯物主义批判黑格尔思辨哲学以及用黑格尔实践的辩证法对费尔巴哈直观唯物主义的批判这两者的双向互动。而且，如前所述，马克思之所以能在费尔巴哈人本唯物主义基础上推进唯物主义，是因为费尔巴哈比伊壁鸠鲁、培根、洛克、爱尔维修等唯物主义者更明确地认识到了人的自然性及自然中的人性，正是由于费尔巴哈唯物主义是以人

① 《马克思恩格斯全集》第46卷，第104页。
② 《马克思恩格斯全集》第42卷，第167页。
③ 转引自威廉·莱斯：《控制自然》中文译者序言。

为中心，并企图抓住现实的人，研究他如何从自我异化（尽管他看到的还只是宗教的、思想的和与之相关的哲学理论上的异化）中得到解放，它才受到马克思的高度重视，并作为马克思探求新唯物主义哲学的理论来源和对黑格尔思辨哲学批判的手段，最终使马克思在对此两者的互相借鉴和批判中同时超越了它们而创立了马克思实践唯物主义哲学。正是在这层意义上，费尔巴哈哲学才成为联系黑格尔实践唯心主义与马克思实践唯物主义的纽带，且与此同时，黑格尔实践唯心主义也成为由人本唯物主义向马克思实践唯物主义过渡的桥梁。

首先，历史唯物主义的自然是人化自然。马克思在《关于费尔巴哈的提纲》中指出“从前的一切唯物主义——包括费尔巴哈的唯物主义——的主要缺点是：对对象、现实、感性，只是从客体的或者直观的形式去理解，而不是把它们当作人的感性活动，当作实践去理解，不是从主体方面去理解”。[①] 而实际上对实践的唯物主义者即共产主义者来说，全部问题都在于使现存世界革命化，实际地反对和改变事物的现状。如果在费尔巴哈那里有时也遇见类似的观点，那么它们始终不过是一些零星的猜测，对费尔巴哈的总的世界观的影响是微不足道的……费尔巴哈对感性世界的“理解”一方面仅仅限于对这一世界的单纯直观，另一方面仅仅局限于单纯的感觉：费尔巴哈谈到的是“人自身”，而不是“现实的历史的人”。[②] 这里，马克思通过批判费尔巴哈唯物主义及一切旧唯物主义抽象的人、直观客体的抽象感性直观，阐明了其新唯物主义的特色即着眼于现实的历史的人同作为人的活动对象的感性世界的具体的社会历史性联系，从实践、主体及其活动的角度去理解客体，真正实现了思维与存在的同一。

马克思批判费尔巴哈：“当费尔巴哈是一个唯物主义者的时候，历史在他的视野之外；当他去探讨历史的时候，他不是一个唯物主义者。在他那里，唯物主义和历史是彼此完全脱离的”。[③] 这里，马克思深刻地指出，费尔巴哈将自然与社会历史割裂，因而和一切旧唯物主义一样把自然界仅仅理解为与人活动无关的“先于人类历史而存在”的抽象的自然界。当然，费尔巴哈本人也无意要建立这样一个反映“对费尔巴哈来说也不存在的自然界”的脱离人的“纯粹的”自然观，而且在谈到思维与存在的统一性时，他还说过“只有在将人理解为这个统一

① 《马克思恩格斯选集》第 1 卷，人民出版社 1995 年版，第 54 页。
② 《马克思恩格斯全集》第 3 卷，第 48 页。
③ 马克思，恩格斯：《费尔巴哈》，第 22 页。

的基础和主体的时候，才有意义，才有真理性”。[①] 这是费尔巴哈哲学的“机智”之处，也是马克思接受它的最初动因，即将费尔巴哈人本主义的批判方法视为自己理论探索的逻辑基础并把它称为“实证的人道主义的自然主义的批判”，后又扩大到“对国民经济学的实证的批判”。但马克思真正突出之处在于：他把无产阶级的解放理解为“人的解放”，而且强烈地意识到无产阶级的异化处境植根于市民社会的自我分裂之中。据此，马克思批判费尔巴哈说：“人并不是抽象地栖息在世界以外的东西，人就是人的世界，就是国家、社会。国家、社会产生了宗教即颠倒了世界观，因为它们本身就是颠倒了的世界”。也就是说，马克思虽然肯定了费尔巴哈的优点即承认人也是“感性对象”，但马克思认为“个人的全部活生生的感性活动才构成了感性世界”，“这种活动、这种连续不断的感性劳动的创造、这种生产，正是整个现存的感性世界的基础”。[②] 而且，马克思明确宣称，马克思哲学不否认外部自然界的优先地位，但他所注重和面对的不是“那个尚未置于人的统治之下的自然界”。[③] 而是“在人类历史中即在人类社会的产生过程中形成的”“人的现实的自然界”“真正的人类学的自然界”。[④] 也是作为“工业和社会状况的产物、历史的产物、世世代代活动的结果”的人的“感性世界”。例如，德赛认为，劳动价值论的重要性在于把隐藏在交换关系后面的生产关系变得清晰可见。孟德尔指出，劳动价值论力图发现的是隐蔽在价格波动后面的理解社会经济关系的钥匙，可说是分子中的原子。劳动价值论把整个经济分析推向了一个比西方主流经济学价格理论更高的抽象水平。安托万则进一步认为，马克思对我们今天所说的有效需求原理知道得很清楚。马克思早就看到了后来由凯恩斯详加阐述的投资在这个循环中的决定性杠杆作用。海尔布隆纳则充分肯定了《资本论》有关制度分析的科学性。他说：“从简单商品开始对资本主义制度的社会分析，我认为是我们所曾见到过的最值得注意和最发人深省的敏锐思维之一，我常把它同柏拉图和佛罗伊德的学说相比，它是当之无愧的。这种分析的洞察能力是马克思主义所特有的，也许是最突出和最不朽的成就。它使我们对可能完全无法理解的社会能够有所理解，使我们能够认识到我们是什么，而这是认识到我们

---

① 《西方哲学原著选集》下卷，商务印书馆 1987 年版，第 489 页。

② 马克思，恩格斯：《费尔巴哈》，第 23 页。

③ 马克思，恩格斯：《费尔巴哈》，第 21 页。

④ 马克思，恩格斯：《费尔巴哈》，第 42 页。

可能成为什么的必要的前提。”[①] 换句话说，马克思主义哲学所言的世界根本不同于旧唯物主义的抽象的自然，而是人的活动所创造的对象世界、现实世界、人化自然，这样，马克思主义哲学就实现了立足点的转移，从“解释世界”转向了“改变世界”；从强调物质存在转向了现实的人；从对客体的透视和直观转向了主体的创造和选择；从对自在世界的理解转向了对现实生活的关注。马克思主义哲学关注的是人与世界的大关系，最终要实现人的全面解放。

其次，历史唯物主义的社会是人与自然现实的互动过程，是“物质实践”的展开形式。马克思和恩格斯始终强调了“外部自然界的优先地位自然会保持着，”而且始终将他们所注重的自然理解为人类社会的同义语，理解为作为历史横断面的，既作为人的活动对象又作为人的活动的结果的人类世界。马克思批判了费尔巴哈“从来没从人们现有的社会联系，从那些人们成为现在这种样子的周围生活条件来观察人们；因此毋庸讳言，费尔巴哈从来没有看到真实存在着的、活动的人”。[②] 因而恩格斯强调，要从费尔巴哈的抽象的人转到现实的、活生生的人，就必须把这些人当作历史中行动的人去研究。亦即马克思、恩格斯认为现实的人的存在，是人与世界的人关系进化发展的结果。确定现实的人的存在，不能将之界定为是超越于或独立于在空间中发生展开和时间中进化发展的人与世界的大关系的孤立的“实体”。马克思主义哲学从现实的人自身的存在这个现实的前提出发，在坚持唯物主义世界存在论的基础上，以人的自觉自为的活动为契机，把所观察的一切都包含在社会历史当中，在历史的视野之内，考察以往哲学所未能正确解决的一切问题。马克思指出，在过去的一切历史中，“现实的生活生产被看作是某种史前的东西，而历史的东西则被看成是某种脱离日常生活的东西，某种处于世界之外和超乎世界之上的东西。这样，就把人对自然界的关系从历史中排除出去了。因而造成了自然界和历史之间的对立”。[③] 因而，马克思主义哲学从来都是从人对自然的关系来考察历史，同时注重了社会、人类和历史。从根本上说，人通过自己的感性活动、实践而从自然界分化出来，在自然进化史的前提下，人类祖先通过既改造自然又改造自身的劳动实现了这一分化。而劳动从一开始就表现了人与自然的关系和人的社会关系。正如马克思指出：“不管个人在主

---

① 海尔布隆纳：《马克思主义：赞成与反对》，中译本，桂冠图书股份有限公司 1990 年版，第 107—108 页。

② 《马克思恩格斯选集》第 1 卷，人民出版社 1995 年版，第 78 页。

③ 马克思，恩格斯：《费尔巴哈》，第 38 页。

观上怎样超脱各种关系，他在社会意义上总是这些关系的产物”。[①]“人的本质不是单个人所固有的抽象物，在其现实性上，它是一切社会关系的总和”。[②]这些关系都是在人的感性活动、实践中形成和表现出来的，因而社会就是人与世界的大关系的现实展开状况和现实表现形式。故而，马克思的社会历史观始终含有两个基本方面：改造自然，改造人。《资本论》以唯物史观的基本思想为指导，通过深刻分析资本主义生产方式，揭示了资本主义社会发展的规律，同时也使唯物史观得到了科学的验证和进一步的丰富和发展。它运用唯物史观的观点和方法，将社会关系归结为生产关系，将生产关系归结于生产力的高度，从而证明了社会形态的发展是一个不以人的意志为转移的自然历史过程。萨缪尔森曾说马克思是“一个不太重要的后李嘉图主义者……一个里昂惕夫循环依赖投入产出分析的并非令人毫不感兴趣的前辈”。但他同时又说，我们今天看到的政治经济学“只是卡尔·马克思著作冰山的一角。马克思大胆的经济的和历史唯物主义的理论，他的阶级斗争的政治理论，他的黑格尔哲学演变理论，具有历史‘观念’的重要意义，这些远远超过了他的正规经济学。”[③]这表明，马克思主义哲学从建立唯物史观入手，在对社会历史的考察中包含了对自然和思维的考察，认为人的世界是一个统一的自然—社会系统。只有在社会中，自然界才是人的现实的生活要素，也只有在社会中，自然界才是人自己的人的存在的基础。人在生产或创造自己生活的活动中，既有对自然界的关系即通过这种关系使自然人化；又有人的社会关系即通过这种关系使人本身和人对自然界的关系社会化。这两重关系相互制约、相互促进，共同构成人化的自然和社会相统一的现实的人的世界。在《资本论》第一版序言的第10—11段和第二版跋的第5至15段，马克思分析了政治经济学的阶级性。政治经济学研究的对象是生产关系，在阶级社会中生产关系就是阶级关系，因此政治经济学具有强烈的阶级性。无产阶级有无产阶级的政治经济学，资产阶级有资产阶级的政治经济学。马克思指出：“政治经济学所研究的材料的特殊性，把人们心中最激烈、最卑鄙、最恶劣的感情，把代表私人利益的复仇女神召唤到战场上来反对自由的科学研究。”[④]《资本论》以生产关系作为研究对象，其最终目的是要“揭示现代社会的经济运动规律。”揭示出这些规律，也就

---

① 马克思，恩格斯：《费尔巴哈》，第38页。

② 《马克思恩格斯选集》第1卷，人民出版社1995年版，第60页。

③ Samuelson, P. A., Collected Scientific Papers, ed. J. E. Stiglitz, II, Cambridge, Mass., 1966, p. 1510.

④ 马克思：《资本论》第1卷，人民出版社2004年版，第10页。

同时揭示出资本主义生产关系产生、发展和灭亡的规律。“社会经济形态的发展是一种自然历史过程”，是一种不以人们的意志为转移的客观过程，即使探索到了它的发展规律，“还是既不能跳过也不能用法令取消自然的发展阶段。”但是，无产阶级在反对资本主义的斗争中，认识和运用经济规律，却能减轻革命过程中的痛苦。①

马克思指出：“我的辩证方法，从根本上来说，不仅和黑格尔的辩证方法不同，而且和它截然相反。在黑格尔看来，思维过程，即他称为观念而甚至把它变成独立主体的思维过程，是现实事物的创造主，而现实事物只是思维过程的外部表现。我的看法则相反，观念的东西不外是移入人的头脑并在人的头脑中改造过的物质的东西而已。”② 总之，马克思实践唯物主义扬弃了黑格尔片面的主体性原则和费尔巴哈片面的客体性原则，用实践范畴实现了主观性与客观性、自然尺度与社会历史尺度的统一，达到自然、社会、人的三位一体，构成了辩证的、历史的唯物主义一体化哲学体系。是实践（作为分化世界和统一世界的人的主体活动）建构了人所生活的现实世界。而哲学作为世界观理论，只有回到人的现实世界，才能克服各种异在化、抽象化、实体化的虚假观念，实现思维与存在、物的尺度与人的尺度、超越性尺度与内在性尺度的统一。也只有从人的存在方式出发，全盘反省人存在和他的世界的现实关系，才能最终克服哲学对“现实世界”的遗忘，推动哲学走出困境。

---

① 马克思：《资本论》第 1 卷. 人民出版社 2004 年版，第 10 页。

② 马克思：《资本论》第 1 卷。人民出版社 2004 年版，第 22 页。

第三章　哲学——爱智者的狂欢

人是一根芦苇，大自然的一点力量、一口气、一滴水就足以致他死命。但纵使这世界毁灭了他，人却比致他于死命的东西更高贵；因为他认识死亡，认识世界对他具有的优势，世界却对此一无所知。

——帕斯卡尔

一、哲学与生活世界

罗素说："三种单纯然而极其强烈的激情支配着我的一生。那就是对于爱情的渴望，对于知识的追求，以及对于人类苦难痛彻肺腑的怜悯。这些激情犹如狂风，把我伸展到绝望边缘的深深的苦海上东抛西掷，使我的生活没有定向。"

泰戈尔曾经说过："我觉得我不能说我自己是一个纯粹的诗人，这是显然的。诗人在我的中间已变换了式样，同时取得了传道者的性格。我创立了一种人生哲学，而在哲学中间，又是含有强烈的情绪质素，所以我的哲学能歌咏，也能说教。我的哲学像天际的云，能化成一阵时雨，同时也能染成五色彩霞，以装点天上的筵宴。"瑞典诗人瓦尔纳·冯·海登斯塔姆大力推荐：我读了这些诗歌，深受感动。我不记得过去二十多年我是否读过如此优美的抒情诗歌，我从中真不知道得到多么久远的享受，仿佛我正在饮着一股清凉而新鲜的泉水。在它们的每一思想和感情所显示的炽热和爱的纯洁性中，心灵的清澈，风格的优美和自然的激情，所有这一切都水乳交融，揭示出一种完整的、深刻的、罕见的精神美。他的作品没有争执、尖锐的东西，没有伪善、高傲或低卑。如果任何时候诗人能够拥有这些品质，那么他就有权得到诺贝尔奖。现代著名诗人、散文家徐志摩也曾评价到：他那高超和谐的人格，可以给我们不可计量的慰安，可以开发我们原来淤塞的心灵泉源，可以指示我们努力的方向与标准，可以纠正现代狂放恣纵的反常行为，可以摩挲我们想见古人的忧心，可以消平我们过渡时期张皇的意义，可以使我们扩大同情与爱心，可以引导我们入完全的梦境。

子夏问曰："巧笑倩兮，美目盼兮，素以为绚兮。何谓也?"子曰：绘事后素。曰：礼后乎？子曰：起予者商也，始可与言诗已矣。——《论语》

南怀瑾在《论证别裁》中有一小节讲解的是"淡泊以明志"，就是以上述引证作为例证。子夏求教于孔子：笑容迷人而俏皮，眼睛美丽而传情，在白底上画了很漂亮的图画。要怎么理解这三句话呢？子夏虽然明白字面意思，但觉得这三句话说得有点莫名其妙，所以问孔子如何理解。孔子回答说：绘画之后方显素色可贵。子夏是个很聪明的人，一点就透，他追问道："是不是说我们在礼仪的形式背后更要注重'礼'的精神?"孔子不得不感慨子夏之智，赞许他说得很对，而且启发了自己，算是真正懂得诗了。

南怀瑾分析说，"绘事后素"蕴涵着深刻的人生哲理，为人要从绚烂归于平淡，返璞归真。也就是说一个人不要沉迷于繁华，至少不应该太过分，要讲究一个"素"，也就是平淡，这和孔子所说的"素富贵行乎富贵？素贫贱行乎贫贱"息息相通。于是乎南怀瑾感慨：唯大英雄能本色，是真名士自风流，这是中华传统文化的立场，也是中国文化里讲人生的道理。何谓大智若愚？这是一个哲学的基本问题。就是说世界上最聪明的人看起来笨笨的，最平凡的人也往往是最了不起的人。英雄能成为英雄，关键在于他能坚持本色——平淡。

晚清四大名臣之一的曾国藩著有《冰鉴》一书，主要讲的是识人、用人，他就主张要用带一点乡气甚至是土气的人。曾国藩将人才分为官气多型和乡气多型，官气多的人爱摆架子，论资排辈，说起话来四平八稳，做起事来八面玲珑，但却毫无生气；乡气多的人有点争强好胜，爱出风头，说话办事从不顾忌别人的眼光。两害相权取其轻，曾国藩对有官气、不实干的官僚深恶痛绝，而宁愿提拔有乡气的人。

他特别强调要"于纯朴中选拔人才"，这样朝廷才能日益昌盛，国运兴隆。曾国藩所看重的"纯朴"是他以德为本的用人原则，主要是指无官气、不虚夸，踏实苦干的人。所以他提拔的彭玉麟、左宗棠等一班能臣尽管后来位居高官，有权有势，却依然保持了平凡本色。宗白华将魏晋名士的美学概括为"人物的品藻"，并指出他们主张"人格的唯美主义"，在他们以玄理辩论和人物品藻为内容的生活中，他们推崇自然主义和个性主义，他们"发现"了山水美；他们愤世嫉俗，反对礼教的束缚，却无论对自然，对人格还是对友谊，对这些美的东西"一往情深”，他们率真的性情来自他们高洁的胸襟。洪应明在《菜根谭》中说：唯大英雄能本色，是真名士自风流。

宗白华说魏晋名士的美是“最哲学的美，因为是最解放、最自由的”。后人无论怎样描摹王羲之的字，仿写陶潜的句子，都不如他们的真挚可爱。关于这种“最哲学”的美，他这样说道：

“然而王羲之的《兰亭》诗：‘仰望碧天际，俯瞰绿水滨。寥朗无厓观，寓目理自陈。大矣造化功，万殊莫不均。群籁虽参差，适我无非新。’真能代表晋人这纯净的胸襟和深厚感觉所启示的宇宙观。‘群籁虽参差，适我无非新’两句尤能写出今人以新鲜活泼自由自在的心灵领悟这世界，使触着的一切呈露新的灵魂、新的生命。于是‘寓目理自陈’，这理不是机械的陈腐的理，乃是活泼泼的宇宙生机中所含至深的理。王羲之另有两句诗云：‘争先非吾事，静照在忘求。’‘静照’是一切艺术及审美生活的起点。这里，哲学彻悟的生活和审美生活，源头上是一致的。晋人的文学艺术都浸润着这新鲜活泼的‘静照在忘求’和‘是我无非新’的哲学精神。”[①] 这种“静照”在审美活动中包括两个方面，一是忘情地投入，二是在投入的同时平静地审视。具备了这两方面能力的人才是具有审美自觉的人，是哲学地、审美地、生活着的人。

二、哲学之功外于哲学

鹰是自然界最长寿的鸟，它们通常可以活到 70 岁。然而，在活到 40 岁的时候，鹰的爪子开始老化，无法有效地抓住猎物；它的喙变得又长又弯，几乎碰到自己的胸膛；它的翅膀变得十分沉重，因为它的羽毛长得又浓又厚，使得飞翔起来十分吃力。这时候，鹰必须面对两种痛苦的选择：要么等死，要么经过一个十分痛苦的更新过程再获新生。

生命总是在绝境开出最绚烂的花朵。

正如尼采所言：“我是一个行走中的人，我总在翻山越岭，因为我不喜欢平原，也无法长时间安静地坐着；无论我未来命运如何，也不管我今生怎样生活，我都需要缓慢前进，不断向上。因为人总是通过自己而经历人生。”

而改变意味着希望。再获新生是一个非常艰难的过程。鹰必须很努力地飞到

① 宗白华：《论〈世说新语〉和晋人的美》，《美学散步》，上海人民出版社 2006 年版，第 217 页。

山顶，在悬崖上筑巢，并停留在那里，150 天不得飞翔。他首先用自己的喙击打岩石，直到喙完全脱落，然后静静地等候新的喙长出来，并用新长出来的喙把指甲一根一根地拔出来。当新的指甲长出来后，它再把羽毛一根一根拔掉。5 个月以后，新的羽毛长出来，鹰重新开始飞翔。这样的痛苦经历，却使鹰可以再活 30 年。

黑格尔的第一节法学课

法学教授走上讲台，并没有开始长篇大论地讲授法学知识。而是笑眯眯地提出了一个问题：如何避免被一棵即将倒下的树砸伤？

对于考入这所名牌大学的学生们来说，这个问题不算难。但这似乎和法学没有一点关系呀！虽然这么想着，他们还是纷纷回答起来。

“在树的根基处多培一些土，增加根部的牢固性。”

“找几根木桩从不同的方向支撑着树，这样树干会更稳固。”

“把大树多余的枝叶砍掉一些，减少树的承重。”

……

面对学生们五花八门的回答，法学教授只是认真听着，并未置可否。学生们发表完自己的看法后，都把目光聚集到教授身上，想要知道到底谁的答案更胜一筹。

法学教授环视教室一圈，微微点头说：“你们说得都有道理，也都有可操作性。但是，还有一个最简单也最有效的方法你们却没有想到。”

学生们好奇地盯着法学教授，想要知道这个最有效的方法是什么。

“明知道那棵树即将倒下，你们为什么不远离它呢？只要远离了它，无论如何都不会被砸到了呀！”法学教授意味深长地说。

听完法学教授的回答，同学们都深受启发地点了点头。

这是 1818 年黑格尔在柏林大学为学生们上的第一节法学课。他用一棵大树给每一个即将从事法律的高级专业人才提前敲响了警钟。其实，这棵即将倒下的大树就是这些学生们将要面临的各种诱惑和欲望。正如中国的一句古语：君子不立于危墙之下。抵制也好，弥补也好，都不如远离更直接、更有效！①

---

① 《演讲与口才》红版，2015 年第 19 期。

多年前，有个十多岁的穷小子，他自小生长在贫民窟里，身体非常瘦弱，却立志长大后要做美国总统。如何实现这样的抱负呢？年纪轻轻的他，经过几天几夜的思索，拟定了这样一系列的连锁目标：做美国总统首先要做美国州长—要竞选州长必须得到雄厚的财力支持—要获得财团的支持就一定得融入财团—要融入财团就需要取一位豪门千金—要取一位豪门千金必须成为名人—成为名人的快速方法就是做电影明星—做电影明星前得练好身体，练出阳刚之气。

按照这样的思路，他开始步步为营。一天，当他看到著名的体操运动主席库尔后，他相信练健美是强身健体的好办法，因而有了练健美的兴趣。他开始刻苦而持之以恒地练习健美，他渴望成为世界上最结实的男人。三年后，他凭着发达的肌肉和健壮的体格，开始成为健美先生。

在以后的几年中，他成了欧洲乃至世界健美先生。22 岁时，他进入了美国好莱坞。在好莱坞，他花了十年时间，利用自己在体育方面的成就，一心塑造坚强不屈、百折不挠的硬汉形象。终于，他在演艺界声名鹊起。当他的电影事业如日中天时，女友的家庭在他们相恋九年后，终于接纳了他这位“黑脸庄稼人”。他的女友就是赫赫有名的肯尼迪总统的侄女。

婚姻生活过了十几个春秋，他与太太生育了四个孩子，建立了一个“五好”家庭。2003 年，年逾 57 岁的他，告老退出了影坛，转而从政，并成功地竞选成为美国加州州长。

日本东京标志性建筑“赤坂王子酒店”，因建造年头太久，成了“危房”，需要尽快拆除。东京市政府面向各大工程公司举行招标会，但却没有一家工程公司前来应标。原来，该酒店大厦太高，有 138.9 米，又处在繁华的闹市区，如果使用常规的爆破、铁球撞击等由上到下的普通拆除法，势必会破坏位于酒店周围的一些建筑物。这样就要支付巨额赔偿，而且如果粉尘和噪声过大还会被环保部门处以高额罚金。因此，虽然这项工程业务很有诱惑力，但很多工程公司都望而却步。

日本大成工程公司是东京一家名不见经传的小工程公司，因为公司很长时间接不到工程业务都快揭不开锅了。公司总经理池田石原听闻赤坂王子酒店的拆除工程无公司敢接，便向东京市政府毛遂自荐要接下这项工程业务。由于没有别的工程公司应标，东京市政府只好把这项工程业务交给了大成工程公司。

接下拆楼工程后，池田石原立刻召集公司的工程师们考虑拆除办法。但工程师们都没有想出特别好的办法，池田石原很着急。这天下班回到家，池田石原看到儿子正在屋子里玩积木，儿子把积木堆得很高，然后快速抽掉最下面的一块儿积木，摞在上面的积木整体稳稳地落了下来，并没有因为底座被抽掉而坍塌。看到此，池田石原突然想到了一个好办法。第二天，他把自己的想法和工程师们一说，工程师们也觉得可行。

不久，东京市民便发现赤坂王子酒店大厦正在悄无声息地“缩水”——一天比一天矮。原来，池田石原反其道而行之，从下往上拆楼：先用千斤顶撑住楼层，每两层为一个单位，由低向高逐层进行拆除。由于大部分工作都是在建筑物内部进行，因此从外面根本看不出施工迹象，只能看到大楼一层一层地陷进地里。虽然拆楼进度犹如“龟速”，但它却能大幅减少粉尘和噪声，而且对酒店周围的建筑物没有损伤。

历经半年，赤坂王子酒店大厦终于被悄无声息地夷为平地，而大成工程公司也因“龟速拆除法”名声大震，声名远播。很多公司都慕名前来想要与之合作，世界各地的拆楼工程业务单子如雪片般飞来，大成工程公司一跃成为日本最有名的拆楼公司。①

美国麻省理工学院校长拉斐尔·莱夫在给学生们上的第一节物理课上，用“让水沸腾到结冰”的生动、形象的实验教会学生们懂得了敢于摆脱传统教条、勇于创新的重要性。

许多难题，当正向思维无法圆满解决时，“逆势而为”却往往能收到奇效。

三、哲学的无用与大用

从雅典神庙的“认识你自己”给我们启迪。英国哲学家罗素在《西方哲学史》序言中说：“哲学，就我对这个词的理解来说，乃是某种介乎神学与科学之间的东西。它和神学一样，包含着人类对于那些迄今仍为确切的知识所不能肯定的事物的思考；但是它又像科学一样是诉之于人类的理性而不是诉之于权威的，不管是传统的权威还是启示的权威。一切确切的知识——我是这样主张的——都属于科学；一切涉及超乎确切知识之外的教条都属于神学。但是介乎神学与科学之间还有一片受到双方攻击的无人之域；这片无人之域就是哲学。”

哲学的任务是什么？冯友兰先生曾提出，按照中国哲学的传统，它的任务不

---

① 摘自《思维与智慧》《“龟速”拆楼》，《今晚报新媒体》2016 年 4 月 22 日，http://mt.sohu.com/20160422/n445682774.shtml。

是增加关于实际的积极的知识，而是提高人的精神境界。他在《新原人》一书中曾说，每个人各有自己的人生境界，与其他任何个人的都不完全相同。若是不管这些个人的差异，我们可以把各种不同的人生境界划分为四个等级。从最低的说起，它们是：自然境界，功利境界，道德境界，天地境界。

自然境界：是人生的最低境界。在此境界的人，其行为是顺着他的自然天性、习惯或社会风俗去做事，既无明确目的，也不明了所做的意义，小孩吃奶和原始人的“日出而作，日落而息”都属于自然境界。

功利境界：在此境界的人，其行为以追求个人利益为目的。有时候，他们亦为社会服务，但服务的动机，是想换取更高的价值。他们虽在服务，但其最后的目的，还是为着小我。自然境界与功利境界，都是普通一般人所有的。

道德境界：在此境界的人，其行为是行义。所谓义与利的真正分别，应该是求个人之利者为利，求社会之利者为义。亦即义与利之别，即公与私之别。道德境界的人，其所做皆能为社会谋利益，古今贤人及英雄便是已达道德境界的人。

天地境界：是人生的最高境界。在此境界的人，其行为是事天地。即，我的身躯虽不过七尺，但精神却充塞天地之间，事事以不仅贡献社会，更能贡献于宇宙，而“与天地比寿，与日月同光”。唯大圣大贤才能达到此境界。

这四种人生境界之中，自然境界、功利境界的人，是人现在就是的人；道德境界、天地境界的人，是人应该成为的人。前两者是自然的产物，后两者是精神的创造。自然境界最低，往上是功利境界，再往上是道德境界，最后是天地境界。它们之所以如此，是由于自然境界，几乎不需要觉解；功利境界、道德境界，需要较多的觉解；天地境界则需要最多的觉解。道德境界有道德价值，天地境界超道德价值。

照中国哲学的传统，哲学的任务是帮助人达到道德境界和天地境界，特别是达到天地境界。天地境界又可以叫作哲学境界，因为只有通过哲学，获得对宇宙的某些了解，才能达到天地境界。但是道德境界，也是哲学的产物。道德认为，并不单纯是遵循道德律的行为；有道德的人也不单纯是养成某些道德习惯的人。他的行动和生活，都必须觉解其中的道德原理，哲学的任务正是给予他这种觉解。

生活于道德境界的人是贤人，生活于天地境界的人是圣人。哲学教人以怎样成为圣人的方法。成为圣人就是达到人作为人的最高成就。这是哲学的崇高任务。

"良好的记忆，敏于理解，豁达大度，温文尔雅，爱好和亲近真理、正义、勇敢和节制"是哲学家的天性。但在一些城邦，认为哲学家对城邦无用，柏拉图认为，哲学家不受到尊重，"使哲学蒙受最为巨大最为严重毁谤的还是那些自称也是搞哲学的人"，这样，就要用潜移默化的教育来引导群众，使他们爱好学习，改变对哲学家的偏见。哲学家是爱智慧者，他爱的是全部的智慧，同时专心致志于其本质，如哲学家爱美，爱的是美本身，而不是美的事物。①

在《理想国》中，柏拉图说，哲学家必须从感觉世界的"洞穴"上升到理智世界。哲学家到了理智世界，也就是到了天地境界。可是天地境界的人，其最高成就，是自己与宇宙同一，而在这个同一中，他也就超越了理智。

中国哲学总是倾向于强调，为了成为圣人，并不需要做不同于平常的事。他不可能表演奇迹，也不需要表演奇迹。他做的都只是平常人所做的事，但是由于有高度的觉解，他所做的事对于他就有不同的意义。换句话说，他是在觉悟状态做他所做的事，别人是在无明状态做他们所做的事。禅宗有人说，觉字乃万妙之源。由觉产生的意义，构成了他的最高的人生境界。

所以中国的圣人是既入世而又出世的，中国的哲学也是既入世而又出世的。随着未来的科学进步，我相信，宗教及其教条和迷信，必将让位于科学；可是人对于超越人世的渴望，必将由未来的哲学来满足。未来的哲学很可能是既入世而又出世的。在这方面，中国哲学可能有所贡献。（冯友兰）

冯友兰先生在《中国哲学史新编》的最后说："高山仰止，景行行止，虽不能至，心向往之。"我们今日探讨"哲学的功用"时，亦应以此自勉。哲学永远期待爱智者或思想者的参与，期待作为思想者的众神与众人的狂欢。

"哲学"在古希腊的本义是"爱智之学"。此中的"智"是一种大智慧，用冯友兰先生的话说，哲学虽然"无用"，但它应该有"大用"。哲学看似无用，实则大用，并且经世致用。《庄子·逍遥游》中庄子对惠子讲到，"今子有大树，患其无用，何不树之于无何有之乡，广莫之野，彷徨乎无为其侧，逍遥乎寝卧其下。"面对同一棵大树，庄子不像惠子那样只想到大树长得不够规矩，"匠者不顾"，不能制作成用具，他想到的是让大树成其为大树，在旷野上自由生长，而人卧在树下也可以做精神的自由漫步——灵魂的冥想。庄子的寓言故事告诉我们：一个葫芦如果长得小，可以当瓢，它是有用的。一棵树长得小，它可以去做桌子、椅

① ［美］N. 帕帕斯：柏拉图与《理想国》，朱清华译，广西师范大学出版社2007年版，第74页。

子，它是有用的。一个葫芦长到最大，不必把它破开，可以把它当游泳圈一样浮于江海，它还是有用的。一棵树长到最大，可以为人遮风避雨，它也是有用的。

理念决定命运，一个人的眼界、胸襟和格局决定他的结局。哲学的大用就应该是“用古往今来人类全部的智慧来智慧我们的人生”。哲学是爱智者、思想者及众人与众神的狂欢。

四、哲学的大使命、大情怀

发挥哲学社会科学在加强和改进大学生思想政治教育中的作用，一是要明确哲学社会科学在大学生思想政治教育中应发挥什么样的作用；二是要积极探索发挥作用的方式和途径；三是要使每位哲学社会科学工作者都勇于承担起自己的职责。

（一）哲学社会科学在大学生思想政治教育中应发挥什么样的作用

1. 以马克思主义为指导的哲学社会科学为大学生思想政治教育提供思想武器和理论保证

理查·罗蒂曾在《哲学与自然之境》中断言：“虽然作为科学知识体系的那种学院派哲学行将终结，但伟大的教化哲学却无日暮途穷之虞，可与人类永远同在。”[①] 冯友兰在 20 世纪 40 年代就说过：“虽然哲学什么具体功能也没有，但它毕竟能把我们引向一个新高尚的境界”。[②] 诚然，哲学不可能再自封为真理与正义，但哲学注定仍肩负着培养人们追求远大理想或终极关怀的神圣使命。哲学社会科学直面人的现实生活和实践，以强调人的现实生活以及人的自主能动性和创造性为特征，适应着现代社会的时代精神的要求。对一个民族而言，缺失人文的科学是麻木的，缺失科学的人文是软弱的，双重缺失则是愚昧的（任定成语）。哲学社会科学以科学理性的精神关注社会发展的整体趋势，哲学社会科学的功能不仅在于工具性，其本身的科学理性精神就是一种人文精神。如社会学的追求“协调”，经济学的追求“均衡”，法学的追求“公正”，政治学的追求“合作”等，都是一贯的学科理念，与大学生思想政治教育倡导的精神是一致的。

当代中国社会正在经历深度的巨变与转型，高等教育也正在经历着与社会、

---

① 理查·罗蒂：《哲学与自然之镜》，三联书店 1987 年版，第 324、341—342 页。

② 《冯友兰选集》，天津人民出版社 1994 年版，第 276 页。

与个人同构的迷茫。哲学社会科学在人际关系、资源配置、社会平等与公正等方面关注和深入研究高等教育发展的整体协调性，又在文化生活、意识形态、价值取向以及哲学立场和人生态度这样具有心灵深度的层面，考察个体生活的幸福程度与价值观念的变化走向。对社会、对个体精神生活状况的深度关注与关怀，既可以帮助我们全面真实地了解大学生思想现状，发现这一特殊群体生活深处潜在的问题，又可以帮助我们从发源处洞悉其变化的趋势，在张力中解决问题，最终促使思想政治教育的各项工作有序运行和协调发展。

2. 以马克思主义为指导的哲学社会科学为大学生思想政治教育确立和巩固了主导价值和精神支柱

哲学社会科学往往以思想理论体系的方式表现出来。这类学科往往属于意识形态范畴，包括政治学、法学、伦理学、宗教学、艺术理论、哲学等，它们是上层建筑的组成部分，称为思想上层建设或观念上层建筑。大多数哲学社会科学都要承担意识形态的职能，从不同的侧面、以不同的方式反映特定的经济基础并为它服务。作为当代社会的意识形态的一种载体，哲学社会科学要充当社会发展和社会变革的先导，积极探索社会发展的规律，为社会发展提供理论的支持，为社会主义建设的重要力量——大学生思想政治教育发挥积极的先导作用。

任何哲学本质上都是要逻辑地想象和建构一个理想世界，而不仅仅满足于逻辑地分析、批判这个经验的现实世界。哲学昭示了一种内在超越，不竭创造的人生意境，并以这种人生态度表达了人类对生活价值信念与自由解放的追求。哲学社会科学以特有的知识内涵倡导健康的生活方式。而现代化进程中大学生个人生活与社会进程之间的不适应除了物质层面还有精神层面上的原因，思维习惯、价值观念、行为准则的碰撞，导致个体精神失落、道德失范、心理失衡等。在协调个人惯性与社会变化的过程中，哲学社会科学所倡导的科学知识、科学方法、科学思想、科学精神，一定程度上为大学生思想政治教育确立了精神支柱，从而营造一个和谐发展的氛围。

3. 以马克思主义为指导的哲学社会科学为大学生思想政治教育提供了人文支撑和精神动力

加强和改进大学生思想政治教育，提高他们的思想道德素质，并努力促进他们的全面发展，是对最根本的社会发展动力的激发，是对最关键的社会发展主体的塑造，构成推动我国经济社会全面发展的基本要素，成为实现科学发展观的内在要求。哲学社会科学以科学先进的理论为大学生思想政治教育提供价值观和方法论的指导。哲学社会科学为大学生思想政治教育发展方向的选择、目标模式的确立、价值观念的构建、民族精神的培育提供思想精神资源和价值导向，为高等教育的和谐发展奠定制度基础、社会基础、思想基础和道德基础，从而确保和谐校园、和谐高等教育发展方向的正确性和目标模式的科学性。

思想政治教育要切实帮助学生树立正确的世界观、人生观，思想政治教育要回到人性和理性的角度上，最重要的就是培养学生的理性思考，这是最基本的人格教育。哲学社会科学为加强和改进大学生思想政治教育提供着全面、协调与可持续发展的新观念和新方法。《中共中央国务院关于进一步加强和改进大学生思想政治教育的意见》（以下简称《意见》）提出的要坚持大学生思想道德素质、科学文化素质和健康素质的有机统一和协调发展；坚持思想政治素质在人的素质构成中的重要性，强调学校教育要育人为本、德育为先，把思想政治教育摆在首要位置；坚持实践在人的思想政治素质发展中具有根本性作用，强调深入开展社会实践、探索实践育人的长效机制；坚持思想政治素质内在构成的多样性、层次性与整体性，强调以理想信念教育为核心、以爱国主义教育为重点、以基本道德规范为基础、以全面发展为目标开展大学生思想政治教育等，都是哲学社会科学把握大学生思想政治素质发展、教育与培养规律，对实现大学生思想政治教育全面、协调、可持续发展进行不懈探索和提供支撑的领域。

4. 以马克思主义为指导的哲学社会科学为治党治国各类优秀人才的培养提供支持

随着生产力的发展，改革开放的深入，社会对人才的需求也日趋多样化。我国不仅需要大批理工科专业毕业的科技人才，而且需要具有世界眼光和战略思维，懂政治、识大局，掌握娴熟政治领导艺术的各级领导干部，特别是高级领导干部；需要精通各部门各行业专业知识，跟踪和了解世界发展动态，善于谋划，讲效率，抓调控的管理工作者；需要坚持马克思主义立场，严谨治学，淡泊名利，潜心钻研，厚积薄发的哲学社会科学研究工作者；需要善为人师，知识渊博，传道解惑，诲人不倦的哲学社会科学教育工作者；需要热心公务，善解人意，坚持正义，熟悉组织协调的各类社会工作者……。这些人才都需要通过哲学社会科学的发展去培养和找到科学选拔的机制。没有大批治党治国的人才，社会主义现代化的实现同样是没有希望的。

切实加强和改进大学生思想政治教育，培养社会主义合格建设者和可靠接班人、确保党和国家事业兴旺发达的“希望工程”，实践“三个代表”重要思想，办好让人民满意的教育的“民心工程”，提高全民族素质、建设社会主义精神文明的“基础工程”，不能没有先进的理论作指导，不能没有发达的哲学社会科学作依托。哲学社会科学落后或方向不正，理论上的僵化或偏离，必然导致方针政策出现偏差和失误，使教育事业遭受严重挫折。在人类踏进 21 世纪的重大历史时刻，我们要把高等教育事业不断推向前进，肩负起民族复兴的伟大使命，就必须大力发展和繁荣哲学社会科学，充分发挥哲学社会科学的积极作用。

（二）对哲学社会科学发挥作用情况的反思

《意见》明确指出：在我国高等教育实际发展中，大学生思想政治教育的主渠道建设还比较薄弱，思想政治理论课的实效性和吸引力还有待进一步增强；思想政治教育在贴近生活、贴近实际、贴近学生方面还有许多工作要做，适合大学生思想实际的教育内容和任务还不明确，围绕大学生思想政治教育内容实施的方式方法上的创新成效还不显著。回应和解决这些问题，需要哲学社会科学积极发挥作用。

1. 哲学社会科学与当代大学生思想政治教育的某些不适应，一个突出问题就是创新问题

作为一个最基本的公民和最普通的人和作为一个有素养的人之间存在着基本教育和政治教育之间层次的划分和技术的划分。人的基本教育的核心问题是“关系”问题，我们的教育没有解决一种思考方法的问题，没给学生以世界观、人生观的确立；没能让学生站在全局、平衡、和谐的角度去处理人与自然、人与社会、人与他人、中国与世界的一系列关系体系的问题。怎样让思想政治工作回到人性的角度上，让教育的结果形成“理念”，归纳起来，最基本的东西就是要培养学生的理性思考，这是最基本的人格教育。

在思想方面，影响当代大学生思想活动的因素日趋多样，思想的关注点日趋宽泛和分散，思想文化需求日趋多样。在大学生思想活动影响因素变化的情况下，必须坚持并强化学校教育的主导作用，坚持并强化学校思想政治教育在学生思想发展中的主导作用。在价值取向变化的情况下，必须切实有效地加强对大学生的马克思主义理论教育，增强他们对马克思主义的信仰、对社会主义的信念，提高他们对先进文化、主流文化接收与接受的主动性、自觉性；必须引导当代大学生确立积极的人生态度、高扬远大的理想风帆、形成昂扬向上的精神状态。

2. 思想政治理论课的实效性和吸引力还有待进一步增强

哲学社会科学学科体系和教材体系建设需要加强。当前，我国哲学社会科学学科还存在发展滞后、教材内容陈旧的情况，因而，加强哲学社会科学学科体系和教材体系建设至关重要。国家已经启动了马克思主义理论研究和建设工程，我国的哲学社会科学发展面临一个空前的战略机遇。我们要结合实施马克思主义理论研究和建设工程，精心组织编写反映毛泽东思想、邓小平理论和“三个代表”重要思想的哲学、政治经济学、科学社会主义、中共党史以及政治学、社会学、法学、史学、新闻学和文学等哲学社会科学重点学科的教材，努力形成当代中国马克思主义为指导的具有中国特色、中国风格、中国气派的哲学社会科学学科体系和教材体系，以充分发挥其在大学生思想政治教育中的重要作用。

思想政治教育效果缺乏有效评估。大学生是最富有生机、最富有活力、代表着国家和民族未来和希望的社会群体之一，大学生思想道德素质的明显提高，在全民族思想道德素质的明显提高中具有示范作用、辐射作用、推动作用，是全民族思想道德素质明显提高的重要方面，是全民族整体素质明显提高的重要基础，是全面建成小康社会宏伟目标中的重要内容。思想政治课每年都上，但上与没上的差别不大，学校思想政治教育工作也以没出问题作为评判效果的标准，而学生的思想政治发展水平，道德素质到底如何，缺乏量化标准和测评方法。

渗透式教育需要加强。教学永远具有教育性。在各学科、各专业教育中渗透思想政治教育应是大学的一大特色。注重发挥各学科对思想政治教育的“载道作用”和“渗透作用”。要求每门主修专业都要从历史、社会和伦理学角度进行学习和研究，即要求学生对任何一门课程的学习都要回答三个问题：该领域的历史和传统是什么？它们所涉及的社会和经济问题是什么？要面对哪些伦理和道德问题？人文精神的培养绝不是仅仅增设几门人类课程或搞几次第二课堂活动所能达到的。必须将理想、追求、伦理道德，严谨求实，宽容合作的人格品性教育贯穿大学教育的全过程。解决思想政治教育内容的层次性问题，要通过开设各种相关的人文社会科学课及专业教学、学术活动等渗透式教育，帮助学生站在更新的高度去理解我们所倡导的价值观。

学生在思想政治教育当中的主体地位需要得到确认。高等教育的根本任务是育人，教育要坚持以学生为本，强调学生在教育当中的主体地位。这里面有两层意思，一层意思，我们的目标，我们的目的，就是促使学生的观念的形成；另外一层意思，就是以学生为主体，所以把思想政治教育搞好，必须把学生内在的积极性和主动性调动起来，要努力使思想政治教育成为大学生内在的强烈的需求。

这就需要从微观的个人行为和意识的养成着手，构筑从实践到理论，再从理论到实践的“知、信、行”的内部循环。教育的目的是搭建沟通的桥梁，其中很现实的问题是社会差距与个人心理不平衡的问题，我们要探讨的正是沟通的媒介问题，我们必须思考现有的教育理念缺失之处到底在哪里？我们的改革究竟站在什么样的高度，才能真正有所突破？我们的精神还将能够升华到一个多么高的境界？

3. 在哲学社会科学理论上需要进行创新

立足于时代发展的新特点，着眼于社会发展的新要求，对当前大学生思想政治教育面临的新境遇、必须回答的新课题，哲学社会科学要深入探讨，为做好大学生思想政治教育提供新的理论指南。

这些新的课题如：在国际敌对势力与我争夺下一代的斗争更加尖锐复杂的条件下，如何更有效地用马克思主义理论武装大学生的头脑，引导大学生树立正确的世界观、人生观和价值观？

再如：在信息技术迅猛发展、社会信息化程度不断提高、世界范围内不同思想文化相互激荡的条件下，如何引导大学生既积极学习和正确吸收人类优秀文明成果，又自觉鉴别和抵御各种腐朽落后的思想文化，努力成长为社会主义先进文化的继承者、弘扬者、实践者和创造者？信息技术的迅猛发展、社会信息化程度的不断提高，进一步加剧了世界范围内不同思想文化的相互激荡，也引起当代大学生思想信息接受方式和内涵的深刻变化。同时，随着社会信息化程度的不断提高，各种思想文化，包括外来的和本土的、进步的和落后的、积极的和颓废的思想文化纷至沓来、相互激荡。保持和发展中华民族文化的优良传统，大力弘扬民族精神，积极吸取世界其他民族的优秀文化成果，实现思想文化的与时俱进，就成为大学生思想政治教育的重大课题。

还如：在大学生群体发生明显变化的条件下，如何准确把握教育对象的新变化，改进思想政治教育工作的方式、方法和手段，增强针对性、实效性和吸引力、感染力，切实把思想政治教育工作做到大学生心坎上。所有这些问题，都成为现阶段加强和改进大学生思想政治教育的新的要求。

21 世纪哲学社会科学要发挥其在加强和改进大学生思想政治教育中的作用，就必须以当代大学生的世俗生活为出发点，从改造其积淀已久的传统心理旧习，培育其现代文化心理素质角度着眼。其核心问题就是及时总结大学生思想政治教育发展的成果，从而进行深度文化启蒙，引导现代工业文明的创造性文化成果向他们的日常生活的社会活动领域渗透，特别要注重以快速发展的科技为依托的科学思维和技术理性，以及以人的主体意识和创造性为核心的人文精神，以此来促使人内在地建构起现代的价值取向。

（三）积极探索发挥作用的方式和方法

哲学社会科学不仅是到黄昏才要起飞的密纳发的猫头鹰，更是一唱天下白的高卢雄鸡。哲学社会科学在加强和改进大学生思想政治工作中要继续巩固马克思主义在意识形态领域的指导地位；要充分发挥哲学社会科学课程在大学生思想政治教育和素质教育中的作用；同时，每位哲学社会科学工作者都要树立正确的认识，为加强和改进大学生思想政治教育做出应有的贡献。

1. 要正确把握哲学社会科学课程的意识形态性质

充分发挥哲学社会科学课程的政治教育功能，首先要正确认识哲学社会科学课程的意识形态属性。高等学校哲学社会科学负有思想政治教育的重要职责，哲学社会科学中的绝大部分学科都具有鲜明的意识形态属性，对于帮助大学生坚定正确的政治方向，正确认识和分析复杂的社会现象，提高思想道德修养和精神境界具有十分重要的作用。我们反对把意识形态泛化的做法，要正确区分哲学社会科学课程中不同学科的性质，并不是所有社会科学课程都具有意识形态性质。不能简单地把所有哲学社会科学课程都视为意识形态的范畴，那种把意识形态泛化的做法，只会导致学生的政治狂热，最终则会带来学生的政治冷漠，影响哲学社会科学的发展，影响其在学生思想政治教育中作用的发挥。

2. 要继续巩固马克思主义在意识形态领域的指导地位

对于既不能用试纸也不能用显微镜作为研究方法的哲学社会科学来说，运用什么样的立场、观点、方法是至关重要的。毫无疑问，在哲学社会科学的研究中，不同的学科有自己的一些特殊的方法，包括一些实证方法。可是作为最一般的哲学方法，必须以马克思主义为指导。马克思主义指导包括两个方面：一方面是马克思主义能发挥它的作用；另一方面是哲学社会科学工作者愿意并自觉地运用马克思主义的立场、观点、方法来从事研究。当代中国马克思主义理论工作者面临的一个重大任务，就是要在实践“三个代表”重要思想，全面建成小康社会进程中，对理论和实践中面临的若干重大马克思主义基本理论问题进行研究，以便用创造性的马克思主义指导我们的社会主义建设事业，包括繁荣发展哲学社会科学伟大事业。我们党提出的实施马克思主义理论研究和建设工程，就是繁荣发展哲学社会科学的重大决策。

3. 充分发挥哲学社会科学课程的育人功能

高等学校的学生和老师当中有一半是哲学社会科学的学生。要在哲学社会科学的教育当中，充分地体现马克思主义中国化的最新成果，用科学理论武装大学生，用优秀的文化武装大学生，这是重要的任务。把哲学社会科学的发展，把课堂教学纳入大学生思想教育的组织范畴之内，是对整个学科建设、教材建设、队伍建设提出的更高要求。

思想政治教育不仅是社会或国家对个体的一种规定和要求，也不仅仅是用社会性规范去要求个人。思想政治教育的最终落脚点应当是使个体在社会取向与个人取向上得到有机整合，使个体生命的舒展与社会生活的有序之间达成动态的平衡。这就特别需要把思想政治教育贯彻到哲学社会科学课程的教学过程之中，融入大学生专业学习的各个环节中。学校教育是培养公民专门化的学习和训练场所，是系统化、强有力的社会化途径，要在学校生活中，使学生树立爱国的基本精神，训练基本的政治态度，形成自己的政治信仰，完善自己的政治人格。因而，把思想政治教育渗透到高校哲学社会科学课程之中，是实现学校教育、政治社会化功能的重要途径。

4. 推动大学生思想政治教育理论创新

分享集体性崇高和享受英雄主义的人，是沉迷于现世（或者说既有的现实）而未有个体的自我反思的人；用寄望来世而超脱现世的人，是以教义取代了对个体的反思。而个体的反思却是文化自觉的必要条件。21 世纪中国的哲学社会科学仍将肩负着繁重的理性启蒙、民主文化建设的历史任务。这就要求 21 世纪的中国哲学社会科学必须在消化、吸收、改造传统哲学范畴上狠下功夫。哲学社会科学必须独立地观察生活，又超越生活，洞悉人生，把握社会大众文化心理的共鸣区域。哲学要以自身的真诚、真实、激情、理智与想象力来引导人、说服人、教育人。

这就要求理论创新要把握从事研究领域的前沿和实践理论的前沿。在哲学社会科学发挥加强和改进大学生思想政治教育的领域，理论创新的含义就是理论研究必须与中国的实际相结合，与大学生思想政治教育的现状相结合，研究解决实际问题，推动大学生思想政治教育工作的开展。哲学社会科学在加强和改进大学生思想政治教育方面的理论创新本身也正是研究、回答重大时代课题的过程，也正是发展马克思主义的过程。哲学社会科学还要及时研究、把握自己所从事研究领域的学术动态和理论前沿，使自己的研究工作不重复前人，又在前人的基础上

“发前人之所未发”，在理论上有所突破、有所创新。

5. 使每位思想政治工作者都勇于承担起自己的历史使命和社会职责

哲学社会科学工作者，在加强和改进大学生思想政治教育中，肩负着建设中国特色、中国风格、中国气派的哲学社会科学这一重大使命。哲学社会科学工作者要不负历史的重托，按照党中央的要求，做好哲学社会科学研究工作，做好育人工作，为中国特色社会主义现代化建设做出应有的贡献。这首先就要坚持正确的指导思想，以马列主义、毛泽东思想、邓小平理论和“三个代表”重要思想指导研究工作，要面向我国现代化建设的实践，改革科研体制，建立良好的科研机制，多出科研成果、多出精品，多出人才、多出优秀人才；要形成良好的学术研究氛围，坚持“双百方针”，鼓励创新，调动一切积极因素，繁荣和发展哲学社会科学；要培养、造就一支强大的高水平的哲学社会科学队伍，保证哲学社会科学水平不断提高。

为此，我们应该树立三种意识：责任意识、阵地意识和学术意识。

我们承认，与自然科学技术人员相比，哲学社会科学人员的地位和待遇不平衡，而在哲学社会科学内部，也有不平衡的问题。这对于繁荣发展哲学社会科学是很不利的。但是，就我们自己而言，既然有幸在这个领域工作，就不能过多考虑个人的名利得失。特别是我们年轻一代的学者，更应该有这种历史使命感和社会责任心，为加强和改进大学生思想政治教育而不懈奋斗。通过对真善美的追求，引导学生真正走向自由之境。

第四章　辩证法魅力的诠释和演绎

不可否认，我们心目中固有的雅俗之辨、经典/流行、严肃/通俗、精英/大众等概念区分的壁垒森严和意识形态自身的暧昧往往令我们在研究时显出难以言说的尴尬、含混，乃至不可察觉的偏见。

——自题

戴望舒说：“我思想，故我是蝴蝶……万年后小花的轻呼，透过无梦无醒的云雾，来震撼我斑斓的彩翼。”辩证法（dialectics）是关于自然、社会和思维发展的最一般规律的科学，是科学的世界观和方法论。“辩证法”一词源于古希腊文 δναλεxειx ㇄（τ 廹 xyη），意谓进行谈话的艺术，由 δναλ 廹 yσμxι（我谈话、我发议论）演化而来，原意是指在辩论中揭露对方议论中的矛盾并克服这些矛盾的方法。在哲学史上，黑格尔第一次以唯心主义的形式阐述了辩证法、认识论和逻辑学的一致的思想，而马克思主义不仅在唯物主义基础上阐述了三者的一致，使这种一致获得了科学形态，同时把这一原理应用于具体科学。世界是变化的世界，这就要求我们不能故步自封，不能固守老的格局，要“苟日新，日日新，与时俱进”。辩证法的精髓在于，要因时而论、因势而为，讲究根据不同的客观条件，做出最合适的判断与决定。

一、叙事结构的博大之美

唯物辩证法是关于世界普遍联系和永恒发展的学说，揭示的是自然界、人类社会和思维发展的一般规律。联系是指一切事物之间和事物内部各要素之间的相互影响、相互制约和相互作用。唯物辩证法认为，世界上的一切事物和现象都是普遍联系的，从浩瀚的宇宙到微小的粒子，从无机界到有机界，从自然界到人类社会，从客观世界到主观世界，整个世界无不处在相互联系、相互作用之中。恩格斯说：事物运动变化的终极原因就是物质世界本身，是物质世界所固有的永恒运动和事物之间的相互作用，我们不能追溯到比对这个相互作用的认识更远的地方。当我们深思熟虑地考察自然界或人类历史或我们自己的精神活动的时候，首先呈现在我们眼前的，是一幅由种种联系和相互作用无穷无尽地交织起来的画面，其中没有任何东西是不动的和不变的，而是一切都在运动、变化、生成和消逝。

（一）世界的普遍联系和永恒发展

1. 世界的普遍联系

联系首先是客观的。联系的客观性是指联系是事物本身所固有的客观现象，是不以人的主观意志为转移的，也不是人们强加给事物的。世界上没有孤立存在的事物，每一种事物都是和其他事物联系着而存在的，这是一切事物的客观本性。

联系的条件性是指任何联系都必然是事物之间的相互制约，相互联系的事物彼此互为条件。同某一事物相联系的、对它的存在和发展发生作用的因素就是这个事物的条件。“一切以条件、地点和时间为转移。”这是唯物辩证法的一个根本观点。

联系的普遍性包含着两方面的含义：一是世界上任何一个事物内部的诸要素是相互联系的，就是说，任何事物都具有内在的结构性；二是任何一个事物与其他事物也处于相互联系之中。

马克思在伦敦博物馆编著《资本论》时，广泛收集了多个学科的资料，如农艺学、工艺学、解剖学，更不用说历史学、经济学、法律学了。总之，只要与《资本论》有关，不管多么艰难，他也要寻找下去，研究下去。他每天所摘录的大量资料，都是在为写《资本论》做准备的。有人统计，在世界一流的伦敦博物馆所藏图书中，马克思阅读过的书籍有 1 500 多种，他所摘的内容和整理的笔记有 100 余本。为了更好地完成《资本论》，他甚至连英国议会专门发给议员的报告材料“蓝皮书”都一本本阅读了。因为他要从政治经济学的角度去研究资本主义剥削工人的本质，所以，这些官方材料是弥足珍贵的。它里面记录着英国每年、每阶段的经济报告及经济政策，因此是研究资本主义经济的第一手资料。在这部书中，马克思通过大量事实，详细而深刻地分析了资本主义的发展历史，揭穿了资本主义迅速发展的“秘密”，暴露了资本主义残酷剥削工人阶级的丑恶本质，也指出了工人阶级之所以极其贫困的原因。

在《论持久战》一文中，毛泽东同志通过“能动性在战争中”、“战争和政治”、“抗战的政治动员”、“战争的目的”、“防御中的进攻”、“持久中的速决”、“内线中的外线”、“主动性，灵活性，计划性”、“运动战，游击战，阵地战”、“消耗战，歼灭战”、“乘敌之隙的可能性”、“抗日战争中的决战问题”、“兵民是胜利之本”等既独立而又有联系的篇章的阐述，来说明抗日战争为什么是持久战，怎么进行持久战，我们为什么能取得最后的胜利，我们应当怎样做才能取得最后的胜利。

1587 年，在明朝发生了若干为历史学家所易于忽视的事件。这些事件，表面看来虽似末端小节，但实质上却是以前发生大事的症结，也是将在以后掀起波澜的机缘。其间关系因果，恰为历史的重点。《万历十五年》主张要“从技术上的角度看历史”，黄仁宇用近乎平淡的笔触分析一个皇朝从兴盛走向衰颓的原因：“当一个人口众多的国家，各人行动全凭儒家简单粗浅而又无法固定的原则所限制，而法律又缺乏创造性，则其社会发展的程度，必然受到限制。即便是宗旨善良，也不能补助技术之不及。”《中国大历史》仍然保持着黄仁宇一贯的“大历史”观点：从小事件看大道理；从长远的社会、经济结构观察历史的脉动；从中西的比较揭示中国历史的特殊问题；注重人物与时势的交互作用，理念与制度的差距，行政技术与经济组织的冲突，以及上层结构与下层结构的分合。正如黄仁宇所说：“我们虽不能在一分一秒的时间内目击木叶之成长，在长时间却可以体会它在继续成长，而且无从后退。”

《读者》2008 年第 1 期有篇文章《微笑的连锁反应》很耐人寻味：

一位女士冲一位面带忧伤的陌生人笑了笑，微笑让陌生人感觉很好，让他想起过去一位朋友的情谊，于是给这位朋友写了一封信。

这位朋友看了信之后很高兴，午餐用罢，小费给得十分慷慨，服务生惊喜万分。凭直觉用小费买了彩票，中了奖的她，把一部分钱送给了街上的流浪汉。

流浪汉非常感激，因为他已经好几天没吃东西了，吃过外卖，在回家的路上看到一只冻得浑身打战的小狗，就把小狗抱回自己又黑又暗的小房间取暖。

小狗庆幸自己能够躲过外面的暴雨，对人很感激。

当晚房子着火，小狗狂吠报警直到叫醒了房子里所有的人，大家都得救了。

被小狗救起的孩子中有一个后来当了总统，所有这一切都因为一个简单的微笑。

希腊哲学家苏格拉底说：“在世界上，除了阳光、空气、水和微笑，我们还需要什么呢?”既然我们每个人都是爱的链条上的一个环节，那么，今天，你微笑了吗?

1967 年，美国哈佛大学的社会学家 Stanley Milgram 在美国中西部进行了一项社会调查。他随机挑选 300 人，要求他们把一个包裹送到一个陌生人那里去。寄送者被告知了收件人的姓名、职业等详细信息，但不准直接把包裹寄给收件人，而必须从自己认识的人中挑选一个最有可能与收件人扯得上关系的，把包裹交给他，让他按照同样的规则继续转交。

结果发现，任意两个人之间的相识距离并没有想象得那么长，最终到达目的地的 60 个包裹，平均每个只经过了 6 个人就传递到收件人的手中，于是，Stanley Milgram 得出了一个令世人吃惊的结论：世界上的任何一个人都可以通过平均 5～6 个人形成的人际关系链和另外任何一个人扯上关系。也就是说，尽管我们居住的星球上有 60 亿居民，但我们实际上是生活在一个“小世界”中。人际关系网的这一特征后来被称为“六度分割理论”。社会学家认为，人际关系网中的节点（人）是一小群一小群地聚集在一起的。朋友和熟人先形成一个小圈子，这个小圈子中的每个节点都互相连接，然后这个小圈子又通过少数几个连接和其他的小圈子相连，从而将世界上所有的人联系起来。在这个社会里，任何两个人之间建立一种联系，最多需要六个人（包括这两个人在内），无论这两个人是否认识，生活在地球的任何一个地方，他们之间只有六度分割。六度分割理论（Six degrees of separation）向我们证明人类社会也是普遍联系的。现代科学如：边缘学科、交叉学科、横断学科、综合学科等也正不断把人们原来没有认识到的联系揭示出来。

蝴蝶效应（The Butterfly Effect）是指在一个动力系统中，初始条件下微小的变化能带动整个系统的长期的巨大的连锁反应。这是一种混沌现象。任何事物发展均存在定数与变数，事物在发展过程中的发展轨迹有规律可循，同时也存在不可测的“变数”，往往还会适得其反，一个微小的变化能影响事物的发展，说明事物的发展具有复杂性。

美国气象学家爱德华·罗伦兹（Edward N. Lorenz）1963 年在一篇提交纽约科学院的论文中分析了这个效应。“一个气象学家提及，如果这个理论被证明正确，一只海鸥扇动翅膀足以永远改变天气变化。”在以后的演讲和论文中他用了更加有诗意的蝴蝶。对于这个效应最常见的阐述是：“一只南美洲亚马孙河流域热带雨林中的蝴蝶，偶尔扇动几下翅膀，可以在两周以后引起美国得克萨斯州的一场龙卷风。”其原因就是蝴蝶扇动翅膀的运动，导致其身边的空气系统发生变化，并产生微弱的气流，而微弱的气流的产生又会引起四周空气或其他系统产生相应的变化，由此引起一个连锁反应，最终导致其他系统的极大变化。他称为混沌学。当然，“蝴蝶效应”主要还是关于混沌学的一个比喻，是说不起眼的一个小动作却能引起一连串的巨大反应。

《吕氏春秋》记载：楚国有个边境城邑叫卑梁，那里的姑娘和吴国边境城邑的姑娘同在边境上采桑叶，她们在做游戏时，吴国的姑娘不小心踩伤了卑梁的姑娘。卑梁的人带着受伤的姑娘去责备吴国人。吴国人出言不恭，卑梁人十分恼火，杀死吴国人走了。吴国人去卑梁报复，把卑梁那家人都杀了。卑梁的守邑大夫大怒，于是发兵反击吴国人，把当地的吴国人老幼全都杀死了。吴王夷眛听到这件事后很生气，派人领兵入侵楚国的边境城邑，攻占夷以后才离去。吴国和楚国因此发生了大规模的冲突。从做游戏踩伤脚，一直到两国爆发大规模的战争，直到吴军攻入郢都，中间一系列的演变过程，有一种无形的死亡力量，把事件一步步无可挽回地推入不可收拾的境地。

曾经发生的美联航的暴力事件，可以说是一个没有任何赢家的不幸事件。事件发生后，所有的乘客都受到连累，延误了行程；美联航及机场保安也成为千夫所指，遭到抵制，股价应声而落，品牌损失不可计量；那位成功实现了“美国梦”的美籍越南裔医生身心均备受伤害，即使凭借他的家族常年雇佣的强大律师团获得天价赔偿，对于“不差钱”的他来说，能否抚平精神创伤也未可知。①

联系是多种多样的。一方面，相互联系着的事物或现象不同，它们的联系方式也就不同。另一方面，同是两个事物之间的联系，也具有多方面的特点和形式。事物联系的基本形式可分为内部联系与外部联系、本质联系与非本质联系、直接联系与间接联系等。

“失了一颗马蹄钉，丢了一个马蹄铁；丢了一个马蹄铁，折了一匹战马；折了一匹战马，损了一位国王；损了一位国王，输了一场战争；输了一场战争，亡了一个帝国。”

莎士比亚的名句：“马，马，一马失社稷！”使这一战役永载史册。

1485 年，英国国王理查三世要面临一场重要的战争，这场战争关乎国家的生死存亡。在战斗开始之前，国王让马夫去备好自己最喜爱的战马。马夫立即找

---

① 刘思敏：《美联航暴力事件究竟谁是赢家?》此文原载《中国旅游报》第三版 2017 年 4 月 28 日，http://blog.sina.com.cn/s/blog_7086fa790102x3s4.html? tj=1。

到铁匠，吩咐他马上给马掌钉上马蹄铁。铁匠先钉好三个马掌，在钉第四个时发现还缺了一个钉子，马掌还没牢固。马夫将这一情况报告给国王，眼看战斗即将开始，国王根本就来不及在意这第四颗马蹄钉，就匆匆地上了战场。战场上，国王骑着他的马领着他的士兵冲锋陷阵。突然，一只马蹄铁脱落了，战马仰身跌倒在地，国王也被重重地摔了下来。没等他再次抓住缰绳，那匹受惊的马跳起来就逃跑了。一见国王倒下，士兵们就自顾自地逃命去了。整支军队瞬间土崩瓦解。敌军借此机会乘胜追击，一举灭掉了英国。这场战役就是著名的波斯沃斯战役，一颗钉子让理查三世失去了整个国家。

美国作家欧内斯特·海明威的作品《丧钟为谁而鸣》的扉页上，海明威曾经引用过英国 17 世纪玄学派诗人约翰·堂恩的诗歌片断：

“谁都不是一座岛屿，自成一体；每个人都是那广袤大陆的一部分。如果海浪冲刷掉一个土块，欧洲就少了一点；如果一个海角，如果你朋友或你自己的庄园被冲掉，也是如此。任何人的死亡使我受到损失，因为我包孕在人类之中。所以别去打听丧钟为谁而鸣，它为你敲响。”

在哲学中，因果链，又称为因果链条、因果关系链或因果关系链条，是指有序的事件序列，且因果链之中的任何一个事件都将引起下一事件的发生。一些哲学家认为，因果关系是将不同的事实而不是事件联系在一起；因果链是指因果关系的传递方式。原因所引起的结果可再作为原因引起新结果，称为长程链。多因一果或一因多果或多因多果，称为复合链。原因引起的结果反过来引起原因的变化，称为反馈链。

层级间的因果链兼有长程、复合、反馈等性质。其中高层与低层之间的反馈链特别重要，它既表明了层级之间的差别，又沟通了层级之间的联结。一块马蹄铁，一枚马掌钉，看上去似乎微不足道，无足轻重，却在因果链条中成为决定成败，乃至关乎天下苍生命运的节点。

联系的普遍性和客观性使世界具有整体性。

2. 世界的永恒发展

恩格斯说：“当我们深思熟虑地考察自然界或人类历史或我们自己的精神活动的时候，首先呈现在我们眼前的，是一幅由种种联系和相互作用无穷无尽地交织起来的画面。在这幅画面中，没有什么是不动不变的，而是，一切都在运动、变化、生成和消逝。”① 自然界总是处在由低级到高级、由简单到复杂的运动过程中。自然界的发展是由物质世界的相互联系引起的。正是由于事物之间的相互作用，才构成了事物的变化和发展。唯物辩证法所说的发展的普遍性包括三个层次：自然界是发展的、人类社会是发展的、人的认识是发展的。

在唯物史观的奠基之作《德意志意识形态》中，马克思、恩格斯批判了资本主义造成的严重城乡对立，认为城乡之间的对立是个人被迫屈从于分工的最鲜明的反映，这种屈从把一部分人变为“受局限的城市动物”，把另一部分人变为“受局限的乡村动物”，并且每天都重新产生二者利益之间的对立。他们认为，“消灭城乡之间的对立，是共同体的首要条件之一，这个条件又取决于许多物质前提，而且任何人一看就知道，这个条件单靠意志是不能实现的。”②

恩格斯认为，“大工业在全国的尽可能均衡的分布是消灭城市和乡村的分离的条件”，“只有按照一个统一的大的计划协调地配置自己的生产力的社会，才能使工业在全国分布得最适合于它自身的发展和其他生产要素的保持或发展。”“城市和乡村的对立的消灭不仅是可能的，而且已经成为工业生产本身的直接需要，同样也已经成为农业生产和公共卫生事业的需要。只有通过城市和乡村的融合，现在的空气、水和土地的污染才能排除，只有通过这种融合，才能使目前城市中病弱群众的粪便不致引起疾病，而被用做植物的肥料。”③

在《德意志意识形态》一书中，马克思指出，在私有制社会中受有限的生产力所制约，“使得人们的发展只能具有这样的形式：一些人靠另一些人来满足自己的需要，因而一些人（少数）得到了发展的垄断权；而另一些人（多数）经常地为满足最迫切的需要而进行斗争，因而暂时（即在新的革命的生产力产生以前）失去了任何发展的可能性。”④

在马克思之前，黑格尔已比较自觉地意识到了启蒙精神对人与自然、人与人之间的知性区分所形成的局限性，因此，他力图实现理性与自然的和解，实现人与自然、思维与存在、个人精神与普遍精神的辩证统一，通过概念的矛盾运动消解知性思维的僵死性与凝固性。可以说，在黑格尔这里，“纯净的理性和自由总要受到矛盾的污染，近代启蒙精神的单纯的乐观主义在历史的教训和更为深刻的

① 《马克思恩格斯选集》第33卷，人民出版社1995年版，第359页。

② 《马克思恩格斯文集》第1卷，第557页。

③ 《马克思恩格斯文集》第9卷，第313—314页。

④ 《马克思恩格斯全集》第3卷，第507页。

哲学思辨中，开始具有了随成熟而来的忧患和沉重的思想力度，也可以说开始了自我否定和自我消解”。[①] 黑格尔的概念辩证法为消解知性思维方式作出了重大贡献，但他的客观唯心主义的哲学立场最终妨碍了他彻底完成这一理论使命，马克思实践唯物主义立足于实践观点思考人与自然以及人与人之间的矛盾，为消解它们的知性对立，从而为真正解决启蒙精神的困境进而走出不可持续发展的瓶颈状态提供了现实的道路。

人类进入文明社会后相当长的一段时期，主体能力极大地增强，人类化必然为自由获得了丰硕的成果，而由自由转化为必然所形成的现实异己力量却并不显著。人们沉迷于对自然的征服中，淡漠了人类祖先遗留下来的悲剧意识。“我们时代严重的全球性问题——从核武器的威胁和有毒化学物质到饥饿，贫穷和环境恶化，到对地球赖以生存的体系的破坏——凡此种种都是几个世纪以前才开始统治世界的西方工业思想体系所产生的直接后果。”[②] 而“世界的形象既不是一个有待挖掘的资源库，也不是一个避之不及的荒原，而是一个有待照料、关心、收获并爱护的大花园。”[③] 恩格斯说：“每一次胜利，在第一步都确实取得了我们预期的结果，但在第二步和第三步却有了完全不同的、出乎预料的影响，常常把第一个结果又取消了。”[④] 恩格斯在这里提出的问题即为我之物和由为我之物及其与他物发生相互作用所形成的作为必然世界之组成部分之间的关系问题，也就是由必然转化而来的自由与由自由再度转化而来的必然之间的关系问题。

马克思依据对社会基本矛盾的深入分析指出，“人类”的才能的这种发展，虽然在开始时要靠牺牲多数的个人，甚至靠牺牲整个阶级，但最终会克服这种对抗，而同每个个人的发展相一致。“代替那存在着阶级和阶级对立的资产阶级旧社会的，将是这样一个联合体，在那里，每个人的自由发展是一切人的自由发展的条件。”[⑤] “在人人都必须劳动的条件下，生活资料、享受资料、发展和表现一切体力和智力所需的资料，都将同等地、愈益充分地交归社会全体成员支配。”[⑥] 马克思、恩格斯认为，资本主义私有制导致人与自然的对立和矛盾。要克服这种对立和矛盾，必须推翻资本主义这种不合理的社会制度，建立生产资料归全体社

---

① 孙利天：《论辩证法的思维方式》，吉林大学出版社 1994 年版，第 165 页。
② 大卫·格里芬：《后现代科学》，中央编译出版社 1995 年版，第 154 页。
③ 大卫·格里芬：《后现代科学》，中央编译出版社 1995 年版，第 154 页。
④ 《马克思恩格斯选集》第 3 卷，第 517 页。
⑤ 《马克思恩格斯文集》第 2 卷，第 53 页。
⑥ 《马克思恩格斯全集》第 22 卷，第 243 页。

会成员共同所有的共产主义社会。共产主义社会既解决了人与人的矛盾，又解决了人与自然的矛盾，真正做到了人与自然的和谐相处。是人与自然、人道主义和自然主义的高度统一。马克思、恩格斯不仅勾勒了共产主义社会人与自然和谐相处的生态理想，而且还论证了这个社会应有的广度和深度，进而，为我们实现人与自然、人与历史、人与文化、人与人、人与自我心灵之间的多重关系的生生和谐确立了原则。

科学发展同以往社会发展模式的最深刻的差异在于它真正以人类的生存质量和整体发展效益为根本的出发点与归宿点和最根本的价值尺度，它的发展过程和实践运行都体现着深刻的人类本质特征、人文精神内涵以及全民参与的要求，人类对于可持续发展的普遍理解、认同和全方位积极参与，内在地构成了实践可持续发展理念的基本力量与基本保障。

当代中国正经历着在自己悠久历史进程中最深刻、最伟大的社会转型，中国社会转型的时空条件决定了其价值取向，就是在中国实现从非市场经济向市场经济的转化，建构起完整的、真正意义上的社会主义市场经济体制，实现社会主义的现代化。这种目标的实现必须要有良好的自然生态环境作基础，以可持续发展理念为其历史归宿。因而，关注生态环境、培养人们的环境意识、确立新的生态文明观就变得弥足珍贵。我国是世界文明古国，对自然资源开发利用的时间相当漫长，在这期间对一些资源的损耗量相当大，而且还引起了相应的生态危机；因人口增长快，对生态环境造成极大的压力，如人口与耕地的矛盾突出，因人口众多；对自然资源的需求量大大增加，也加重了对资源的压力和冲击，并且，人口对环境的污染也日益严重，等等；对自然生态规律缺乏认识，经济活动决策也出现了失误；环境立法不健全，部门分割、管理混乱，尤其是在生态环境的管理方面，很不完善甚至完全没有管理；加之生产技术落后，环境资源被过度消费与浪费；长期以来，我们思想上还存在着一些误区，这些误区影响着我们对生态危机问题严重性的认识。“中国是一个发展中国家，可持续发展第一位的任务是发展。……但是按照现在的高投入、高消耗、低效益、高污染的传统发展模式，不可能顺利到达彼岸。我们必须以社会经济科技与人口资源环境的协调发展为基本方针，在保持经济高速增长的前提下，实现资源的合理、综合利用，环境质量的不断改善。不但使我们这一代人能够从大自然赐予人的宝贵财富中获取我们所需，也为我们的后代满足其需要留下可持续利用的资源和生态环境。”

胡锦涛同志在中国共产党第十七次全国代表大会上的报告中明确指出：“科

学发展观，第一要义是发展，核心是以人为本，基本要求是全面协调可持续，根本方法是统筹兼顾。”在党的十八届五中全会上，习近平同志系统论述了创新、协调、绿色、开放、共享“五大发展理念”。2016 年 3 月 5 日，习近平总书记在参加上海代表团审议时强调，在五大发展理念中，创新发展理念是方向、是钥匙，要瞄准世界科技前沿，全面提升自主创新能力，力争在基础科技领域作出大的创新、在关键核心技术领域取得大的突破。同时，创新发展居于首要位置，是引领发展的第一动力。

人的全面发展既是可持续发展的根本目的，又是实现可持续发展的基本条件。为此就必须切实做到实施可持续发展战略的过程中满足人的需要与追求、关怀人的生存和处境、增加人的价值和幸福，促进人的自由与发展。用新的发展理念揭示发展规律，推动中国特色社会主义道路越走越宽广。深刻总结国内外发展经验教训、深刻分析国内外发展大势的思想结晶。充分体现社会主义本质要求和发展方向的科学概括。丰富发展中国特色社会主义理论宝库的崭新篇章。

用新的发展理念引领时代发展，拓展实现第一个百年奋斗目标的新格局、新面貌。“五大发展理念”是全面建成小康社会决胜纲领的灵魂。“五大发展理念”着力破解发展难题、增强发展动力、厚植发展优势。“五大发展理念”拓展全面小康社会的新格局、新面貌。

“五大发展理念”相互贯通、相互促进，是具有内在联系的集合体。“五大发展理念”管全局、管根本、管方向、管长远。贯彻落实“五大发展理念”就是为实现第二个百年奋斗目标夯实深厚根基、开辟宽阔道路。

（二）现代系统科学深入揭示了事物联系的系统性和整体性

系统论是 20 世纪 40 年代以后新兴的一门横断科学，代表人物是贝塔朗菲。系统论认为，系统具有整体性、层次性、开放性、有序性、自组织性、优化性等特点。系统是由一定数量相互联系的要素所组成的、具有特定功能的有机整体。系统的各要素之间存在着特定关系，形成一定的结构。系统的结构使它成为一个有特定功能的整体。功能是系统在与外部环境的相互作用中表现出来的。系统最显著的特点是整体性：系统的性质和功能不是其构成要素的性质和功能的简单相加，而是由系统的整体结构决定的新的性质和功能。

系统层次性，其一是指每一个系统都有自己内在的层次。其二是指系统之间也有等级。系统的开放性是指任何系统都处于与他系统的相互作用之中。

例如，决定战局胜利的因素有很多，人数只是一方面的优势，双方的士气，士兵的战斗力，整体的实力水平，武器的对比，情报的准确性，信息传递的速度，统帅将领的个人能力，士兵经历大战的实战经验，战地的地形，后勤的补给，这一切的一切，都足以对战略全局形成重要的影响。迪伊·霍克认为：健全的组织应该是开放的，是居于“混沌”和“有序”之间的“混序”组织。如果不能保持组织的开放性，它将会按熵增原理逐步衰退为稳定状态，成为“死”结构。混序组织的中心思想所阐扬的人际关系，会让人由衷地为其中的希望、愿景、价值、意义与自由而共同致力追求。这样的组织将诱发与激励人的积极性和建设性，这样组织才会有不断进取的活力。混序理论认为：工业革命形成的“命令—控制”的组织形式已经过时，它有悖于人类的本性，已形成了对生物圈的破坏和对社会的伤害，因而，迪伊·霍克希望借助生物圈的观念建立一种新型组织，一种就像人体、大脑或生物圈一样，可以自我组织、自我管理、自我发展的组织，这就是混序组织的雏形。“混序”同时具有混沌与有序双重特征，但任何一个特征都不能压倒另一方，是介于二者之间的一种状态。“混序”理念是复杂性组织管理的一个重要成果。概括起来说，混序是指任何具有自组织、自适应、非线性的复杂系统，这些系统可以是物理的、生物的和社会的系统。它们的行为显示出有序和混沌的特性。

分形理论（fractal）是美籍法国数学家曼德布罗特（B. B. Mandelbrot）1975年首先提出的。分形理论被誉为大自然的几何学，是现代数学的一个分支，其本质是一种新的世界观和方法论，它与动力系统的混沌理论交叉结合，相辅相成。它承认世界的局部可能在一定条件下、过程中，在某一方面如形态、结构、信息、功能、时间、能量等方面表现出与整体的相似性。

1918年以来英国剑桥学派对分数维集合的研究，在数学史上也早有人构造各种各样的自相似集合，如康托集（1895年）、皮亚诺曲线（1890年）、科切曲线（1904年）、谢尔宾斯基地毯（1915年）、朱利亚集和法图集（1918—1919年）等。曼德布罗特的开创性贡献主要不在于对分数维集合本身性质的研究上，而是他发现了自然界中的标度不变现象，并且利用分数维理论与计算机技术相结合对自然界中的自相似现象加以分析，创立了自己的分形理论，从而又构造出了一系列新的分数维集合（如曼德布罗特集等）。分形理论所研究的对象多为随机的、离散的、非连续的复杂现象，并且通过自相似性将对象的复杂性与简单性统一起来。

“任何范围广泛的理论都意味着一种世界观，任何改变了我们对世界看法的科学重大发展都是自然科学。”（贝塔朗菲语）海森堡说：“自然科学并不是简单地描述自然、解释自然；它也是自然与我们相互作用的一部分。”孙博文在《分形理论的哲学发轫》中提到：分形理论与全息论无疑是这样的理论，它们几乎在自然界和人类社会的各个领域都有所应用，因此自相似现象是自然界中的一种普遍现象，部分与整体的自相似调和也许是我们世界的本质属性。按全息论的观点看，我们的世界是一个非常美妙的世界，那种无限嵌套的结构，充满了宇宙的和谐，整体包含了无限的部分，而部分又体现着无限的整体，我们能通过局部来通晓全体，或者通过局部的某一点，来控制整体上相应的部位；反过来也可从全体变化推断出局部的变化。

在分形理论的创始人，美籍学者曼德布罗特出版著名专著《自然界的分形几何》的同一年，即 1982 年，全息论的创始人，中国学者张颖清也出版了他的第一部专著《生物体结构三定律》。有趣的是两书不但都以大量图片作为自己论证的材料，而且都以自相似现象为自己的研究目标，并由此奠定了各自理论的基础。曼德布罗特将分形定义为“组成部分与整体以某种方式相似的形”，而张颖清将全息定义为“生物体每一相对独立的部分在化学组成的模式上与整体相同，是整体的成比例的缩小。”显然两论都是以研究系统中的局部与整体的关系为宗旨的，而且，是研究局部与整体的相同或相似的侧面。当然，对于全息论来说，现已不只限于生物领域，十余年来，人们在自然界和人类社会中发现了大量的全息现象。所以，全息论已从最初的生物全息推广到现在的广义全息，并将全息概念定义为“部分包含系统整体的信息”，从而扩大了全息概念的普遍性。

中国 5 000 年气候变动有逐渐变冷变干的趋势。那气候究竟和历史朝代演变有什么关系呢？从以上寒冷期与温暖期的周期中我们可以清楚地看到，温暖期一般建立了强大的中央政权，此时国土面积广大。寒冷期则汉人政权实力大打折扣，边疆少数民族“兴盛”，来自外族的压力很大。

中国古代史上的民族入侵矛盾，主要是来自北方大漠。因为古代中国是一个大陆国家，东、南两面有海洋，基本上是人类探索世界的阻碍。西面有高大的青藏高原和广阔的沙漠，外族受地形和气候的影响，不可能对东部的汉族政权造成千里突袭。所以汉族政权在古代一直蒙受着来自北方的压力，例如匈奴、突厥、契丹、女真、蒙古、满等。

北方少数民族地区因为是游牧经济，完全靠草原来养活自己，当气候变冷时，草原生长很差，得不到充分的食物供给。在这时候，就会向南方的汉族政权发起进攻，以获得食物。而南方此时也变冷，粮食等物资也会大幅减产，从而综合国力有所下降。所以北方外族入侵频繁的时候，实际上是在一个气候变冷的大背景下，迫于生存压力造成的。所以，在气候寒冷时期，中原王朝将面临内忧外患的窘境。

来自中国科学院地球环境研究所的一项最新研究成果显示，过去两千多年的气候冷暖变迁，与我国历史上一些朝代的兴衰更迭存在对应关系，大多数朝代的垮塌都是发生在气候变冷的低温区间。

这一研究得到了国家自然科学基金和国家科学技术部等共同资助，相关论文已刊登在我国权威学术期刊《中国科学》杂志上。①

“虽然在过去两千多年，我国大多数朝代的垮塌与低温区间的对应现象并非一种偶然的巧合，但我们不能就此断言，朝代的兴衰完全就是气候变化造成的。”刘禹在接受新华社记者采访时认为，影响历史进程的原因有很多方面，气候只不过是其中的一种。由于封建王朝自身政治上的腐败，加之低温导致的粮食歉收、最后可能引发农民起义和战争，导致朝代更迭。此外，在寒冷时期，草原牧场向南迁移也会导致北方游牧民族的入侵和南迁。

（三）共性与个性的辩证关系

除了自然科学的逻辑与实证的研究，诗情画意的表述也唯美呈现了自然界与人类社会存在的分形：

To see a World in a Grain of Sand
And a Heaven in a Wild Flower
Hold Infinity in the palm of your hand
And Eternity in an hour

——威廉·布莱克［英国］

一沙一世界，一花一天堂。
无限掌中置，刹那成永恒。

——徐志摩译

一粒沙里藏着一个世界，

① 转自铁血社区，http://bbs.tiexue.net/post_9109366_1.html/。

一滴水里拥有一片海洋，
所有的树叶并没有不同，
整个大地是一朵花。

——聂鲁达［智利］

佛在灵山，众人问法。佛不说话，只随手拿起一朵金婆罗花，示之。众弟子不解，唯迦叶尊者破颜微笑。只有他悟出道来了。宇宙间的奥秘，不过在一朵寻常的花中。“道”，就在日常生活中，就在寻常事物中。庄子说，无处不有道。世界在哪里，就在那一枝一叶上。

《华严经》：“一尘中有尘数刹，一刹有难思佛。”《梵网经》卷上谓：卢舍那佛坐千叶大莲花中，化出千尊释迦佛，各居千叶世界中，其中每一叶世界的释迦佛，又化出百亿释迦佛，坐菩提树。佛告文殊师利：譬如三千大千世界、所有草木丛林、稻麻竹苇、山石微尘。一物一数、作一恒河。一恒河沙、一沙一界。一界之内、一尘一劫。一劫之内、所积尘数、尽充为劫。唐蜗寄题庐山东林寺三笑庭联：桥跨虎溪，三教三源流，三人三笑语；莲开僧舍，一花一世界，一叶一如来。

《淮南子·说山训》：“以小见大，见一叶落而知岁之将暮。”宋·唐庚《文录》引唐人诗：“山僧不解数甲子，一叶落知天下秋。”一花一世界，一木一浮生，一草一天堂，一叶一如来，一砂一极乐，一方一净土，一笑一尘缘，一念一清静。这个世界无所谓缺陷，即使是缺陷，也是美的；这个世界是至真、至善、至美；是一真法界，万法自如，处处成佛，时时成道。《华严经》用其独特的理解对分形理论做了禅意的界说。

十二集纪录片《大国崛起》从 15 世纪的新航路开辟开始真实再现了葡萄牙、西班牙、荷兰、英国、法国、德国、日本、俄罗斯、美国崛起的历史，给我们启示：大国崛起之前，都在有雄才大略的领袖带领下进行过国家政治体制上的创新。都重视科技和人才，崛起途中在生产和经济领域都有超越他国的巨大飞跃。都是开放的，都敢于学习和借鉴其他优秀文化。

2014 年 12 月，习近平总书记在江苏考察的时候首次提出“四个全面”。从 2014 年 12 月到 2015 年 2 月，习近平总书记先后 11 次阐述了十八大以来新一届中央领导集体提出并形成“四个全面”的战略布局的问题。他强调，“要全面贯彻党的十八大和十八届三中、四中全会精神，用全面建成小康社会，全面深化改革，全面依法治国，全面从严治党，来引领各项工作”。“四个全面”战略思想渗透着唯物论和辩证法的理论光辉。

第一，实事求是，一切从实际出发，是“四个全面”战略思想的理论基础。“四个全面”是从中国国情出发，从中国现阶段改革开放面临的新情况、新矛盾、新问题出发，回应新时代提出的新机遇、新挑战，实现中华民族的伟大复兴。

第二，把握矛盾的普遍性与矛盾的特殊性的统一，是“四个全面”战略思想的哲学基石。“四个全面”就是把马克思主义普遍真理与中国实际相结合的典范。这里所说的马克思主义普遍真理是指马克思主义揭示的人类发展的共同规律，包括社会发展与人民幸福的发展目标，包括物质文明、精神文明、政治文明、生态文明的发展规律。中国实际包括中国的历史传统，包括改革开放以来中国社会主义建设的伟大成就、基本经验、存在问题和发展方向等。

第三，系统理论是“四个全面”战略思想的重要科学方法。“四个全面”战略思想可以说是治国理论的大系统，其中包括四个子系统，每个子系统中又包括若干小系统。从系统理论方法进行研究，既可以从整体上把握“四个全面”战略思想大视野、大格局、大谋略，又可以对“四个全面”战略思想的丰富内容进行具体、深入、细致的解析，以利于推动“四个全面”战略思想的实施和贯彻执行。

第四，相互联系的“合力理论”是“四个全面”战略思想的重要创新方法。“四个全面”的战略思想包括发展目标（全面建成小康社会）、发展动力（全面深化改革）、发展保障（全面依法治国）、发展关键（全面从严治党）。四者之间并不是彼此孤立的，而是相互联系、相互制约、相互促进的，形成了无数个力的平行四边形，由此产生了一个“合力”，推动着整个社会健康有序地前进。

二、不断追问的反思之美

发展的观点和普遍联系的观点是密不可分的。事物的联系总是通过事物之间的相互作用表现出来的，正是事物之间的相互影响、相互制约和相互作用构成了事物的运动。形而上学之所以否认运动，首先是因为它否认了联系。事物之间相互作用的结果，使事物原有的状态和性质发生或大或小的变化。联系构成运动，运动引起变化，变化的基本趋势是发展。

用发展的观点看问题，就是要把一切事物看成不断发展变化的过程。从宇宙的演化到人类的进化，一切事物的存在和发展都是过程，是过程的集合体。世界上每一事物的存在和发展都是一个特定的具体运动过程；每一事物都有它的产生和灭亡过程；每一事物的存在和发展都从属于一个更大的过程，是更大的过程的一个阶段、一个环节。

辩证唯物主义把一切事物看成是不断发展变化的过程；要树立长远的观点，以对未来负责的态度去分析问题和解决问题，比如说，保护生态平衡，实现可持续发展。

在中国的象形文字中，“昔”字写的就是大水将太阳淹没的情景。即：共工“怒触不周山”，导致了天崩地陷。《圣经》则认为人类自身的不检点使得上帝之手不得不加以严惩。可见人类对洪水危害的记忆是刻骨铭心的。20 世纪以来，出现了英国的雾都伦敦，日本的水俣事件，韩国汉江的恶臭，我国西北沙暴、京城泥雨、南海赤潮，西南太平洋海啸，还有严重干旱、森林火灾、暴风雪、传染病的大范围传播等；能源危机、生态失衡、环境恶化、人口激增、粮食短缺、资源匮乏、贫富悬殊、核威胁……全球正面临着哈姆雷特所困惑的“是生存还是死亡”的严峻考验。

除此之外，启蒙精神的内在悖论也是人类遭遇不可持续发展这一瓶颈状态的认识论根源。立足于启蒙运动高扬人的主体性、强调人与世界、主体与客体对峙的世界观，人们深信：“幸福和解放这类维度是和增强力量及生产社会财富这类维度融合在一起的……在生产力中脱缰而出的工具理性，各种组织和计划内容中展现出来的功能主义，应当开辟出达到合乎人的尊严的、平等而自由的生活的道路。”① 然而，启蒙精神在把人从“神圣形象的自我异化”中解放出来的同时，却又使人陷入了“物性”对“人性”的奴役之中。20 世纪的人们已经很清楚地看到：启蒙精神所承诺的人类解放与幸福并没有实现，人们发现自己生活在一个抽象的单向度世界、一个物欲横行的世界、一个被工具理性彻底控制的世界，正如哈贝马斯指出的，启蒙精神“作为近代以来从中曾获得自己的自我意识和自己乌托邦期望的那些增强影响力的力量，事实上却使自主性转变为依赖性、使解放转变为压迫、使合理性转变为非理性”。②

马克思曾指出：“到十八世纪，在市民社会中，社会结合的各种形式，对于个人来说，只是达到他们目的的手段，只是外在的必然性”③，除了金钱与利益

---

① 哈贝马斯：《新的非了然性》，见薛华著《商谈伦理学》一书附录。

② 哈贝马斯：《新的非了然性》，见薛华著《商谈伦理学》一书附录。

③ 马克思：《政治经济学批判》单行本，人民出版社 1996 年版，第 193－194 页。

的纽带，个人与个人之间、个人与社会整体之间真实的依存与交往关系便随之消失了。托克维尔曾这样精彩地描述过这种绝对个体主义的社会后果："它不仅使每个人忘却他的祖辈，而且使他看不到他的后代，也使他与他的同代人相疏离，它使他只能依靠他自己，最后使他完全蛰居于孤寂的自我心灵之中。"[①] 在马克思之前，黑格尔已比较自觉地意识到了启蒙精神对人与自然、人与人之间的知性区分所形成的局限性，因此，他力图实现理性与自然的和解，实现人与自然、思维与存在、个人精神与普遍精神的辩证统一，通过概念的矛盾运动消解知性思维的僵死性与凝固性。可以说，在黑格尔这里，"纯净的理性和自由总要受到矛盾的污染，近代启蒙精神的单纯的乐观主义在历史的教训和更为深刻的哲学思辨中，开始具有了随成熟而来的忧患和沉重的思想力度，也可以说开始了自我否定和自我消解"。[②] 黑格尔的概念辩证法为消解知性思维方式做出了重大贡献，但他的客观唯心主义的哲学立场最终妨碍了他彻底完成这一理论使命，马克思实践唯物主义立足于实践观点思考人与自然以及人与人之间的矛盾，为消解它们的知性对立，从而为真正解决启蒙精神的困境进而走出不可持续发展的瓶颈状态提供了现实的道路。

由钟制宪担任总策划、赵致真担任总撰稿和总导演的电视纪录片《播火录——科学发现的人文启示》中《文明的代价》一集，专题展现人类在享受科学发展的利益时，或因为无知、误用或者滥用科学，带给人类很大的伤害，如X光曾经让一代人受到致命伤害，镭的发现曾经严重搅乱过社会文化和生活，乙基汽油为发动机带来更大马力时却把铅沉淀在我们和子孙后代的骨骼中了，氟利昂给了我们诸多的舒适和便利但却破坏了臭氧层，造成了大灾难，还有滴滴涕的功过和存废之争更是映射了人类社会的全部复杂。如何评估一项科学成果的利弊得失，如何拿捏发展和环境的取舍权衡，考验着今天人类的操行和智慧。

正如布莱克所说的那样，现代性带来的问题与其提供的机会一样大。这是一个创造与毁灭并举的过程，它以人的错位和痛苦的高昂代价换来新的机会和新的前景。科技的发展，改变了人们的生活方式，但同时也给地球带来了遭到严重破坏的危险；现代工业改变了人们的生活，却也带来了环境污染和能源枯竭；现代商业促进了社会的繁荣，却也俗化了人的精神领域；自由的争取，则引发了无休止的暴力；人口膨胀，经济发展失衡、饥荒、核威胁，乃至人的异化……。一切

① 托克维尔：《论美国的民主》下卷，商务印书馆1996年版，第627页。
② 孙利天：《论辩证法的思维方式》，吉林大学出版社1994年版，第165页。

都在证明马克思的话，即在我们这个时代，每一种事物好像都包含有自己的反面。

我们需要用马克思那句“站在科学的入口处就像站在地狱的入口处一样”的名言警醒自己。

人与环境的辩证关系是马克思生态哲学的主题，他所设想的未来人的理想状态一直是人类追求的目标，也是可持续发展的终极目的和实现的前提条件。可持续发展观是生态学意义上的世界观，即生态哲学。它研究人类所具有的生存智慧，注意探索人类同大自然交往的艺术，研究人类控制消除生态危机的有效途径和方法。它既探讨社会发展与环境保护的关系，也探讨社会文明的进步与生态环境优化之间的互动关系。从哲学上分析环境危机的根源在于人类与地球的关系在三方面发生了本质的变化，即人口爆炸，科技革命和人类思维方式的改变（不注重代内代际公平，急功近利），而生态问题的严重性则暴露出人类深刻的道德危机。人类若想持续生存和发展就必须展开全面发展的视野。

可持续发展观将给我们提供一种新的理想主义，而且，它本身就将变成一种现实的历史运动，“对于这种运用知识，发动一个更有益于实现人类理想，更能与科学各种要求协调一致的运动所进行的努力，任何人也不能斥之为不现实而弃之不顾。”① 我们必须谨记，地球不属于人类，而人类却属于地球，关心与保护地球是人类持续生存的基础，发展不应以牺牲后代的生存为代价，也不应危及地球上其他物种的生存。人与自然同在，也只有在与自然的和谐共处中才能永生。也只有坚持可持续发展观，人类才能真正在红日皓月、苍天幽谷、青山绿水、人造良田、三峡平湖、长桥飞架中体味到科学之真、理性之美。

中国共产党第十八届中央委员会第五次全体会议强调，实现“十三五”时期发展目标，破解发展难题，厚植发展优势，必须牢固树立并切实贯彻创新、协调、绿色、开放、共享的发展理念。这是关系我国发展全局的一场深刻变革。全党同志要充分认识这场变革的重大现实意义和深远历史意义。

必须把发展基点放在创新上，形成促进创新的体制架构，塑造更多依靠创新驱动、更多发挥先发优势的引领型发展。坚持协调发展，必须牢牢把握中国特色社会主义事业总体布局，正确处理发展中的重大关系，重点促进城乡区域协调发展，促进经济社会协调发展，促进新型工业化、信息化、城镇化、农业现代化同

① 西纳索为 F. 佩鲁《新发展观》一书所作的序。

步发展，在增强国家硬实力的同时注重提升国家软实力，不断增强发展整体性。坚持绿色发展，必须坚持节约资源和保护环境的基本国策，坚持可持续发展，坚定走生产发展、生活富裕、生态良好的文明发展道路，加快建设资源节约型、环境友好型社会，形成人与自然和谐发展现代化建设新格局，推进美丽中国建设，为全球生态安全做出新贡献。坚持开放发展，必须顺应我国经济深度融入世界经济的趋势，奉行互利共赢的开放战略，发展更高层次的开放型经济，积极参与全球经济治理和公共产品供给，提高我国在全球经济治理中的制度性话语权，构建广泛的利益共同体。坚持共享发展，必须坚持发展为了人民、发展依靠人民、发展成果由人民共享，做出更有效的制度安排，使全体人民在共建共享发展中有更多获得感，增强发展动力，增进人民团结，朝着共同富裕方向稳步前进。

“亚太要为世界经济复苏注入新动力，为世界经济增长开辟新道路。”“深化亚太伙伴关系，以开放谋共赢，以融合促繁荣，不断开拓进取，共创亚太发展的美好未来。”习近平主席在题为《深化伙伴关系 增强发展动力》《面向未来开拓进取 促进亚太发展繁荣》的两次重要演讲中，集中阐述了亚太经济发展的“中国方案”。“当前，亚太总体保持平衡发展态势，但也面临挑战，处在发展关键当口。”“作为全球经济规模最大、最具发展活力的地区，亚太要勇于担当，发挥引领作用，采取有力协调行动，为世界经济复苏注入新动力，为世界经济增长开辟新道路。”习近平同志在演讲中以“四个促进”指明了亚太经济发展的行动方向——促进经济一体化，建设开放型经济；促进互联互通，实现联动发展；促进改革创新，增强内生动力；促进合作共赢，深化伙伴关系。还提出，“坚定不移引领经济全球化进程”“坚定不移提升亚太开放型经济水平”“坚定不移破解区域互联互通瓶颈”“坚定不移打造改革创新格局”。

“十三五”规划建议指出：“以区域发展总体战略为基础，以‘一带一路’建设、京津冀协同发展、长江经济带建设为引领，形成沿海沿江沿线经济带为主的纵向横向经济轴带。”大东北地区、黄河中游地区、黄河下游地区、长江上游地区、长江中游地区、长江下游地区、南部沿海地区、大西北地区八大经济地理区域，长江三角洲、珠江三角洲、环渤海经济、台湾海峡、环北部湾、大东北、长江中游、长江上游八大都市经济连绵区，中原、关中、徐州、蒙中、太原、兰州都市经济圈和河套、北疆都市经济带的设立，意味着未来五年我国区域发展将更加注重统筹协调，通过培育若干带动区域协同发展的增长极，最大限度发挥辐射带动作用，为经济保持中高速增长培育广阔的区域发展新空间。以三大国家战略为引领，将促进我国东部、中部、西部、东北四大区域板块之间广阔的合纵连横，以点带线，由线到面，连接成轴，培育新的经济增长极、增长带和增长点，同时促进国际与国内经济发展互通，形成沿海、沿江、沿边全方位对外开放新局面。

三、高山景行的适度之美

(一) 量的积累才能达到质的飞跃

西班牙 19 世纪最伟大的小提琴家萨拉萨蒂被认为是“天才”。对此，他说：“天才？37 年来我每天苦练 4 小时，现在，有人叫我天才？”他每天坚持不懈练习的习惯使他取得了事业上的辉煌。天才球星贝克汉姆的教练说，贝克汉姆之所以能够脱颖而出成为一代球星，与他的勤奋密不可分。贝克汉姆在每次训练的时候，都要比其他队员晚半个小时结束，在这半个小时内，他要射门 30 次，一年下来，他比别的球员多出近万次的射门练习。临门一脚的百发百中就是这样一万次一万次地练出来的。

牛顿是无可争议的世界一流科学家，然而，当有人问他到底通过什么方法找到这些非凡的发现时，他诚实地回答说：“总是思考它们。”还有一次，牛顿这样描述他的研究方法：“我一直把研究的课题放在心上，反复思考，慢慢地，由最初的第一缕曙光到豁然开朗。”

国学大师钱穆说：“古往今来有大成就者，诀窍无他，都是能人肯下笨劲。”胡适也说：“这个世界聪明人太多，肯下笨功夫的人太少，所以成功者只是少数人。”“越是聪明人，越要懂得下笨功夫。”正如其他名人一样，牛顿的盛誉就是靠勤奋、专注和毅力获得的。刚放下一项研究又开始下一项，这就是他的娱乐和休息。牛顿曾对本特利博士说：“如果我为公众做了点什么的话，那要归功于勤奋和善于思考。”另一位伟大的哲学家开普勒也曾这么说：“正如古人所云‘学而不思则罔’，对此我深有体会。对所研究的东西勤于思考才会逐渐深入，我常常如此，直到最后全身心投入其中。”

积苦力学的经历给了曾国藩独特的启示，他发现笨拙有笨拙的好处。笨拙的人没有智力资本，因此比别人更虚心；笨拙的人从小接受挫折教育，因此抗击打能力特别强；笨拙的人不懂取巧，遇到问题只知硬钻过去，因此不留死角。相反，那些有些小聪明的人不愿下“困勉之功”，遇到困难绕着走，基础打得松松垮垮。所以，“拙”看起来慢，其实却是最快的，因为这是扎扎实实的成功，不留遗弊。能人偏下笨劲，能人肯下笨劲，能人善下笨劲。

人们在日常工作生活中，对环境温度升高1℃，似乎不太关心，但是气象经济学家发现，气温变化1℃，不仅事关全球气候变化，还跟经济发展，特别是农业生产息息相关。

美国气象学家对全球平均气温变化1℃的评价是：气温上升1℃，经济效益也跟着上升；气温下降1℃，经济效益也跟着下降。世界平均气温下降1℃，全球产值就减少70亿美元。

气温变化1℃，对农业生产有着更惊人的影响。美国达尔齐教授认为：若全球气温比20世纪70年代平均气温下降1℃，玉米在全球60%的地区增加收成2 100万美元，棉花在全球范围内歉收，损失约22亿美元；水稻65%的地区损失9.56亿美元。中国气候学家张家诚研究论述了若气温升降1℃，对中国粮食作物的影响：据测试，气温变化1℃，大体相当于农作物变化一个熟级，每变化一个熟级，产量变化10%，意即气温上升或下降1℃，粮食产量具有增产或减产10%的潜力。例如，我国著名商品粮生产基地——东北地区，若当年平均气温出现了“凉夏”，则粮食肯定会减产200亿至300亿斤。反之，若出现“热夏”，则粮食可多收几百亿斤。

（二）辩证法的适度原则

度是反映事物质和量统一的哲学范畴，是事物保持自己质和量的限度（或幅度、范围），是保持和事物的质相统一的量的界限。事物存在的度作为质和量的统一，首先就意味着有量之质和有质之量，单纯的质或单纯的量都无法规定事物。度就是尺度、限度，是事物保持自己质的量的限度，也就是事物保持自己存在的量的限度。在这个限度以内，量的变化不会改变事物的性质；量变一旦超出这个限度，就能打破事物的存在，使事物变为他物。

认识、把握事物的度具有重要的方法论意义。所谓适度，是指人的认识和行动要和事物的度相适应。首先要注意把握关键点。其次要注意寻求最佳适度。

萧伯纳说：“人生有两种悲剧：一种是没有得到你心里想要的东西。另一种是得到了。”生活本身的偏僻远近，单调丰富，落后繁荣，并不能直接决定一个人内心的富饶与贫瘠、深刻与浅薄、博大与小气。我相信在任何一件事物上都有可能找到整个世界，就像在一滴水中看见大海。展现博大与深远的可能是一颗朴素细微的心灵。那些存在于角落不被人留意的琐屑事物，或许藏着生存的全部意义。生活在什么地方都是中心。[①] 人生最美的状态是天地从容，万物从容；是永远趋向完满、永远没有达到完满、永远在上升、永远有期待的未济卦；是人与自然生生和谐的可持续发展状态；是任继愈先生提示我们思考的："九"的象形文字架构所表达的中国式辩证思维、人格魅力、处事原则和人生定位。孔子说"士人"也就是知识分子在穿华服的时候，外面要罩上一件麻衣，因为，文质彬彬，才是君子。

所谓最佳适度，是指在事物的质所能容纳的量的范围内，能够最好地满足人们实践需要的量。例如：0.15％和1.7％是炼钢含碳量的下限和上限，超出这两个关节点，炼出的就是熟铁和生铁，而不再是钢了。

语本《书·秦誓》："其心休休焉，其如有容。"后以"休休有容"形容君子宽容而有气量。明代李贽《大臣总论》："但能忍辱者，亦妙於趋时；务结主者，尤贵於含垢。此非休休有容者不能也。"清代薛福成《庸盦笔记·史料·骆文忠公遗爱》："骆公以休休有容之度，适莅是邦而逢其盛，每与诸公共事，颇能不掣其肘，不掩其长，以故勋望日隆。"陶成章《浙案纪略·敖嘉熊传》："敖嘉熊以休休有容之度，兼能善为大计，岂仅方面之才，直可含盖万有。"

再如：科学技术系统包括基础科学、技术科学和工程技术三个层次，这三者之间只有保持适当的比例关系，一个国家的科学技术才能得到较快的发展。

适度干预原则是经济法的基本原则。它要求国家依法正当地干预经济，发挥对市场的辅助性作用；权衡成本收益，遵循经济法的价值目标谨慎地干预经济。在中国，由于体制转型过程中的特殊情况，贯彻适度干预原则尤其需要加强法律对国家干预的规制和理顺市场与政府的关系，重塑国家的经济职能。

法学意义上的适度性原则：为了能使社会健康平稳地发展，政府和公民都需要享有适当的权利和承担适当的义务，双方的权利义务既不能过宽也不能过窄，应该保持适度。这种对现实的尊重是实现理想的必要条件。适度性原则是行政法的理论基础即平衡论在行政法基本原则上的一个必然反映。合理性原则可被认为是行政机关在行使自由裁量权时适度性原则的具体体现。

豪猪哲学说：一群豪猪在寒冷的冬天，想挤在一起取暖，可都害怕对方身上

---

① 刘亮程：《风中的院门》，上海文艺出版社2002年版，第15页。

的尖刺扎到自己，因此就想到一个办法：彼此之间既不挤得太近，也不离得太远，保持一个最佳的距离。既得到了彼此间的体温，又不至于被对方的刺儿扎着。这多多少少也映射出人的处世哲学——“既要你的体温，又要与你保持距离”。

清代书画家、文学家郑板桥在山东潍县县令任上，应一位自称“糊涂老人”的隐士之请，题写了“难得糊涂”4 个字，凝聚了他对 50 多年人生阅历的深切感悟：一事聪明不难做到，事事聪明做不到也没有必要；力求做到大事聪明、小事糊涂，在小糊涂、假糊涂中见大智慧、真智慧，将智慧隐匿于无碍大局、无伤大雅的糊涂之中。在我们看来，“难得糊涂”，难在真正地懂得糊涂，知道在什么时机、什么场合下不该卖弄聪明；难在大智若愚、大巧似拙，把握好糊涂的“度”，在适度糊涂中保存本真、内在的聪明。

台湾作家龙应台《目送》中有一段话，她说“我慢慢地、慢慢地了解到，所谓父母子女一场，只不过是意味着，你和他的缘分就是今生今世不断地在目送他的背影渐行渐远。你站在小路的这一端，看着他逐渐消失在小路转弯的地方，而且，他用背影默默地告诉你，不用追。”世上的爱都是以聚合为目的的，爱他，所以要和他在一起。唯有父母对孩子的爱，是以分离为目的的。爱他，就给他自由，让他独立。在生命之旅中，我们的上半程没有孩子与之同行；孩子的下半程，我们也不可能与之共度。无论我们和孩子彼此多么相爱，都无法一路相伴，总归，他的旅程只能他自己去走。我们为人父母的，能为孩子做的，只是给他无条件的接纳，对他坚定不移地支持，让孩子时刻有被爱的把握，分享我们的人生经历和一些建议，帮他建立起照顾自己本人人生的能力，最终成就他自己。菲茨杰拉德在《清晨起床号》中谈到：切不可爱得太过分，因为他知道，不论是做父亲的对女儿，还是做母亲的对儿子，如果在感情上过分依恋，会给他们造成多大的危害：日后，当孩子长大成人、步入这大千世界时，就会在配偶的身上寻求同样盲目的柔情，万一找不到，便会转而对爱情和人生持相反的态度。刘墉在《萤窗小语》中也特别提到：原来这世上什么东西都有一定的限度，生长有限度、生死有限度、能力有限度。这限度，使万物能各守本分，各司其职；这限度也使我们能新陈代谢、世代交替。

劝说朋友，话不必说尽，只要心领神会；亲友小聚，饮不必求醉，只要欣然快意；做文章，句子不要太显，诡文而谲谏，寓言以讽喻，点景以生情，意味深长；为绘画，笔墨不必过周，以拙为巧，以空为灵，含不尽之意于画外，境界更见幽远。话到七分，酒至微醺，笔墨疏宕，言词婉约，古朴残破，含蓄蕴藉，就是不完而美之最高境界。[①]

亚里士多德说：任何人想要发火都很容易，但能够针对恰当的人、把握恰当的程度、在恰当的时间地点、因为恰当的目的、以恰当的方式发火，就不是每个人都能控制的，并且就不容易了。

子贡问孔子怎样与朋友相处，孔子说："忠告而善道之，不可则止，毋自辱焉。"（《论语·颜渊》）

余秋雨在《君子之妒》中说到：嫉妒也可能高贵，高贵的嫉妒有一条底线，那就是，像一位高贵勇士的蹙眉叹息，而不是一群烂衣兵丁的深夜混斗；像两座雪峰的千年对峙，而不是一束乱藤缠死名花。在嫉妒背后还保留着关爱他人、仰望杰出的基本教养。

在处理人与自然、人与人、人与自我心灵的多重关系中，应做到目标适度、发展适度、管理适度、劳逸适度、举止适度、心态适度。事实表明，有适度，才会有和谐、优美、有序、健康。

人生最美的状态亦是花未全开月未圆；是中国水墨画的留白；是"相见不如怀念"。

易经六十四卦：

火水未济（未济卦）事业未竟。未济：亨；小狐汔济，濡其尾，无攸利。

《未济卦》象征事未完成：经过努力可以得到亨通；小狐狸渡河快到对岸了，却浸湿了尾巴，则没有什么吉利。

《象》曰：火在水上，未济；君子以慎辨物居方。《未济卦》的卦象是坎（水）下离（火）上，为火在水上之表象。火在水上，大火燃烧，水波浩浩，水火相对相克，象征着未完成；君子此时要明辨各种事物，看到事物的本质，努力使事物的变化趋向好的方面，这样做则万事可成。未济同样是最美好的状态，因为一切都在上升中，永远有期待，永远有盼望。而处于完满状态的既济卦意味着新一轮的开始，花儿全开离凋谢就不远，月亮盈满就会有新一轮的残缺。正如《周易·乾》："亢龙有悔，盈不可久也。"

适度的原则在中国文化中的体现还在于中庸之道。"中庸"最早见于《论语》。孔子说："中庸之为德也，其至矣乎！民鲜久矣。"（《论语·雍也》）他的

---

① 刘墉：《不完而美》，《青年文摘》2017年4月下。

“五美”之说实际上也是讲中庸：“君子惠而不费，劳而不怨，欲而不贪，泰而不骄，威而不猛。”（《论语·尧曰》）

何谓“中庸”？据宋儒说，不偏不倚谓之中，恒常不易为之庸。儒家文化的这种中庸之道塑造了中国人的中庸之德，使中国人形成了中庸的思维与行为方式，处事作风和人格境界。《道德经》中的“为而不恃，功成而弗居”；《史记·越王勾践世家》中记载范蠡功成身退，狡兔死走狗烹，飞鸟尽良弓藏；又《淮阴侯列传》也如是说；李白《侠客行》中的深藏身与名；要实力高于知名度，做隐形冠军，不鸣则已，一鸣惊人。

米芾的书法“稳不俗、险不怪、老不枯、润不肥”，大概姜夔所记的“无垂不缩，无往不收”也是此意。即要求在变化中达到统一，把裹与藏、肥与瘦、疏与密、简与繁等对立因素融合起来，也就是“骨筋、皮肉、脂泽、风神俱全，犹如一佳士也”。飘逸超迈的气势、沉着痛快的风格；欲左先右，欲扬先抑，都是为了增加跌宕跳跃的风姿、骏快飞扬的神气，以几十年集古字的浑厚功底作前提，故而出于天真自然，绝不矫揉造作。

伊尹作为有莘氏女的陪嫁之臣来到商汤家中，作为庖人（厨师），趁商汤询问烹饪的事，他便说：烹调菜不能太咸，不能太淡，调好佐料才行；治国犹如烹饪，既不能太急，也不能松弛。只有恰到好处。然后就有了老子《道德经》的“治大国，若烹小鲜”这句话。伊尹是历史上第一个以负鼎俎调五味而佐天子治理国家的杰出庖人。他创立的“五味调和说”与“火候论”，至今仍是中国烹饪的不变之规。

面对现实人生很多具体的两极选择，人们试图有效地在对立的两极之间找到一个均衡的支点，并使对立双方归于统一。逆境时更要坚信自己的能力，顺境时不要过度高估自己。在生活实践中，守中、不走极端，成为古代中国人固守的人生信条。

“和实生物，同则不继”。“君子和而不同，小人同而不和。”“和”，指不同事物之间的搭配、融合、平衡达到最为圆满程度的一种状态。例如音乐，五音的高低疾缓臻于完美，就称为和；又如饮食，五味的多寡浓淡搭配得宜，也称为和；又如身体，阴阳之气平衡饱满，也称为和；又如德行，处事不刚不柔曰和，为古代五德之一。可见此种和的境界有三个特点。

第一，它是一种至善的状态；第二，它是由不同事物之间构成的一种完美的关系；第三，这多种事物在和合的关系中保持着原有的个性，而不必舍弃个性。

费孝通老先生在80岁寿辰聚会上，曾经意味深长地讲了一句16字箴言：“各美其美，美人之美，美美与共，天下大同。”我想，这是对中庸生活智慧的极好的阐释。

（三）人的本质是一切社会关系的总和

马克思说：“人的本质不是单个人所固有的抽象物，在其现实性上，它是一切社会关系的总和。”[①] 人生都有千面，每个个体也都是社会生活链条上的一个网上纽结。而每一个人自由全面的发展才是一切人自由全面发展的前提。我们要演好人生的多重角色就需要保证生命的长度，拓宽生命的宽度，坚守生命的硬度，追求生命的强度和力度，以及酣畅淋漓的状态，这同时是一种生命的自由状态。生命是一种行走，我们永远不知道出路在脚下的哪一步，我们只有不断地去探寻，一步一步走，一步一步扔。走出来的是路，扔掉的是负重。路越走越长，心越走越静，时刻谦卑，时刻低眉，才能修炼成精，静水深流。因而，每个生命个体都应该学会迷恋和感恩，学会如何守护童年的品行，如何小心翼翼地以虔敬之心看世界，向细微之物学习谦卑、忠诚、憧憬、虔敬和守朴，人只有恢复到谦卑，生命才能获得神性的支持，心灵才能生出竹节的高度与尊严，才能真正成为自己人生传奇的主角，让人生的每个侧面都华美，随时准备好在最佳的时机、最佳的状态下站到自己最靓的舞台上，让成功成为一种习惯。

朱德庸首次在作品中引入“灰色”成分，画面冲击力极强，在一贯的“朱氏幽默”中，加入对现代社会及现代人生存现状的思考，在刻画种种病态的画笔下，流露出一种大悲悯情怀，呼吁现代人简单下来，慢下来，拥有属于自己的步调，享受属于自己的“慢时尚”。

不管男人还是女人，在朱德庸的笔下，都是活生生的人，他对他们的感情是极为复杂的，既有爱，又有恨，既有希望，又有无奈，既有同情，又有批评。但总的来说，他的幽默是善意的、温暖的，比较接近有一种对幽默做温和理解的理论，一个叫托马斯·卡莱尔的人指出：“幽默的本质是通情达理；对一切存在事物的热忱而温存的同情。”加拿大幽默作家斯蒂芬·李科克也说：“幽默可被定义为对生活之不协调性的友善深思及对之的艺术性表达。”这些都可以视为对朱德庸漫画作品的一种概括，这种概括应该说是公正的。

---

① 《马克思恩格斯选集》第1卷，第56页。

秦始皇是中国历史上一位雄才大略的人物。他一生并天下、称皇帝、废分封、置郡县、征百越、逐匈奴、修长城、通沟渠、销兵器、迁富豪、车同轨、书同文、钱同币、币同形、度同尺、权同衡、行同伦、统一法度、以法治国、焚书坑儒。对于大一统的中国、对于中国皇权制度的创建起到了关键作用，对后世的中国和世界产生了深远影响。赞美他的人认为他是千古一帝，批判他的人则称他为专制独裁的一代暴君。

《独领风骚：毛泽东心路解读》中提到：毛泽东诗词是中国革命和战争的“史诗”。

就像诗人自己描述的那样，他的那些气贯长虹的诗词，如同一条五彩缤纷的长长画廊，把人们，也把毛泽东自己，引向中国革命和建设波澜壮阔的奇峰异景之中。毛泽东，在他的时代环境中，便是一个出色地兼具了常人看来难以相容的多重角色的人——他是学生运动的精英，是工人罢工的领袖，是农民运动的旗手，是富有魅力的宣传家。他是运筹帷幄的军事家，是吐故纳新的哲学家，是深谋远虑的战略家，是经济天下的政治家，是别具一格的书法大家，是豪放不羁的浪漫诗人，还是博览多识的学者。如果读懂了毛泽东的诗，便读懂了这片古老土地上堆积的沧海桑田，和在20世纪中国大舞台上演的悲欢离合；读懂了毛泽东激扬文字的青春，婉丽悲欢的爱情，运筹帷幄的决断，抑郁困顿的沉浮，坐地巡天的浪漫，风流人物的慷慨，乱云飞渡的从容。

四、辩证之美

马可·奥勒留在《沉思录》中说道：一些事物仓促降临，而另一些事物则飞逝而去；即使是那些刚刚降临的事物，其中有一部分也已经归于消亡。运动和变化不断地更新着这个世界，恰如连续性的时间进程在不断更新着岁月。

（一）矛盾的普遍性和特殊性

矛盾的普遍性，是指矛盾在空间上无处不在，在时间上无时不有。事物发展过程中不存在无矛盾状态。但矛盾都有一个逐步展开的过程。差异也是矛盾，它是矛盾的萌芽状态。承认矛盾的普遍性，是坚持辩证法的前提。

矛盾的特殊性是指每一事物的矛盾及每一矛盾的每一方面各有特点。不同的事物及其在不同的发展阶段，其内部对立同一的具体关系是各不相同的。矛盾的特殊性表现着事物内部矛盾及其运动过程的复杂性，世界上的事物运动之所以千差万别，就是因为各种事物内部的矛盾各有其特殊性。

中国传统哲学的辩证法思想中，关于矛盾的观点十分丰富。中国很早就提出了“一阴一阳之谓道”，“物生有两”，“一分为二”等命题。在《老子》中，就有关于阴阳、有无、大小、强弱、静躁、正反、生死、存亡、兴废、美丑、善恶、攻守、治乱、古今等相反相成的思想。在《孙子兵法》中，孙武提出了奇正相生的用兵思想，并对战争中的己彼、主客、虚实、奇正、利害、进退、攻守、勇怯、安动、久速、迂直、劳逸、众寡、强弱、胜败等一系列矛盾关系作了精辟的动态分析。

除了发现矛盾，中国先哲还对矛盾的特征作过深刻的揭示。《庄子·天下》记载的战国辩者的命题：“一尺之棰，日取其半，万世不竭。”是对矛盾无限性的揭示；老子提出的“反者道之动”、王弼概括的“物极必反”等都是对矛盾的辩证否定的深刻认识；方以智提出“合二为一”的命题，王夫之把“一分为二”和“合二为一”结合起来，深化了对矛盾辩证法的认识。

更可贵的是，中国先哲提出了“和而不同”“执两用中”等辩证思想。西周史伯提出：“尚和去同”；孔子又引申提出：“君子和而不同，小人同而不和”。这里的“和”指有差别的对立事物之间的和谐统一，“同”指不包含差别的二者绝对的同一。《易传》指出：“阴阳合德，而刚柔有体。”以后“合”就成为矛盾双方统一的用语。“和”“合”思想的提出是我国古代辩证法的发端。重视有差别的统一，强调适度、中和在中国儒学中得到了充分的发展。《中庸》把人的喜、怒、哀、乐等感情没有发作的时候，叫作“中”；发作出来而能都合乎礼节的叫作“和”。“中也者，天下之大本也；和也者，天下之达道也。致中和，天地位焉，万物育焉。”《中庸》还讲：“执其两端，庸其中于民。”“庸”在这里是“用”的意思。这就是“执两用中”的方法论。综合起来说，包括“中庸”在内的“和合”观念，充分表达了中国传统哲学对事物矛盾统一关系的多层面、多角度的认识和把握。它强调矛盾对立的中和，使两端都可以同时存在，都可以保持各自的特性，促进两端彼此互动、兼济、反应、转化，具有普遍的方法论意义。

尼采有句名言：“杀不死我的，只会让我更坚强。”塔勒布在《反脆弱》一书中所定义的“反脆弱性”，是那些不仅能从混乱和波动中受益，而且需要这种混乱和波动才能维持生存和实现繁荣的事物的特性。塔勒布一如既往地强调利用随机性、不确定性和混沌的重要意义。这种对随机性与不确定性的偏好被塔勒布称为“反脆弱”，就是要学会从冲击中受益和成长。诗人玛丽安·穆尔说：“无所节制常常替代了灼灼活力。”“顺其自然”听着轻松又简单，但真相的另一面是，有时顺其自然会让你遇上麻烦，本来遇上的只是一点涟漪，但顺其自然后就演变为滔天巨浪，那些潮水变得如此猛烈快速，让你比预期中更难控制，但就算一路上不断出现意外，最终也会带你走向需要抵达的地方。坎坷更能使意志顽强，才华横溢。正是中国革命的艰难曲折，造就了政治家毛泽东。正是革命战争的严酷悲壮，造就了军事家毛泽东。也正是战争生涯的惊涛骇浪，造就了诗人毛泽东。[①]

矛盾的普遍性和特殊性的关系就是共性和个性、一般和个别的关系。它们的辩证关系可概括为三个方面：

其一，矛盾的普遍性和特殊性、共性和个性、一般和个别之间是相互对立的，一般、共性只是同类个别事物的共同本质，这种共性、一般不可能包含个性、个别的全部内容和所有方面，一般只包含了个性、个别的某一方面、某些特点，任何事物的个性都比共性丰富。

其二，矛盾的普遍性和特殊性、共性和个性、一般和个别又是同一的，是相互联结、相互依存的，个性中包含着共性，特殊性中包含着普遍性，个性一定与共性相联结而存在；共性就存在于个性之中，普遍性存在于特殊性之中，共性、一般、普遍也只能通过个性、个别、特殊才能显示出来。

其三，矛盾的普遍性和特殊性、共性和个性、一般和个别的区分是相对的，它们在一定条件下是可以相互转化的。

例如，英国著名历史学家汤因比坚决反对历史学界盛行的根据国别研究历史的做法。他对人类历史发展的客观进程作出了整体性与综合性的考察，认为历史研究的基本单位应该是比国家更大的文明。应该把历史现象放到更大的范围内加以比较和考察，这种更大的范围就是文明。文明是具有一定时间和空间联系的某一群人，可以同时包括几个同样类型的国家。汤因比提出了一个他认为的适用于大多数文明及其演变的模式。他认为，人类各文明的存在和发展具有基本的一般规律。

《资本论》以英国作为研究的主要对象。马克思说：“这种生产方式的典型地点是英国。因此，我在理论阐述上主要用英国作为例证。”这是因为当时的英国是资本主义发展比较早和比较成熟的国家。但是，《资本论》所揭示出的资本主

① 陈晋：《独领风骚：毛泽东心路解读》，万卷出版公司 2013 年版。

义生产关系产生、发展和灭亡的规律，并不只限于英国，对于其他资本主义国家都是适用的。《资本论》第一版序言第5—9段就是说明这个问题的。马克思特别提出，对德国来说，“这正是说的阁下的事情。”当时，德国的资本主义虽然有了一定的发展，但在政治上封建贵族还占统治地位，在经济上还存在农奴制。因此，在德国，不仅存在着“现代的灾难”，即资本主义剥削，而且还存在“古老的陈旧的生产方式以及伴随着它们的过时的社会关系和政治关系”，不仅受“活人”即资本主义剥削，而且受“死人”即封建制度的剥削。“死人抓住活人”，即封建主义阻碍了资本主义的发展。所以，“不仅苦于资本主义生产的发展，而且苦于资本主义生产的不发展。”① 尽管德国和英国相比有这样的差异，但《资本论》所揭示的规律在资本主义发展程度不同的国家都必然发挥作用，“工业较发达的国家向工业较不发达的国家所显示的，只是后者未来的景象。”和英国相比，德国等欧洲大陆虽然还比较落后，但英国的变革到达一定程度后，一定会波及欧洲大陆。随着资本主义的发展，无产阶级革命不可避免。但是，这种革命是用暴动的形式还是用较少流血的和平方式，要由工人阶级的政治觉悟、组织程度和力量壮大等情况来决定。

在《论持久战》中，毛泽东同志以“中国必亡论”和“中国速胜论”做引子，针对这两种错误观点进行了驳斥并提出：“中日战争不是任何别的战争，乃是半殖民地半封建的中国和帝国主义的日本之间在二十世纪三十年代进行的一个决死的战争。”日本是一个强大的帝国主义国家，但它的侵略战争是退步的、野蛮的；中国的国力虽然比较弱，但它的反侵略战争是进步的、正义的，又有了中国共产党及其领导下的军队这种进步因素的代表。日本战争力量虽强，但它是一个小国，军力、财力都感缺乏，经不起长期的战争；而中国是一个大国，地大人多，能够支持长期的战争。日本的侵略行为损害并威胁其他国家的利益，因此得不到国际的同情与援助；而中国的反侵略战争能获得世界上广泛的支持与同情。这些特点规定了和规定着战争的持久性和最后胜利属于中国而不属于日本。

中国道路是立足于中国国情的社会现代化之路，它体现了中华民族实现自身发展的理论自觉和制度自觉，是一系列伟大的理论创新和制度创新。中国道路的哲学基础在于实践观点的思维方式、以人为本的价值关怀、整体主义的世界视野、社会发展统一性与多样性的矛盾升华。中国道路具有极其深远的世界历史意

---

① 马克思：《资本论》第一卷，人民出版社2004年版，第8—9页。

义：为世界经济发展做出巨大贡献、彰显人类文明发展的多样性、重塑社会主义的力量和形象、为人类文明新形态的产生做出独特贡献。

2014年5月21日，中国国家主席习近平在亚洲相互协作与信任措施会议上海峰会上发表题为《积极树立亚洲安全观，共创安全合作新局面》的主旨讲话，提出并全面阐述了共同、综合、合作、可持续的亚洲安全观，强调中国将同各方一道，推动在亚信基础上探讨建立地区安全合作新架构，努力走出一条共建、共享、共赢的亚洲安全之路。共同，就是要尊重和保障每一个国家的安全利益。不能一个国家安全而其他国家不安全，一部分国家安全而另一部分国家不安全，更不能牺牲别国安全以谋求自身的"绝对安全"。亚洲各国应该恪守相互尊重主权和领土完整、互不侵犯、互不干涉内政等国际关系基本准则，尊重各国自主选择社会制度和发展道路，尊重并照顾各方合理安全关切，把亚洲多样性和各国的差异性转化为推动和促进地区安全合作的动力。综合，就是要统筹维护传统安全和非传统安全的大局。合作，就是要通过对话、协商，促进各国和地区安全。可持续，就是要树立发展和安全并重的理念，以实现持久安全。①

矛盾的普遍性和特殊性、一般和个别、共性和个性对立统一的关系，是事物矛盾问题的精髓。经验主义夸大特殊性，否认特殊性之中包含着普遍性；教条主义夸大普遍性，否认普遍性存在于特殊性之中，这些观点都是片面的。

文化的共性与个性

"夫物之不齐，物之情也。或相倍蓰（xǐ），或相什百，或相千万。子比而同之，是乱天下也。巨屦（jù）小屦同贾，人岂为之哉？从许子之道，相率而为伪者也，恶能治国家？"（《孟子·滕文公上》）

梁羽生在《棋盘上的兵马》中谈到，国际象棋的马无"撬脚"，这也是和中国象棋不同的。马无"撬脚"，威力当然大些，不过加多一重限制，变化更加复杂。艺术上的趣味，往往是从既定的限制，而又能够在这约束之下尽量发挥得出来。比如律诗，中间四句是要讲究对仗的，假如取消这个限制，也就失去了律诗的趣味了。

苏丽媚的《竞争一定要火药味十足吗？》给了我们很好的启示：竞争一定要火药味十足吗？其实不一定。可口可乐与百事可乐两大品牌独占可乐市场，近年来，两家公司各自用幽默又搞笑的广告"互黑"对方，引发消费者的比较和讨

① 《解读习近平外交战略：从新安全观到亚洲安全观》，中国日报网，2014年10月9日，http://news.enorth.com.cn/system/2014/10/09/012189147.shtml。

论，大大地吸引了眼球。百事可乐的竞争对手并不只是可口可乐，还有其他饮料，但拉着对手一起宣传，更容易让顾客在挑选饮料时，直接忽略非可乐的类别，显然这是兼顾客竞争与双赢的聪明做法。[①]

“大英博物馆100件特展”中有一件展品，是一个木乃伊的内棺。虽然看起来是一个典型的埃及内棺，但仔细分析，它的木头其实来自黎巴嫩，上面黄金饰品的原料来自努比亚，沥青来自中东，它的青金石来自阿富汗，连上面埃及本土神的形象多来自两河流域，没有一件东西是埃及本土产的！而这一件展品身上从原料到思想都体现出“没有一种文明是不依赖于其他文明的成果而存在的”，而这也是此次特展的布展核心：以全球化的眼光来看人类的全部历史。[②]

各民族文化之间的共性，不仅表现在它们都是生存和发展的智慧，而且还表现在它们有着共同的发展方向和遵循共同的发展规律。人类实践活动的根本目的和动因，是为了通过对自然规律的把握，征服自然力，把自然界置于自己的控制之下，使之服从自己的生存和发展需要。这就是人的活动合规律性和合目的性的统一。卡西尔说：“人类文化的不同形式并不是靠它们本性上的统一性而是靠它们基本任务的一致性而结合在一起的。”人类这一基本的任务就是追求一个“最适合于和最无愧于人类本性的条件”的理想世界。这既是人类文化发展的方向，又是人类文化发展的动力。因此，尽管各民族文化由于发展的起始条件不同，在其后来的发展过程中呈现出多样性，甚至相互之间的差异很大，但在多样性中隐藏着共同的东西。在文化发展的过程中，这种共同的东西不断地显示出来，表现为各民族文化发展过程中的接近性，从而体现出人类文化发展的规律性。文化在其发展过程中所显示出的这些共性，为各民族文化间的交流、学习和借鉴提供了前提条件。

人类文化的个性表现为各民族文化之间的差异性。各民族的文化虽然有着本质上的共同性，但其差异性也是十分明显的。通过前述文化的定义可以看出，文化具有很强的民族性，它是民族间相互区别的标志。每个民族的文化都是独特的。民族文化的独特性表现在或者是某种文化因素是其他文化所没有的，或者文化的某个方面优于其他民族文化的相应的方面，或者具有互补性。文化作为实践活动的智慧，是一个民族在其独特的条件下的独特创造。

---

① 苏丽媚：《竞争一定要火药味十足吗?》，《青年文摘》2017年4月下。

② 《在博物馆里，你以为你看见的就是你看见的?》搜狐教育 新闻，http://learning. sohu. com/20170227/n481831775. shtml。

文化是人们生产和生活实践的智慧，这就决定了文化总是以民族文化的形式表现出来，每个民族的文化都有区别于他民族文化的特殊性。民族文化的特殊性是由民族所处的特殊的生存环境造成的，文化与实践的关系决定了任何文化都与创造该文化的民族所遭遇的生存环境有着密切的关系。因为特殊的生存环境需要特殊的智慧。任何生存和发展智慧都不是抽象的，它总是在具体的、在人与其所处的特定的生存环境的相互作用过程中产生的。丰富的自然形态，为各民族的原始祖先提供了不同的各具特色的生存环境。一个民族的生存环境包括它的地理位置、气候条件、地形地貌和生态条件。在种种自然条件中，最重要的是它可获得和可利用的生活和生产资源。可利用的资源及其特性，决定一个民族的物质生产特性，即实践活动的具体对象决定着人们所使用的生产工具及其发展的方向，决定着人们在生产过程中的结合方式，决定着人们的生活方式，造就着不同的文化。因为每个民族都会自觉地充分利用环境所“提供”的便利之处。在往来通达的地方，商业的发展总是要比为高山和海洋所阻隔的地方更迅速。所以在远古的时候，就有所谓商业民族、航海民族、农业民族和游牧民族。这并不是由于生产发展造成的民族分工，而是各民族在改造生存环境过程中由自然环境所决定的生产方式、生活方式。而正是这些不同的民族因地制宜的创造和发展的智慧形成了各具特色的民族文化。

世界各国历史有长有短，疆域有大有小，实力有强有弱，人口有多有少，民族的构成、宗教信仰、政权性质和经济结构也存在差异，而这种独有的特色，往往形成一个民族或者一个国家的性质，从而形成各不相同的饮食文化。西方人于饮食强调科学与营养，故烹调的全过程都严格按照科学规范行事。除了口感精致之外，用餐时酒、菜的搭配，优雅的用餐礼仪，放松的心态，餐具、酒具的正确使用都是进入美食的先修课。在中国传统文化教育中的阴阳五行哲学思想、儒家伦理道德观念、中医营养摄生学说，还有文化艺术成就、饮食审美风尚、民族性格特征诸多因素的影响下，中国人创造出彪炳史册的中国烹饪技艺，形成博大精深的中国饮食文化。中国饮食文化突出养助益充的营卫论，五味调和的境界说，奇正互变的烹调法，畅神怡情的美食观等属性，有着不同于西方饮食文化的天生丽质。

再如：提到“工匠精神”，我们也许首先想到的会是德国、瑞士、日本这些国家。其实，在我国古代，“工匠精神”也是非常突出的，有“精益求精”的成语，有鲁班、庖丁等“工匠精神”的典型。这说明，在人类的工艺设计和制造史上，不论区域和文化有着怎样的差别，在追求精致、卓越、精美、典雅等充分反映人类文化审美创造力方面，东西方基本上是一致的，因为它代表了人类追求极致和完美的美学理想。

基于文化的属性和发展的形态不同，东西方的“工匠精神”在具体的表现样式上，也存在着一定差异。相比较而言，东方文化（主要以中国文化为代表）侧重于对柔性要素的重视，在设计和制造上，为追求完美和极致，多强调不惜花费时间精力，反复揣摩，孜孜不倦，匠门意象，依天工而开物，观物象而抒臆，法自然以为师，毕纤毫而传神，既体现出一种精益求精的功能特点，也展现出一种典雅优美的审美特点。如在建筑上，中国传统建筑的设计和建造，在体现实用功能的同时，也追求天人合一的宜人性的审美功效。中国建筑文化注意内外环境的关联，向自然借景，以小见大，寓无限意境于有限的景物之中，与自然生生和谐，注重完整性、喜欢情节性，偏爱含蓄性，体现等级和秩序。而西方文化（主要以欧洲文化为代表）较为侧重对刚性要素的重视，在设计和制造上，非常强调对产品质量的高标准，要求必须确保每个部件质量的上乘，对产品采取严格的检测标准，无论是使用的材料、设计还是生产流程，都要求优质高效。①

华裔著名历史学家余英时先生 2006 年 12 月 15 日接受美国国会图书馆“克卢格人文与社会科学终身成就奖”时的演说很令人鼓舞：“道”的世界在中国的认知中一直与人的世界不远。但“道”的观念也是由轴心时代中国所有大思想家，包括老子、墨子和庄子所共享。如果历史可为指引，则中国文化与西方文化之间对基本价值似乎存在很多重叠的共识。

艺术的共性和个性

艺术是一种美的精神现象，它是以一定的物质为载体或手段，创造出一定的艺术形象来反映社会中的各类生活。其中显现出精神境界中的意蕴美，情感美是它的一大亮点，同时它也抨击各类社会的丑恶现象。在物质的手段中所显现的形式美和技巧美又是它另一大亮点，艺术表现的精美形式和技巧，显现出了人类对自然规律掌握的灵巧性，显现出必然中自由的美。一切种类的艺术都是凭着以上说的这样两大方面，在各类艺术家的创造下，以一定的内容与形式、技巧相结合形成为作品；又以一定的风格个性显露出千姿百态的艺术样式和情趣，共同表现出一个人类所向往的美的精神世界，这就是所谓的艺术的世界。在整个艺术世界

---

① 林人：《东西方的“工匠精神”存在哪些差异》https://www.douban.com/note/546860110/。

里，可以这样说，无论哪类艺术，都应该是这样，毫不例外，这就是艺术的共性。艺术的个性是由不同种类艺术所使用的不同物质表现手段所决定。

科学家群体的共性：科学家群体的评价不落俗套：科学家“……以探索自然奥秘构建知识体系为宗旨，以忠于客观事实遵从逻辑自洽为操守，平日在书斋中凝神静思，在讲坛上放言高论，在实验室寻踪觅迹，而一旦真理召唤的时候，又能以特有的胆略和勇气冒险犯难，甚至甘以身殉，不惜献出宝贵的生命。”

普林斯顿研究院灿若群星的科学大师，比如爱因斯坦、诺依曼、哥德尔、奥本海默、狄拉克、拉比、盖尔曼、戴森、玻尔、陈省身……他们的作品超越了他们的具体功绩，他们不受世俗羁绊，不为生计担忧，不用讲课授徒，不需述职尽责，这里唯一的使命，就是天马行空地思考。

回眸科学史，我们看到了太多的献身者远去的身影，怎么能够忘记每一位曾经奉献的科学勇士、科学英雄和科学先烈？从诺贝尔开始，经索尔维、卡文迪许、海尔、叶凯士、胡克、卡内基、哈佛、霍普金斯，最后到斯坦福、珍妮、史密森尼等一系列企业家和富豪，他们怎样倾囊中所有，捐资或集资办大学、办研究院，支撑着科学和科学家的进步事业？在这里，我们看到的不仅仅是对于财富的不同支配方式，也不仅仅是一种富有道德感的生存理念，更重要的是，作品让我们深切地感受到——科学属于全人类，是真正超越种族、超越政治和党派、超越意识形态纷争的，属于全人类共同理想和追求的崇高事业！于是，科学不再遥远。现代科学技术宏伟的思想知识体系，是人类文明史中最值得引以为自豪的财富，是人类心灵的最伟大的胜利。而关于科学的起源、发展和成就的故事，本身就是一首颂扬人类精神和思想的诗，因为它昭示出整个人类探索自然和自身奥秘的心路。①

（二）矛盾的共性和特殊性

每个时代都不乏这样具有审美自觉的人，但在魏晋南北时期这样的人最多。但我注意到，不论在什么时期，这样的人都呈现了一种扭曲的状态：最为放达、潇洒，但同时也承受了最大的苦痛。李白如此，苏轼如此，庄子又何尝不是如此呢？《海底两万里》中尼摩船长根据自己的设计建造了潜水船，潜航在海底进行大规模的科学研究，但这好像又不是他这种孤独生活的唯一目的。他躲避开他的

---

① 中国科技网，www. wokeji. com。

敌人和迫害者，在海底探寻自由，又对自己孤独的生活深深感到悲痛。魏晋名士崇尚个体的真性情，轻视礼教，蔑视披着道德外衣的虚伪庸俗之人："魏晋人以狂狷来反抗这乡原的社会，反抗这桎梏性灵的礼教和士大夫阶层的庸俗，向自己的真性情、真血性里掘发人生的真意义、真道德。他们不惜拿自己的生命、地位、名誉来冒犯统治阶级的奸雄和借礼教以维持权位的恶势力"。于是他们遭到统治阶级的排斥，"曹操拿'败伦乱俗，讪谤惑众，大逆不道'的罪名杀孔融；司马昭拿'无益于今，有败于俗，乱群惑众'的罪名杀嵇康"，于是他们中的一些人，如阮籍、刘伶，只能以佯狂或纵酒的姿态继续生活。宗白华称这是"真性情、真血性和这虚伪的立法社会不肯妥协的悲壮剧"①。

人生路途中，时而险象环生，时而诗情画意。面对自身的悲剧，魏晋名士又是从容的，嵇康在临行前神色不变，一曲广陵散绝响于人世："嵇康临刑东市，神气不变，索琴弹之，奏广陵散，曲终曰：'袁孝尼尝请学此散，吾靳固不与，广陵散于今绝矣!"李嘉诚说："鸡蛋，从外打破是食物，从内打破是生命。人生亦是，从外打破是压力，从内打破是成长。"也许，我们都应该问问自己：人生最大的未解之谜是什么？什么样的旅程能带来觉醒，使它们清晰？地球上什么能量能激活我们最想要的人生的改变？

最接近个体自由

努力整肃净化内心生活，人也许会获得超常的释放，还可以接触到先前隐匿的或是难解的心灵密码。这些有着审美自觉、以哲学和审美的状态生活的人，虽然承受着最大的苦痛，这种苦痛正源于审美的反思和观照，但由这反思和审美观照他们也获得了最深沉的宁静。带着这种苦痛和宁静的扭曲的精神状态，他们或许永远都不能获得理想中的自由，但却是最接近个体自由的一群人。正是这群人，为中国奉献了书法、田园诗，开启了山水画的视界，写就了丰富的美学论著。

季羡林先生在他的研究著作中指出：尽管泰戈尔也受到西方哲学思潮的影响，但他的思想的基调，还是印度古代从《梨俱吠陀》一直到奥义书和吠檀多的类似泛神论的思想。这种思想主张宇宙万有，同源一体，这个一体就叫作"梵"。"梵"是宇宙万有的统一体，世界的本质。人与"梵"也是统一体。"'我'是'梵'的异名，'梵'是最高之'我'。""人的实质同自然实质没有差别，两者都

① 宗白华：《论〈世说新语〉和晋人的美》，《美学散步》，上海人民出版社 2006 年版，第 223 页。

是世界本质‘梵’的一个组成部分，互相依存，互相关联。”泰戈尔以神或“梵”为一方，称之为“无限”，以自然或现象世界以及个人的灵魂为一方，称之为“有限”，无限和有限之间的关系，是他哲学探索的中心问题，也是他诗歌中经常触及的问题。泰戈尔跟印度传统哲学不同的地方是：他把重点放在“人”上面，主张人固然需要神，神也需要人，甚至认为只有在人中才能见到神。

季羡林先生还指出：“既然梵我合一，我与非我合一，人与自然合一，其间的关系，也就是宇宙万有的关系，就只能是和谐与协调。和谐与协调可以说是泰戈尔思想的核心。”泰戈尔认为“完全的自由在于关系之完全的和谐”。泰戈尔从这种哲学观点出发，宣传爱的福音，认为“真正增强文明的力量，使它真正进步的是协作和爱，是互信和互助”。不过，泰戈尔也并不否认矛盾的存在，他的思想里多少有些辩证法的因素，他承认自然、社会、人的思想都是在流转变化的。在泰戈尔的思想中，“韵律”占极高的地位，这是他的最高理想，最根本的原理，是打开宇宙奥秘的金钥匙。

我们这个时代的人，情绪变得很多，感觉变得很少；心思变得很复杂，行为变得很单一；脑的容量变得越来越大，使用区域变得越来越小。更严重的是，我们为了适应同一种时代氛围，强迫自己失去了自己。随着每个人的影响力增强，希望我们都会更负责任地运用明智的自利性和开放的互助性的完美融合。

不管男人还是女人，在朱德庸的笔下，都是活生生的人，他对他们的感情是极为复杂的，既有爱，又有恨，既有希望，又有无奈，既有同情，又有批评。但总的来说，他的幽默是善意的、温暖的，比较接近有一种对幽默做温和理解的理论，一个叫托马斯·卡莱尔的人指出：“幽默的本质是通情达理；对一切存在事物的热忱而温存的同情。”加拿大幽默作家斯蒂芬·李科克也说：“幽默可被定义为对生活之不协调性的友善深思及对之的艺术性表达。”这些都可以视为对朱德庸漫画作品的一种概括，这种概括应该说是公正的。

16 世纪西班牙侵略者到达玛雅时，他们发现了各方面高度发达的文明。当地人有非常先进的医疗系统和日历。他们用复杂的建筑学和铺好的道路修建了令人印象深刻的城市。他们是多产的艺术家，对数学和星相有深厚的理解。然而他们并没有制造或者使用有轮子的车辆，而这是 2000 年来世界上其他大部分地方的普遍现象。这种奇怪的分离状态与人生有某种相似。尽管通常来说人类有能力也很权威，但却疏于利用某种资源——某种让人的能力与权威更为深远的资源。

恩格斯说过，在希腊哲学的多种多样的形式中，差不多可以找到各种以后观点的胚胎、萌芽。根据古希腊人的生命观，人生由于饱受精神与肉身之间内在冲突的煎熬，面临如何缓解人的种种情感的问题。古希腊人既敬奉象征理智约束与静观世界的日神阿波罗，也爱戴象征纵情躁动与情感世界的酒神狄奥尼索斯。这两种代表人生与艺术的冲动，不约而同地融合在古希腊人的生命意识和审美意识之中。用尼采的话说，“现在奥林匹斯魔山似乎向我们开放了，为我们显示了它的根源。希腊人知道并且感觉到生存的恐怖和可怕，为了能够活下去，他们必须在它前面安排奥林匹斯众神的光辉梦境之诞生。我们也许可以如此设想这一过程：从原始的泰坦诸神的恐怖秩序，通过日神的美的冲动，逐渐过渡而发展成奥林匹亚斯诸神的快乐秩序，这就像玫瑰花从有刺的灌木里生长开放一样。这个民族如此敏感，其欲望如此热烈，如此特别易感痛苦，如果人生不是被一种更高的光芒所普照，在其众神身上显示给他们，他们能有什么其他办法来忍受这人生呢?”[①] 希腊人深思熟虑，独能感受最细腻、最惨重的痛苦，他们用这歌队安慰自己。他们的大胆目光直视所谓世界史的可怕浩劫，直视大自然的残酷，陷于渴求佛教涅槃的危险之中。艺术拯救他们，生命则通过艺术拯救他们而自救。因此，在古希腊人的生命意识里，理性的静观总是伴随着野性的冲动，深沉内在的快乐总是交汇着深沉内在的痛苦，日神冲动总是牵挂着酒神冲动。

日神文化表现为奥林匹斯众神的形象，与禁欲无关，尼采说：“这里只有一种丰满的乃至凯旋的生存。”面对可怖的生存，希腊人用奥林匹斯的艺术来克服和掩盖恐怖。

“树叶从树上飘零，终被秋风扫走，生命和它的美梦，终成灰土尘垢!”“我岂能相信，我会躺入丘坟，不再能啜饮，生命的芳醇?”“当钟声悠悠回响，我不禁悄悄思忖：我们全体都滚滚，奔向永恒的故乡。”——尼采

在奥林匹斯众神的明丽阳光下，人感到生存是值得努力追求的，而荷马式人物的真正悲痛在于和生存分离，尤其是过早分离。因此，关于这些人物，现在人们可以逆西勒诺斯的智慧而断言：“对于他们，最坏是立即要死，其次坏是迟早要死。”这种悲叹一旦响起，它就针对着短命的阿喀琉斯，针对着人类世代树叶般的更替变化，针对着英雄时代的衰落，一再重新发出。渴望活下去，哪怕是作为一个奴隶活下去，这种想法在最伟大的英雄也并非不足取。在日神阶段，“意志”如此热切地要求这种生存，荷马式人物感觉到自己和生存是如此难解难分，

① 尼采：《悲剧的诞生》，周国平译，三联书店 1986 年版，第 11—13 页。

以致悲叹本身化作了生存颂歌。在希腊人身上，“意志”要通过创造力和艺术世界的神化作用直观自身。它的造物为了颂扬自己，就必须首先觉得自己配受颂扬。所以，他们要在一个更高境界中再度观照自己，这个完美的静观世界不是作为命令或责备发生作用。这就是美的境界，他们在其中看到了自己的镜中映象——奥林匹斯众神。

狄更斯的《双城记》中有这样一段话：这是最好的时代，这是最坏的时代，这是智慧的时代，这是愚蠢的时代；这是信仰的时期，这是怀疑的时期；这是光明的季节，这是黑暗的季节；这是希望之春，这是失望之冬；人们面前有着各样事物，人们面前一无所有；人们正在直登天堂，人们正在直下地狱。当人类欢呼对自然的胜利之时，也就是自然对人类惩罚的开始。

黑格尔说：玫瑰灿烂绽放的瞬间并不逊色于高山的永恒。

五、从容雍容的超越之美

马克思说：搞哲学的人如果只从哲学的概念出发而不注意某种哲学的生命、它所要解决的问题、在它的哲学概念中包含的人的生活的内容，就不可能真正理解哲学本身，而只能把概念搞得非常抽象，并且只能老是在哲学概念本身里兜圈子。

1. 天人合一及与天地参

卫夫人似乎并没有教王羲之写字，却是把字拆开。卫夫人带领王羲之进入视觉的“审美”，只教他写这个“点”，练习这个“点”，感觉这个“点”。她要童年的王羲之看毛笔沾墨以后接触纸面所留下的痕迹，顺便还注解了四个字：“高峰坠石”。

她要这个学习书法的小孩去感觉一下，感觉悬崖上有块石头坠落下来，那个“点”，正是一块从高处坠落的石头的力量。

卫夫人的第二课是带领王羲之认识汉字的另一个元素，就是“一”。

认识“一”的课，是在广阔的大地上进行的。

卫夫人把王羲之带到户外，一个年幼的孩子，在广阔的平原上站着，凝视地平线，凝视地平线的开阔，凝视辽阔的地平线上排列开的云层缓缓向两边扩张。卫夫人在孩子耳边轻轻说：“千里阵云”。

“千里阵云”这四个字不容易懂，总觉得写“一”应该只去看地平线或水平线。其实“千里阵云”是指地平线上云的排列。云低低地在地平线上布置、排列、滚动，就叫“千里阵云”。有辽阔的感觉，有向两边横向延展张开的感觉。

就是在写水平线条时，如何让它拉开形成水与墨在纸上交互律动的关系，是对沉静的大地上云层的静静流动有了记忆，有了对生命广阔、安静、伸张的领悟，以后书写“一”的时候，也才能有天地对话的向往。

卫夫人给王羲之的第三堂书法课是“竖”，就是写“中”这个字时，中间拉长的一笔。

她教王羲之看“万岁枯藤”，在登山时攀缘一枝老藤，一根漫长岁月里长成的生命。孩子借着藤的力量，把身体吊上去，借着藤的力量，悬宕在空中。悬宕空中的身体，可以感觉到一枝藤的强韧——拉扯不开的坚硬顽固的力量。

“万岁枯藤”不再只是自然界的植物，它已成为汉字书法里一根比喻顽强生命的线条。“万岁枯藤”是向一切看来枯老，却毫不妥协的坚强生命的致敬。①

书法的美，一直是与生命相通的。卫夫人是书法老师，是生命的老师，更是我们所有人的老师。

2. 士不可以不弘毅，任重而道远

中国社会学的总设计师费孝通先生的使命和情怀给了我们非凡的启示：为中国农民找一条出路，是费孝通研究一生的大课题。他早年就树立了“志在富民”的理想，一生孜孜以求。他曾三访温州、三访民权、四访贵州、五上瑶山、六访河南、七访山东、八访甘肃、27 次回访家乡江村。他研究的大课题是：中国的穷人如何摆脱贫困走向富裕之路。他关心中国农村和少数民族的经济发展，关心农产品流通和农民增收问题，为中国农业和农村经济发展做出了重要贡献。他把领导工作与学术研究、社会活动密切结合起来，通过开展区域发展战略研究，进行“国是咨询”，将参政议政工作提高到一个新的水平。他利用一切机会接触社会变革的实际，深入探讨中国乡镇企业和小城镇发展问题、边区与少数民族地区发展问题、城乡关系问题、区域发展问题等，发表了许多具有广泛影响的论著，为推动社会变革，为改革开放和经济社会发展做出了重要贡献。1988 年，费孝通当选为第七届全国人大常委会副委员长，同年获《大英百科全书》奖。此后费孝通先后对中国西北地区、西南地区、黄河三角洲、长江三角洲、珠江三角洲、环渤海地区、中原经济协作区、淮海经济协作区、东北地区、京九铁路沿线地区

① 蒋勋：《卫夫人：王羲之的三堂书法课》，《解放日报》，2014 年 8 月 8 日。

等进行实地调查，代表民盟中央就所调查的每个区域向党中央、国务院提出既符合当地实际，又具有全局意义的重要发展思路与具体建议，为改善中国的生产力布局、形成全国一盘棋的协调发展提供智力支持。

《读者》2009年第4期中王国民的文章《每个生命都是一种行走》给了我们非同凡响的启示，故事通过对古巴著名的田径运动员、男子110米栏的世界纪录的创造者罗伯斯在北京奥运会前一次死里逃生的经历的描述，特别是经历带给他的成长启示，来让我们不断去发现和理解生命道路的选择及意义，认识事物发展的趋势和道路以及人类认识发展不断在曲折中前进的辩证实质。

罗伯斯是古巴著名的田径运动员，他被誉为古巴运动史上最伟大的英雄。他以12秒87的成绩，一举打破了刘翔所保持的男子110米栏的世界纪录。

然而很少有人知道，这位英雄在北京奥运会前，还经历了一次死里逃生。

生活中的罗伯斯对旅游情有独钟，他从小的理想就是进行一次环球旅行。但是因为训练和比赛，这一计划每次都被搁浅。

2008年5月，他认为时机终于到了。

背上厚厚的旅行包，他坐上了飞往埃及的飞机，他的第一站是金字塔，而最后一站是中国北京。如果不出现意外，他到北京后还能参加为期半个月的封闭训练。

下了飞机，他没有坐汽车，而是选择了一路小跑。凭借良好的身体素质，不出半日，他就前进了30英里。

中午，他简单地吃了一点干粮，给母亲报了个平安，准备继续前行。按照计划，他将在晚上6点到达金字塔。

然而，他没有料到，一股巨大的旋风竟然会在他身后500米外形成，并以箭一般的速度向他袭来，来不及思索，他本能地卧倒，但还是没能幸免。

半个小时后，他才从昏迷中醒过来，他被风带到了另一片沙漠里，地上一片狼藉，除了一瓶水和一些散落的饼干。更为糟糕的是，他迷了路，他不知道何时能走出眼前这一片浩瀚的沙漠。

吃了几块饼干，等身体恢复些力气，他开始起身。此时的罗伯斯清楚地知道，不管有多么艰难，他都必须走出去，否则他将永远没有在“鸟巢”一展雄风的机会了。为了节省体力，他不得不放慢速度。

下午，天气变得异常炎热，他渴得厉害，但他一直忍着，只有在感觉难以支持的情况下，才小心翼翼地打开水瓶，轻微抿一口水，然后，快速地盖上。

一个下午加一个晚上，他不知道自己走了多远，第二天天亮的时候，他依然看不到尽头，前后左右，都只有讨厌的黄沙相伴。

实在是支撑不住了，他就找个感觉稍微安全的地方躺下，一个小时后，他继续前进。累了就倒在沙子上睡会儿，醒来了就继续走，到了第三天下午的时候，他已经什么都没有了。为了生存，他不得不把自己的尿液装在瓶子里。至于吃，他只得寻找沙漠里那些仅存的稀有的小草，抹一把就塞进嘴里，如果能捡到骆驼拉下的干粪，此时，对他来说已经是最丰盛最美的晚餐了。

就是在这样恶劣的让人难以置信的环境里，罗伯斯整整坚持了10天，与炙热的气温搏斗，与随时席卷而来的龙卷风斗智斗勇。

在最后一天的行走中，他突然看见沙坡的对面有个巨大的湖泊。随着一声尖叫，他像狼一样奔过去。前面是一段水草地，他大踏步走过去，没意识到灾难再次来临。直到身体猛然往下面沉，他才慌了，但越是挣扎，就陷得越厉害。

他忽然想起小时候看过的电影中的情节，脑子立刻冷静下来。他尽量把身体舒展开，来减小身体的压强。5分钟后，他听到不远处有说话的声音。他大声呼叫起来，很快他就听到了对方的回答。

他得救了。他成为第一个经历了两场浩劫都能大难不死的明星。

在医院休整了两天后，他给父亲打了个电话。

面对闻讯而来的媒体，他深有感触地说："这10天比我20年的收获还要多，因为我学会了一步步地生活。我永远都不知道出路会落在脚下的哪一步，所以我只得向前，再向前。我至此才深深明白，其实，每个生命都是一种行走，坚持走下去，才会有出路！"

"士不可以不弘毅，任重而道远。"高贵必然陡峭，因为它卓尔不群的高度注定了它的艰难曲折，但是险象环生地一路攀越也最终能够到达制高点，也毫无疑问地证明：陡峭造就了高贵。生命是一种行走，我们永远不知道出路在脚下的哪一步，我们只有不断地去探寻，一步一步走，一步一步扔。走出来的是路，扔掉的是负重。路越走越长，心越走越静，时刻谦卑，时刻低眉，才能修炼成精，任你密雨斜侵，我只坐拥王城；在人生旅途中，成长从来都只是我们自己的事，每个人的人生轨迹都与众不同，也都会有自己的节奏，但或迟或早，都会成长出竹节的高度和尊严。

一个小孩，相貌丑陋，说话口吃，而且因为疾病导致左脸局部麻痹，嘴角畸形，还有一只耳朵失聪。为了矫正自己的口吃，这孩子模仿古代一位有名的演说家，嘴里含小石子说话。在他看来，每一只漂亮的蝴蝶，都是自己冲破束缚它的茧之后才变成的，他要做一只美丽的蝴蝶。经过不懈的努力，他终于能流利地讲话了。1993 年 10 月，他参加总理大选。他的成长经历被人们知道后，赢得了选民极大的同情和尊敬。他以“我要带领国家和人民成为一只美丽的蝴蝶”为竞选口号，高票当选为总理，并在 1997 年再次连任总理。他就是加拿大第一位连任两届的总理让·克雷蒂安。

内因是事物变化发展的根据，外因是事物变化发展的条件，外因必须通过内因起作用。生活中，有许多东西我们无法改变，比如低微的门第、丑陋的相貌、痛苦的遭遇，这些都是我们生命中的“茧”。但有些东西是人人都可以选择的，比如自尊、自信、毅力、勇气，它们是帮助我们穿破生命之茧，由蛹化蝶的生命之剑。

3. 超越敌意和恐惧去探索新的可能性

英国一家船舶博物馆收藏了一条船，这条船自下水以来，138 次遭遇冰山，116 次触礁，27 次被风暴折断桅杆，13 次起火，但是它一直没有沉没。伤痕累累依然勇往直前、百折不回、拒绝沉没，这是一条船的启示，这是一部戏的内涵，这是一个人的精神。大诗人朗费罗说：你的生命一如他人，每个生命都会下雨。要珍惜每一个可能的开始，热爱自己生活的全部；更要超越敌意和恐惧去探索新的可能性。所以，我们要学会迎接痛苦、医治痛苦、化解痛苦，让痛苦钙化，成为我们坚强生命的一部分。

经济学家蒙代尔年轻时曾先后在英国和美国读书，23 岁获得美国麻省理工学院哲学博士学位，其后在芝加哥大学做政治经济学博士后。在人们印象中，顶尖级的专家学者都是深居简出、不苟言笑的。然而，蒙代尔就习惯与人在酒吧里讨论经济问题。那时，在华尔街三一教堂近旁的米歇尔一号酒吧，经常出现四位奇装异服、落拓不羁的人物，他们就是蒙代尔和他学术上的伙伴拉弗、巴特利和万尼斯基。他们在酒吧聚会，享用美酒美食，晚餐后开始讨论经济学，时常通宵达旦。蒙代尔这种出格的研究方式，为自己招来了白眼和骂名。

他在校园教书的时候，也因长发飘飘，在课堂上嬉笑怒骂不修边幅而出名。他常常会独自一人通宵达旦看电视，甚至连续几天不出门，在家里拿着画笔在一面墙上乱涂乱画；在失意的时候，他甚至跑到意大利北部花巨资购买一幢建于 12 世纪、年久失修的古堡……

这位学界另类让人瞠目结舌甚至惊世骇俗的事情，一再发生。

一些学者写文章或者在演讲时猛烈抨击他“斯文扫地，自己不爱惜个人的面子，还让美利坚学者颜面尽失”。对此，蒙代尔总是一笑而过。他对家人和朋友说，他之所以要选择丢面子的做事方式，是因为那种做法易于激发他的灵感和潜力。为了有朝一日能获得属于一个经济学家的真正的声誉，他愿意不要面子。

这种特立独行的生活方式，让蒙代尔找到了适合自己的思考和研究路径，并最终成为世界级的经济学大师。他提出“通过大幅度减税和提高利率刺激经济增长”的思想，催生了美国历史上最长的经济增长周期。里根政府的一位智囊曾说：“里根总统和供应学派站在蒙代尔的肩膀上，打造振兴美国经济之路。”他所倡导的“区域货币一体化”，在今天已成为现实，这一理论直接催化了欧元的诞生，他因此也被誉为“欧元之父”。而他关于“最优货币”和“经济稳定政策”的理论，不仅奠定了开放经济中货币与财政政策理论的基石，至今仍是国际宏观经济学教学的核心内容。

对于这位人生中实现了激情与厚重、自我与外界、严谨与求新完美结合的经济学天才，学术界和媒体用得最多的一句评价是：“他哭过，他笑过，但是最重要的是要走自己的路……”这句话，正是他在 1999 年度诺贝尔奖颁奖典礼上唱的一句歌词。

蒙代尔自己也说过：“世界上哪些人最在意面子？当然是那些除了依赖面子找不到别的来证明自己的庸人。立志成大事的人，应该放下眼前的面子，寻找历史赋予自己的那一份无上的光耀！”

在上海举行的亚洲相互协作与信任措施会议第四次峰会上，中国国家主席习近平主持会议并发表题为《积极树立亚洲安全观 共创安全合作新局面》的主旨讲话。他强调，亚洲稳定是世界和平之幸，亚洲振兴是世界发展之福。和平、发展、合作、共赢始终是亚洲地区形势主流。我们应该积极倡导共同、综合、合作、可持续的亚洲安全观，创新安全理念。其内涵涉及政治安全、经济发展、文化互鉴、社会进步等多个层面。

4. 向死而生

“向死而生”是 20 世纪最伟大的哲学家海德格尔为人类生存意义所做出的哲学阐释，他说：理解了死，才理解了生。生命从降生的那一刻起就开始走向死亡，直到有一天到达终点，死亡始终如影子一样和生命一起成长。我们每一个人都“向死而生”，也正因为“向死而生”，生命才有了赋予其意义的必要，才有了一种力量。

泰戈尔对死亡有着超乎寻常的认识，他说："生命作为一个整体永远不会把死亡看得很严重，在死亡面前它欢笑、舞蹈和游戏，它建设、贮藏并相爱。只有当我们把个别死亡的事实同生命整体分离时，我们才会看到它的空虚并变得沮丧。我们忘记了生命的整体，死亡只是它的一部分，就好像是从显微镜中看一块布，它看起来像一张网，我们注视着那些大大的洞，由于想象而颤抖。但事实是，死亡并不是最终的真实，它看起来是黑暗的，有如天空看上去是蓝色的，但是死亡并不是变黑了的实体，正像天空并不在鸟的翅膀上留下它的颜色一样。"在泰戈尔笔下，死亡充满着诗情画意，令人心向往之。

《庄子·逍遥游》："北冥有鱼，其名为鲲。鲲之大，不知其几千里也。化而为鸟，其名为鹏。鹏之背，不知其几千里也。怒而飞，其翼若垂天之云。"这里的大和高是超乎想象的，它在想象力达到又达不到的地方。庄子向往鹏所代表的日常无法看见或经验到的宏大事物，也就是向往超越，向往无限。

例如在《庄子·逍遥游》中庄子对惠子讲到，"今子有大树，患其无用，何不树之于无何有之乡，广莫之野，彷徨乎无为其侧，逍遥乎寝卧其下。"面对同一棵大树，庄子不像惠子那样只想到大树长得不够规矩，不能制作成用具，他想到的是让大树成其为大树，在旷野上自由生长，而人卧在树下也可以做精神的自由漫步——灵魂的冥想。

《庄子》的《逍遥游》开辟了前所未有的"崇高"的美学境界，表现为无穷无尽的时空之美，无拘无束的人生之美，奇伟怪谲的艺术之美等。时空之美表现在他对时空的天才想象，表现他超越时与空，让时空无穷无尽的终极希望。无拘无束的人生之美表现为绝对自由的精神境界、心静无为的审美理念和推崇自然无为的审美观。奇伟怪谲的艺术之美表现为奇人怪事的奇特想象和抽象的哲理形象化。庄子的《逍遥游》不是命运在某个瞬间的馈赠，它是无待的，无待于风，无待于外在事物，它是自由自在的。正如王维《辛夷坞》里的芙蓉花："木末芙蓉花/山中发红萼/涧户寂无人/纷纷开且落。"芙蓉花到生命的成熟期自然地绽开了，它不是装扮好等候赞叹，插上标签待价而沽，开花、凋谢都是自己的事，不依赖人的肯定而更美丽，也不依赖人的鉴赏而更有价值。芙蓉花的完整圆满是不损不益、本来具足的，它和逍遥游一样"无待""自在"。天地从容，万物从容，人更要从容景行。光阴里的每一步全是修行，不自知间，都在自渡。柔性与刚强相辅相成。温柔的强者或顽强的弱者，是最让人讴歌的英雄。

亚信是亚洲覆盖范围最大、成员数量最多、代表性最广的地区安全论坛。习近平提出了亚洲安全观：加强亚信能力和机制建设，深化各领域交流合作，增强亚信的包容性和开放性，推动亚信成为覆盖全亚洲的安全对话合作平台，并在此基础上探讨建立地区安全合作新架构。中国将履行亚信主席国职责，同各方一道，进一步提升亚信地位和作用，携手开创亚洲安全合作新局面。

习近平强调，中国坚定不移走和平发展道路，始终是维护地区和世界和平、促进共同发展的坚定力量。中国和平发展始于亚洲、依托亚洲、造福亚洲。中国坚持与邻为善、以邻为伴，坚持睦邻、安邻、富邻，践行亲、诚、惠、容理念，努力使自身发展得更好以惠及亚洲国家。

当一个人把关注中心从自己转向家庭，他就超越了自私性；从家庭转向社群，他就超越了裙带关系；从社群转向国家，他就超越了狭隘主义；再转向所有人类，他就超越了大国沙文主义；转向天人合一，他就超越了世俗人文主义。人性就会“与天地参”。

5. 文化的“二律背反”

文化作为人类独有的创造，使人从自然界中凸显出来，成为万物的灵长。宇宙本身无所谓文化，文化的世界是人创造的，因而是人的世界。但就文化的本性而言，从产生之初它就存在着自我相关的矛盾性，存在着价值和意义上的混乱、模糊和不确切性。

例如，人类种五谷，织布帛，既可用来饱暖自身，又可用来侍奉鬼神。人类制造了各种武器，既可用来防身射猎，安抚万民；又可用来自相杀戮，并吞八荒，使血流成河，尸横遍野。人类的雕琢刻镂，锦纹绣饰，既可以审美怡情，又可以作为贵贱尊卑荣辱的象征。人类的典章制度，既可以广开教化，淳化习俗，修身齐家治国平天下，又可以在谈笑间使万千生灵涂炭，被扼杀于无形的绳索。人类创造了现代工业文明，享受着科技带给我们的日新月异，却也同时使自身陷入了对“物的依赖”，日益成为“单向度的人”。《知北游》在“外篇”中具有重要地位，对于了解《庄子》的哲学思想体系也较为重要。篇文所说的“道”，是指对于宇宙万物的本原和本性的基本认识。篇文认为宇宙万物源于“气”，包括人的生死也是出于气的聚散。篇文还认为“道”具有整体性，无处不在但又不存在具体形象，贯穿于万物变化的始终。篇文看到了生与死、长寿与短命、光明与幽暗……都具有相对性，既是对立的，又是相生、相互转化的，这无疑具有朴素的唯物辩证观。但基于宇宙万物的整体性和同一性认识，篇文又认为“道”是不可知的，“知”反而不成其为“道”，于是又滑向了不可知论，主张无为，顺其自然，一切都有其自身的规律，不可改变，也不必去加以改变。

凡此种种都表明，文化虽然是人的创造，但它一经产生便“不为尧存，不为桀亡”，人就生存于自己所建构的文化世界中。因而文化的这些“二律背反”，从根本上说，来自文化价值、功能上的矛盾性和不合理性。

文化本身是一个不断创造的过程，其价值和功能的矛盾性和不合理性也是不断变化的。有无价值，是否合理，也要视情境而定。例如，现代工业文明取得了很高的成就，但它在社会和谐方面有时可能还不如中世纪，甚至不如原始部落社会。原始社会用宗教、巫术、伦理、道德等简单的手段便解决了复杂的社会问题，而现代社会用极为复杂的手段却常常解决不了如偷盗、凶杀等并不十分复杂的问题。科技进步极大地推动了人类文明的发展，但当人们用这些科技制造各种大规模杀人武器并用于残酷的战争时，人类究竟是更文明还是更野蛮了？

文化的“二律背反”离不开作为文化主体的人的价值思维方式中的悖谬。按人的自然本性，人应是饥则食、渴则饮、喜则笑、悲则哭，但面对着貌似神圣和不可抗拒的文化世界，人们往往饥不敢食、渴不敢饮、喜不敢笑、悲不敢哭，甚至还要诚惶诚恐地对自己设定的神像顶礼膜拜。

那么，如何才能走出文化的这种“二律背反”呢？

首先，应当力求超越自我，追求自觉的理性思维。这种超越自我不是要完全否定自我的存在及文化的主体性，而是要超越自我短暂的欲望、目的和动机，追求自我价值理想和终极目标的实现。世人常常为芝麻绿豆、鸡毛蒜皮而争吵不休，甚至为一句话不投机，一时情面过不去而剑拔弩张；在日常生活中，为蝇头小利、一时是非而争高下，更是寻常事。这些都是狭小的文化视野所造成的非理性的表现。人要在理性上成熟起来，就必须超越这种局限性，确立更高的价值理想和目标，从而在利害冲突中做到“不以物喜，不以己悲”，在文化的价值悖谬中不丧失自我，在非理性的社会文化冲突中保持自我的主体性。

这种自我超越不是参禅，不是悟道，而是价值主体积极的自我实现。这是每个人在奋斗过程中的自强不息，是主客体的一致，是有我与无我的统一，是无私无畏的真正自由，是与天地合一的飘然自得，是“安得广厦千万间，大庇天下寒士俱欢颜，吾庐独破受冻死亦足”的恬淡。如果每个人都能达此境界，社会文化的理性化必将从成功走向卓越。

文化必须在交流、撞击、冲突中追求总的和谐。文化是人类的创造物，人类观念和实践的丰富性使文化现象气象万千。文化体系的开放，使得各种文化相互碰撞。也正因为如此，才有了多样性的统一，才有了浑然一体的音韵，才有了不同之中的和谐，才有了科学、艺术、哲学，才有了气度不凡的科学、艺术、哲学作品，才有了爱因斯坦、贝多芬、黑格尔！

自然界是人类文化存在的根基。文化作为人的内在超越和不竭创造的活动，必须是自觉协调人与自然关系和保持生态平衡的可持续发展的文化。只有把文化的人为程序和为人取向融合成人类的存在方式和实践行动，开辟人类及其文化全面发展的新纪元，才能真正摆脱文化的“二律背反”。

6. 人为程序和为人的取向的生生和谐

文化是人类的独有创造，人的世界总是文化的世界。文化不是人类生活的一种机能，而是人类生活所有机能的基础。它是内化于人的活动之中的，历史地凝结成的生存方式，是创造和实现某种自然中没有的程序的活动和过程，并且，文化不是一个固定的本质，而是一个创造的过程。从这层意义上说，可持续发展问题也就是“可持续文化”的问题。走向历史深处就是走向生活深处，更是走向文化深处。

（1）人—文化—和谐：一种研究框架

和谐，源自中华文化的“和”观念，略有三个义项：和睦协调；配合得匀称、适当；和解，和好相处。《咸有一德》：“其难其慎，惟和惟一。”记录的是对于和谐同心境界的向往，也写下求索这一目标的艰辛和应有的审慎。“和”的精神，是一种承认，一种尊重，一种感恩，一种圆融。“和”的基础，是和而不同，互相包容，求同存异，共生共长。“和”的佳境，是各美其美，美人之美，美美与共，天下和美。

“文明”一词，在我国古代经典中出现甚早。《周易·乾卦》：“见龙在田，天下文明。”又《尚书·舜典》：“浚哲文明，温恭允塞。”都以文明指称美好事物和社会发展的繁荣祥和，也将文明与治国方略和执政道德联系在一起。“经天纬地曰文，照临四方曰明。”文明，亦指文化的进步方面，是一种价值判断，既包括物质技术方面的成就，也包括建设方面的先进文化。在中国历史典籍中，文明与文化又常常同义互换，表达着政体的清正、政治的澄明和民生的康乐。

文化是人类非自然的存在方式，文化在本质上是人为程序和为人的取向的统一。文化的发展即人为程序和为人的取向的发展的统一。首先，从发生学的角度来看，从自然的进化中产生了人类的文化，文化的内容和形式都是对自然的超越。正如苏东学者所认为的那样：“文化是人造的第二自然（环境），在此环境中，人类以至于社会以及整个人类整体全面地展现着自身并取得发展”。其次，文化体现了人的内在超越性，因为人是能通过自身创造性的活动超越被给定性，不断向未来开辟新的可能性的自由存在物，即“人是宇宙中唯一能够‘是其所是’和‘不是其所是’的存在物，除人之外的一切存在归根到底都是‘是其所是’的东西。”文化体现了人的内在超越性和不竭创造性。最后，文化是人用其内在超越和不竭创造所表达的对自由和解放的追求，文化的实质是社会的生活方式，社会的文化即人的活动方式，文化是人的对象化的活动和人的活动的对象化的统一，它是人类生存与活动方式的有序化的基础，这种以自然的有序性为前提的社会有序性，意味着人类生存状态的有序性，也是如此，文化才可能得以持续发展。

研究表明：如果我们把一笔资金投入到一个佛教文化地区，生产效率可能不会太高，劳资摩擦成本也不会很大；如果我们把这笔资金投入到一个基督教文化地区，生产效率可能会增加，劳资摩擦的成本也会增大；如果我们把这笔资金投入到一个儒家文化地区，生产效率会很高，劳资摩擦成本会很低，但人际交易成本则会上升……。文化因而是在一张具有多重维度的辩证意识之网上攀缘。建议读者去阅读英国著名宗教学家凯伦·阿姆斯特朗以豁达恢宏的气度、悲天悯人的情怀、凝练优美的笔触描述的人类文明最辉煌的时代画卷——古代中国、印度、中东和希腊这四个高度文明的地区，是如何哺育出人类宗教和哲学传统的，中国的儒道思想，印度的耆那教、印度教和佛教，以色列的一神教以及希腊的哲学理性主义的形成过程及其当时错综复杂的社会背景。

还可以认真阅读被美国《新闻周刊》誉为“他已成为一位世界通哲，而与爱因斯坦、史怀哲与罗素并列”的出色的历史学家和出色的哲学家汤因比所写的12册巨著《历史研究》。他从哲学的视角思考宇宙人生和社会历史的诸多重大问题，有着丰富而深刻的历史哲学思想，这位现代西方“思辨的历史哲学”讲述的世界26个主要民族文明的兴起与衰落，被誉为“现代学者最伟大的成就”。汤因比十分看重中国在历史上和未来的作用，对中国充满了期待。他不仅对中国的历史和文化大加赞赏，而且很盼望并认为中国一定能够在未来对世界在政治上和精神上的统一做出主要贡献。汤因比很欣赏中国长久保持国家统一的政治与文化传统——尽管历经两千年的改朝换代，但直到现在仍然保持着政治和文化的统一。他认为在全世界找不到第二个这样的大一统的局面。在汤因比看来，19世纪是英国人的世纪，20世纪是美国人的世纪，而21世纪将是中国人的世纪。当然，值得强调的是，汤因比说 21 世纪是中国人的世纪，主要是指中国的文化尤其是儒家思想和大乘佛教引领人类走出迷误和苦难，走向和平安定的康庄大道。他认为以中华文化为主的东方文化和西方文化相结合的产物，将是人类未来最美好和永恒的新文化。像汤因比这么期待中国对世界的和平、统一和发展发挥作用的西方思想家寥若晨星。

对人类历史发展的客观进程作整体性与综合性的考察会发现，传统意识与现代意识，民族意识与人类意识，地方意识与全球意识，历史意识、现实意识与未来意识，价值意识与理性意识，对抗意识与合作意识，认识、情感与意志等之间充满多重维度的交错与紧张，文化力图在其间取得平衡，取得突破，将相互冲突的因素转变为以“多元一体”为特征的人类和谐文化发展的广阔前景。

在文化的视域中，物质文化、制度文化、精神文化或经济文化、政治文化、思想文化等共同构成人类文化的统一整体；它们之间的关系不再是文化与非文化之间的关系，而是社会文化整体内部诸种文化之间的关系，是社会各领域的内在统一。从根本上说，社会秩序是由文化程序规定并由文化取向引导的。“文化的社会功能在于使不断变动的人的行为和社会生活合理化、有序化和有效化，不致使人的行为和社会生活由于过分随意、无序、低效而难以为继”。从文化的角度理解人的整个生活，包括对自然、社会、历史和人生的理解，有助于调整和改变人们的认识和实践，获得一种广阔深厚的人类文化自我意识，进而积极创造一个更文化的和谐的世界和人生。

（2）反文化——本质的遮蔽和实践中的偏狭

但在文明、有序的人类社会生活中，存在着大量无序的、不和谐的现象。李丽同志将这些现象定义为人类文化发展中误入歧途的、对文化提出挑战的反文化现象。她认为，人类面临着史无前例的大量危机。从根本上看，这些危机是“文化的危机”。文化的危机是危机的“文化”对社会、文化、人类的危害及其造成的各方面混乱的结果，危机的“文化”实质上就是反文化。反文化是隐蔽在社会的各种危机背后的最终根源，是各种危机的基础层面。李丽同志从哲学角度考察了反文化现象的实质，形成了一种对“反文化”的思考视域，这是对文化定义的具有开创意义的理解和有力的反证。进而，她又对反文化的品质进行了深入的探讨，指出反文化是一种普遍性、规律性的存在，鲜明地表现出与文化相反的品质：如功能的减序、增熵，程序的劣化，价值取向的自发以及非理性、非逻辑性。认为，文化“返祖”、文化“忘本”、文化“异化”和文化的“非法链接”，是现实生活中反文化倾向的四种典型模式。这些认识是对人类社会反文化现象的开创性的梳理，是对文化二律背反的根源的建设性的诠释。加强对反文化的研究，必将使我们更好地认识社会生活，推进文化研究的深入。

在这个意义上，文化研究应将文化与人类生活其他维度相合并，文化不是人类生活的一个方面，它不是人类生活的一种机能，而是人类生活所有机能的基础。文化展现了人类生活的深层，它是内化于人的活动之中的，历史地凝结成的生存方式。必须正视，社会发展必然有其文化诉求，人类文化的发展也会面临困境。

反文化作为文化的对立面，既有与文化共同的一些特征，如累积性、传承性等，同时更鲜明地表现出与文化不同的品质。首先，从指向性上看，文化与反文化表征着“进”与“退”、“增序”和“减序”、“减熵”和“增熵”不同的指向。其次，从活动步骤上看，文化和反文化表现出自身程序的优化和劣化的不同趋向。再次，从价值取向上看，文化价值取向的提升与反文化价值取向的堕落是完全相反的。最后，从程序与取向的关系看，文化作为程序与取向是理性的、逻辑的统一，而反文化的程序与取向却是非理性、非逻辑的断裂。文化是“相对稳定的人为的程序和为人的取向的统一”。上述四个方面归结起来，就是反文化之本质：减序、增熵。除了这种本质特征外，反文化还有大量的非本质特征。比如，反文化生成方式的渐变：从生成方式上看，不管哪种因素决定的反文化都不是一次生成的，而往往要通过持续的转换、变构才能敞露其本性；反文化表现的混杂：从信息角度看，既带有大量的文化信息，掺杂着历史真实的因素，又有大量模糊的、不确定的虚构成分；存在形式的“伪形”：反文化一般都披着文化的外衣，以文化的名义出现，而文化的外形不过是为自身的立足所采取的似是而非的表现手法。所有这些提法都对我们在全球化背景下，在多种文化模式和文化精神相互交汇与相互冲突的文化景观中，进一步深化对人的深层文化本质及其变迁进行自觉的理性反思这一文化研究的重要任务提供了新颖的解读视阈。

人之伟大，就在于人因其文化属性而成为被“矛盾精神”推动的自我超越和价值创造的存在，永恒超越和不竭创造成为人的固有本性，并以这种本性实现着对生活价值的信念和自由解放的追求。在我们努力挖掘文化的构建性意义的同时，我们也应把关注的视野投向文化的解构性的另一面，即在对文化做出种种解释的努力中，不能自觉或不自觉地“遗忘”了反文化这一重要视域，因为研究反文化也正是文化研究的题中应有之义。

文化作为人类独有的创造，使人从自然界中凸显出来，成为万物的灵长。宇宙本身无所谓文化，文化的世界是人创造的，因而是人的世界。文化虽然是人的创造，但它一经产生便“不为尧存，不为桀亡”，人就生存于自己所建构的文化世界中。就文化的本性而言，从产生之初它就存在着自我相关的矛盾性，存在着价值和意义上的混乱、模糊和不确切性。

文化本身是一个不断创造的过程，其价值和功能的矛盾性和不合理性也是不断变化的。有无价值，是否合理，也要视情境而定。例如，现代工业文明取得了很高的成就，但它在社会和谐方面有时可能还不如中世纪，甚至不如原始部落社会。原始社会用宗教、巫术、伦理、道德等简单的手段便解决了复杂的社会问题，而现代社会用极为复杂的手段却常常解决不了如偷盗、凶杀等并不十分复杂的问题。科技进步极大地推动了人类文明的发展，但当人们用这些科技制造各种大规模杀人武器并用于残酷的战争时，人类究竟是更文明了，还是更野蛮了?

文化的“二律背反”离不开作为文化主体的人的价值思维方式中的悖谬。因而，从哲学视域对文化与反文化同时进行读解和诠释，着力于现实实践的价值检讨，着力面向未来，展示文化研究的中国特色，这也是社会主义先进文化与和谐文化建设的重要特征。

（3）文化的和谐使命——文化与人的双向建构

真善美的统一才是和谐之境，是人类文化的不懈追求。但“从来还没有哪个社会的居民设计出最佳或完美的手段来利用环境，因此，如果说一个社会的所有成员都一致同意如何去最佳地利用环境，那恐怕也是不可能的。迄今为止还没有一个社会的居民宣布过所有成员的需要都得到了满足。所有社会，包括人们最健康、幸福和长寿的社会，都仍有改进的余地，都可以再增进健康和安全，进一步提高生活的满意度。现在还没有完美的社会，理想的适应——只有完善程度的高低之分。人们都在调整自己的生活方式以求生活得更好，但是谁也没有创造出最佳社会。人们不仅会犯错误以及在应付生态环境的过程中作出错误的判断，而且往往为追求自己的利益而损害别人的利益，往往宁愿保持老的习惯而不肯弃旧图新。文化可以是有适应性的，但永远也不会在这一点上尽善尽美。”

和谐是文化与人的双向建构，它不外乎是内心和谐与外部和谐的统一。

首先，内心和谐应当力求超越自我，追求自觉的理性思维

这种超越自我不是要完全否定自我的存在及文化的主体性，而是要超越自我短暂的欲望、目的和动机，追求自我价值理想和终极目标的实现。人要在理性上成熟起来，就必须超越狭小的文化视野所造成的非理性的局限性，确立更高的价值理想和目标，在文化的价值悖谬中不丧失自我，在非理性的社会文化冲突中保持自我的主体性。

和谐不仅是一个社会向成熟境界的修炼目标，也是公民内心的修炼目标。正如季羡林提出的“内心和谐”。“内心和谐”应该是什么样？它无外乎一个人内心对欲望、名利、权力、他人、家庭、社会、祖国、自然、世事的宁静与平和。它对应的是心灵世界的物化的杂乱、纷争与纠缠。

伟大的理念支配人去从事与之相匹配的事业。内心和谐注定是公民社会公民的终极修炼和至高境界。如果没有内心的和谐，社会的和谐注定也只是空中楼阁。美国宪法之父詹姆斯·麦迪逊指出：如果人都是天使，就不需要政府了，如果是天使统治人，就不需要对政府有任何外来的或内在的控制了。但人毕竟“一半是天使，一半是野兽”。所以，提升公民的内心和谐，才会有社会的终极和谐。

内心和谐更是一个理想化的公民社会愿景。它的重要意义在于，它让我们找到了修炼的方向、找到了完善与发展自己的最大界面，实现超越既定的自我，实现公民品质的升华，让生命惬意地、美丽地行走于社会。

其次，外部和谐是立体的全方位的和谐

和谐文化要求使人类文化的精神方面与物质、制度方面，人类文化的思想方面和实践方面更有机地结合起来，从而使人更好地理解和把握人类文化现象上的整体性和本质上的一致性。在此基础上，我们更能理解人类社会生活的文化实质、社会功能和文化的和谐使命。

今日世界，尽管和平与发展仍然是时代的主流，但文明冲突、地区纷争、霸权主义、极端主义、恐怖主义盛行，依然是有序、和谐的文明进程中的反序、无序的“噪声”。

今日中国，正在努力构建和谐社会，对外奉行以邻为善、和平共处的睦邻友好政策，对内积极推进祖国和平统一的大业。中国的发展是和平的发展，中国的崛起是和平的崛起。

如胡鞍钢指出的那样，中共十六届六中全会的“和谐哲学”内涵相当广泛，不仅包括人与人之间、企业与企业之间、人与自然之间、家庭内部成员之间的和谐，还包括国内和谐、和谐亚洲、和谐世界以及周边国家以和为贵、睦邻友好的和谐思想。

统筹城乡发展，统筹区域发展，统筹经济社会发展，统筹人与自然发展，统筹国内发展和对外开放，就是指这五个方面的结合、兼顾、并举、协调与和谐。

我们化解社会矛盾，妥善处理不同利益群体之间的利益冲突，维护社会稳定，实现社会和谐，就是借鉴和吸收中国和谐文化的有效资源，对社会呈现出的利益主体多元化、利益来源多样化、利益差别扩大化、利益关系复杂化、利益表达公开化、利益冲突尖锐化的局面，坚持顾全大局、疏导为主、互相协商、公平竞争、合理分配、瞻前顾后、普遍受益、改革成果与改革代价共同承受的原则，努力寻求兼顾各方面利益关系的最佳结合点，把各方面的积极性都充分调动起来，促进社会稳定发展。

我们维护祖国统一，反对分裂，实现中华民族包括海外侨胞的大团结，是发挥了中国“和”文化中关于“民胞物与”“上善若水”“四海之内皆兄弟”的思想和情怀。与世界多元文化的交流与对话，是在发掘中国“和”文化历来主张“协和万邦”的开放性和包容性的优势，缓解冲突点，缩小分歧点，扩大共同点。

英国哲学家罗素早在20世纪30年代就预言：“中国至高无上的伦理品质中的一些东西，现代世界极为需要。这些品质中我认为和气是第一位的。”这种品质“若能够被全世界采纳，地球上肯定比现在有更多的欢乐祥和。”如果说民主、法制是西方思想的精华，那么和谐社会则汲取中华传统哲学思想精华并将其现代化，体现了中国特色和民族品格。同时，和谐文化也是对中国现在所面临发展挑战的积极、主动、理性的响应。在全球化深入发展的当代，文化“美美与共”才能使人、自然、社会之间真正实现生生和谐。

“为了一个民族的梦想，我们从1840年的海面出发；为了一个不变的追求，我们在岁月深处写下光荣。《复兴之路》围绕千年巨变、峥嵘岁月、中国新生、伟大转折、世纪跨越、继往开来六大主题，反映自1840年以来，中国艰难曲折的民族振兴之路和中国人民在中国共产党领导下所取得的伟大成就。在全球视野下展现中国道路之抉择，在全景历史中浓缩了中华民族复兴的历程。”

1900年，甲午战争失败5年后，列强再次侵入北京，这一次是8个国家的铁蹄，整个中国仿佛都被撕裂了。1901年9月7日，清政府与11国政府签订了《辛丑条约》。从1840年鸦片战争至此，清政府的战争赔款总额高达7.245亿两白银，帝国主义列强强迫中国政府签订的各种不平等条约总数达几百个之多。清王朝已经完全沦为一个对内不能保护国民尊严，对外不能捍卫国家主权的腐朽没落的政府。20世纪的中国，一个声音变得越来越响亮，那就是革命。1911年4月27日，黄兴率领120余人在广州起义。广州起义半年后，1911年10月10日，武昌起义爆发。大清王朝土崩瓦解了。

辛亥革命是比较完全意义的资产阶级革命，是中国人民为救亡图存，振兴中华而奋起革命的一个里程碑，使中国发生历史性巨变，中国人民思想也由此获得一次巨大的解放。然而，辛亥革命又是一次不彻底的革命，中国仍旧在帝国主义、封建主义的压迫之下，反帝反封建的革命任务并没有完成，在接下来的岁月中，谁能完成反帝反封建的历史使命，谁能让中国人过上有尊严的生活，中华民族的伟大复兴还将经历怎样的艰难曲折，才能找到一条正确的道路呢？

然而要辨明历史的正确走向，就必须以科学的理论为指引。即如片中所言，鸦片战争后，随着帝国主义侵略的扩大，民族危机日益加剧，中国出现了千年未有的变局。这时，各种思潮交相激荡，主义之争此起彼伏。尊孔崇儒者欲引导中国“走孔子之路”；自由主义者、全盘西化派既不满专制复古，又排斥马克思主义，寄希望于走欧美资本主义的道路。地主阶级和买办资产阶级封杀马克思主义，企图用封建的法西斯主义主宰“中国之命运”。而毛泽东在《新民主主义论》中开宗明义，首先指出了“中国向何处去”这个关键问题。可见，这思想的较量，主义的斗争，其实质是不同的历史走向之争，是中国发展道路的选择之争。

100多年来，民族复兴成为中国人民的执着追求。“你的国家在人群中就是你的名字、荣耀和代号。把你的思想、建议及血液都献给她，把她复兴起来，使她就像先烈先贤所预言的一般伟大。”这是意大利著名思想家马志尼的一句名言。在新的历史起点上，在种种挑战与危机中，中国文化面临的还是“接着讲、讲什么、怎么讲”的问题。社会主义现代化建设、社会文化及全球自然科学发展的现实是实现理论创新的源头。科学的理论只能在正确的社会实践中产生，“中国梦”的实现必须充分结合社会主义现代化建设实践这个最大的现实。

中华优秀传统文化的文化基因博大而精深，“以国为国，以天下为天下”的爱国情操，“天下大同”的人类情怀，“修齐治平”的心性修养，“天人合一”的境界追求，“民惟邦本”的政治理念，“民贵君轻”的民本思想，“和合”的美好理想等中华优秀传统文化蕴涵着丰富的哲学思想、人文精神、教化思想和道德理念。这些思想、精神、追求和理念历久而弥新，在不断地创造性转化和创新性发展中与当代文化相适应、与现代社会相协调，展现出巨大的文化光辉，焕发出强大的文化生命力，是中华民族最独特的性格气节、最深层的精神追求和最根本的文化基因，可以为人们认识和改造世界提供有益启迪，为治国理政提供有益启示，为道德建设提供有益启发。正因为有着如此强大的文化基因，中华民族能够在世界文化激荡和世界民族先进之林中充满坚定的文化自信。

文化自信源于在党和人民伟大斗争中孕育的革命文化所迸发的持续文化动力。不忘初心，方能继续前进。实现中华民族伟大复兴就是这个初心。中国共产党成立90多年以来，在马克思主义先进理论武装下，顺应历史潮流、勇担历史重任、敢于作出巨大牺牲，从新民主主义革命到社会主义革命与建设，领导中国人民打败了压在自己头上的各种反动派，使中华民族改变了被压迫、被奴役的命运，整个国家实现了团结统一和繁荣富强。党和人民在伟大斗争中孕育出了一种改天换地、不畏艰险、勇于牺牲、敢于担当的革命文化。这一文化迸发出生生不竭、代代不息的文化动力，激励着一代又一代的中国共产党人领导中国人民矢志不移、不断前行。正如习近平总书记所指出："一切向前走，都不能忘记走过的路；走得再远、走到再光辉的未来，也不能忘记走过的过去，不能忘记为什么出发。面向未来，面对挑战，全党同志一定要不忘初心、继续前进。"

社会主义现代化建设、社会文化及全球自然科学发展的现实是实现理论创新的源头。科学的理论只能在正确的社会实践中产生，发展当代马克思主义必须充分结合社会主义现代化建设实践这个最大的现实。"中国梦"是在人的现实活动和生存状态中理解人本身，在生活世界中进行着思考和建构，这种真正源于生活的统一性思想仍是国家强盛、人民幸福的精神条件，它将实际地参与生活世界的创造性发展和进步。在当代语境中，"中国梦"为中国人民提供着一种切实而高远的人生意境，同样也为我们走出困境提供着理论智慧。"中国梦"昭示了一种内在超越，不竭创造的人生意境，并以这种人生态度表达了人类对生活价值信念与自由解放的追求。"中国梦"正是从生活深处引出理想，她植根于对现实生活的终极关怀，并为当代中国人民提供了超越现实生活的理想境界。进而言之，她承诺社会基本道德生活或日常道德生活的淑世伦理问题，因而她能为广大成员所认可、接受和践行。

我们坚信，拥有 90 多年历史的中国共产党正在并且会持续地以自己的实践证明马克思主义的正确性。对马克思在当今中国也是对的最强有力的证明是中国共产党在马克思主义指导下带领中国人民所取得的伟大成就。站在新世纪的临界点上，联合国环境与发展大会的精神应是我们的共识，那就是：让我们共同忧患，共同关切，共同努力，在反思自我与改进实践中创造共同的未来！

第五章　道不远人，真理就存在于朴素而真实的生活中

这世上有两样东西，我们越是反复思索它，它就越往我们的内心灌注以时时更新的令人敬畏的内容，它就是头顶灿烂的星空和胸中崇高的道德。

——伊曼努尔·康德

柏拉图和亚里士多德都认为，哲学开始于惊异，即惊奇和疑惑之感。亚里士多德有一句名言："哲学起源于对世界的惊奇。"这被很多哲学通论作为重要的观点。"赴死的苏格拉底，作为一个借知识和理由而免除死亡恐惧的人，其形象是科学大门上方的一个盾徽，向每个人提醒科学的使命在于，使人生显得可以理解并有充足理由。"苏格拉底是科学秘教传播者，是世界历史的转折点和旋涡。"从苏格拉底开始，概念、判断和推理的逻辑程序就被尊崇为在其他一切能力之上的最高级的活动和最堪赞叹的天赋，甚至最崇高的道德行为，同情、牺牲、英雄主义的冲动，以及被日神的希腊人称作'睿智'的那种难能可贵的灵魂的宁静，在苏格拉底及其志同道合的现代后继者们看来，都可由知识辩证法推导出来，因而是可以传授的。"① 黑格尔也认为：哲学是一种特殊的思维运动，哲学是对绝对的追求。"哲学以绝对为对象，是一种特殊的思维方式"（黑格尔《小逻辑》）。爱因斯坦这样谈论哲学：如果把哲学理解为在最普遍和最广泛的形式中对知识的追求，那么，哲学显然就可以被认为是全部科学之母。18 世纪德国著名浪漫派诗人诺瓦利斯说：哲学是全部科学之母，哲学活动的本质原就是精神还乡，凡是怀着乡愁的冲动到处寻找精神家园的活动皆可称之为哲学。笛卡儿在《第一哲学沉思集》中说：我是什么？一个思想的东西。什么是一个思想的东西？它是一个能够怀疑、理解、肯定、否定、意愿、拒绝，同时还能想象、感觉的东西。冯友兰

---

① the birth of tragedy，1872.

在《中国哲学简史》中提出自己的哲学定义：“就是对于人生的有系统的反思思想”。中外哲学的产生皆起源于疑问。西学东渐哲学进入中国后，学界发生了中国本土文化中有无哲学的论争。认为中国有哲学的人把哲学定义为：关于宇宙和人生的基本思想。胡适在他的《中国哲学史大纲》中指出：“凡研究人生且要的问题，从根本上着想，要寻求一个且要的解决”，这样的学问叫作哲学。恩格斯在 1886 年写的《路德维希·费尔巴哈和德国古典哲学的终结》一书中第一次对此作出了明确表述。它的提出，为区分唯物主义和唯心主义两种对立的哲学体系、哲学派别以及对它们的客观评价提供了标准。

一、“真理”与“自由”的追求

天地有大美而不言，四时有明法而不议，万物有成理而不说。圣人者，原天地之美而达万物之理。是故至人无为，大圣不作，观于天地之谓也。天地具有伟大的美但却无法用言语表达，四时运行具有显明的规律但却无法加以评议，万物的变化具有定规但却用不着加以谈论。圣哲的人，探究天地伟大的美而通晓万物生长的道理，所以“至人”顺应自然无所作为，“大圣”也不会妄加行动，这是说对于天地作了深入细致的观察。

杨振宁先生认为，物理学对于宇宙结构的了解，最后的最后就是一组方程式——牛顿的运动方程式、麦克斯韦方程式、爱因斯坦的狭义和广义相对论方程式、狄拉克方程式和海森伯方程式等。空间上大到一个星云、小到基本粒子内部，时间上长到 100 亿年，短到 10 的负 28 次秒，这么广大的空间，这么广大的时间，都受着这几个方程式的控制，这就是一种大美，庄严感、神圣感、对宇宙奥秘的畏惧感，是造物者的诗篇。

浩渺行无极，扬帆但信风。清华的校训是“自强不息，厚德载物”。台大的校训是“敦品励学，爱国爱人”。东吴大学的校训是“养天地正气，法古今完人”。台南一中的校训是“止于至善”。

和西方的主要价值对比时，儒家的“道德”特质就更显鲜明。美国堪萨斯州立大学的校训是：“谨守大自然的法则。”哈佛的校训是：“与柏拉图为友，与亚里士多德为友，更要与真理为友”。耶鲁的校训是：“光明，真理”。约翰霍普金斯大学的校训是：“真理使你自由”。斯坦福大学的校训是：“自由之风飘荡”。西北大学的校训是：“凡事求真”。柏林自由大学的校训是：“真理，正义，自由”。

在这些著名的欧美大学的校训里，最突出的几个字，一是“真理”，二是“自由”。强调“真理”与“自由”，和强调“厚德载物”“敦品励学”“爱国爱人”，是存在着极根本的差异的。作为理性生命的极度表现，西方人的科学事业不仅是为了发展生产，也不仅是为了改善生活，而是对人类理性生命力的探究，是一种精神的沉醉。因此，凡是能够考验人类理性生命极限的地方，西方人都可以进行科学实践。为此，他们不仅可以陷入抽象的玄思，可以进行体系的构建，可以探讨肉眼看不见的微观世界和肉体接触不到的外层空间，而且可以在“波”与“粒”之间发现某种超乎经验的现象、在“时”与“空”之间构造一些有悖于常理的学说……这一切在我们看来有些不可思议，然而唯其如此，人类的理性生命才可能在改造物质世界的过程中显得这样强大。

一个不十分了解宇宙的民族，在很多理念上是容易脆弱的。自古以来，人们对宇宙的形成、生命的起源充满了浪漫多彩的幻想，人类渴望了解茫茫宇宙，渴望了解生命的真相。物质的宇宙能够演化出生命，目前我们唯一所知道的就是我们自己的太阳系，但准确地说，生命很吝啬地只选择了它的第 3 颗行星——地球，生命在这颗星球上诞生并且改造这颗星球长达近 40 亿年。从生态上看，地球的美丽是独一无二的，然而今天的地球因为有了人类，就不仅是生态星球，同时还是一颗文明星球。

地球上唯一直立行走的智能生物——人类，今天已经非常轻松地生活在这颗行星上，但是，从古老文明走到现代文明，人类付出了巨大的代价。而二者之间跨越的关键，恰恰要取决于人类认识宇宙的深度。

俞吾金教授认为，自然科学、其他科学研究的是 wonder，而哲学家还要研究自然科学家为什么要对这个问题而不是其他问题感到惊奇，此即“惊奇的惊奇”。

古希腊哲学家泰勒斯在观察天象时，不小心掉进坑里，被女仆嘲笑，说哲学家只关注稀奇古怪的东西，而不能看到身边的危险。海德格尔批评这个女仆不懂泰勒斯行为的意义。哲学家黑格尔对此类嘲讽更有过深刻的回应：什么样的人才不会掉进泥沟里？只有那些站在泥沟里，却从不知仰望星空的人，才永远不会掉进泥沟里。一个民族多一些仰望星空的人，他们才有希望；一个民族只是关心脚下的事情，那是没有未来的。

请问：远古开始时，谁将此态流传导引给后代？

天地尚未成形前，又从哪里得以产生？

明暗不分混沌一片，谁能够探究其中原因？

日月天体如何连属？众星列陈究竟何如？

昆仑山上玄圃仙境，它的居住在哪里？

天命从来反复无常，何者受惩何者得佑？

为何他能杀君自立，忠名更加显著光大？

屈原被逐，心中忧愁憔悴。彷徨于川泽之间，游荡在平原丘陵之上。向苍穹发出呼号，仰面叹息。《天问》通篇是屈原对于天地、自然和人世等一切事物现象的发问。诗篇从天地离分、阴阳变化、日月星展等自然现象，一直问到神话传说乃至圣贤凶硕和战乱兴衰等历史故事，这些问题有许多是在他那个时代尚未解决而他又怀疑的，也有明知故问的，对许多历史问题的提问，往往表现出屈原的思想感情、政治见解和对历史的总结、褒贬；对自然所提的问题，表现的是屈原对宇宙的探索精神，对传说的怀疑，从而也看出作者比同时代人进步的宇宙观、认识论。表现了屈原对某些传统观念的大胆怀疑，以及他追求真理的探索精神。

面对变幻无穷的宇宙自然，人们容易产生惊奇，由此追问世界的本质，形成哲学中的本体论、自然观、世界观、形而上学；面对人间世界的美丑善恶，人们容易产生疑惑，由此追问生命的意义，形成哲学中的生存论、人生观、伦理学、历史观。在古希腊，在古埃及，在古华夏，当追溯文明之源时，你会发现：最早的文化灵感和生命智识莫不受孕于对天象的注视，莫不诞生于玉穹苍庐的感召和月晕清辉的谕示！康德说，世上最使人敬畏的两样东西是头上的星空和心中的道德律。哲学所思的问题，分别指向我们头上的神秘和我们心中的神秘。关心自然与关注人生的统一，是哲学思维方式的出发点。牛顿利用欧氏几何学创立了绝对时空观，并发现了著名的牛顿三定律以及万有引力定律，把从天上到地下的许多自然规律统一了起来，从而发现和预见了许多自然现象。长期以来，人们一直认为牛顿定律是绝对真理，是对自然界最本质的揭示。然而，爱因斯坦排除了这种牛顿幻觉，他根据非欧几何学建立的相对时空观扬弃了牛顿力学的绝对时空观，从而他对自然的认识远远超出了牛顿力学所能及的范围，使人们对自然有一个全新的认识和全新的发现。然而，我们并不能说爱因斯坦的相对时空观是绝对真理，而牛顿的绝对时空观是谬误。其实它们都是人们对自然界进行探索和认识的手段，只不过爱因斯坦的相对时空观比牛顿的绝对时空观要深刻一些。同样的道理，根据分形几何学所创立的分维时空观，也不是宇宙的终极真理，它也是人们探索自然和认识自然的一种手段。

(一) 定位宇宙，安排自身

在希腊神话中，普罗米修斯是最智慧的神明之一，名字就有“先见之明”的意思。他盗火，是因为宙斯拒绝向人类提供生活必需的最后一样东西：火。普罗米修斯设法窃得了天火，偷偷地把它带给人类。于是，火使人类成为万物之灵。为此，普罗米修斯不得不永远受苦来接受宙斯的严酷惩罚。因此，人们又常常把普罗米修斯比喻为成全他人而宁愿牺牲自己的人。人们对他的赞歌之一就是他让漫漫黑夜跳跃希望的火苗，让蛮荒时代沐浴文明的曙光，甘愿触犯天条也要救人类于水火，深受酷刑却无怨无悔；是他给人类带来火种，送来光和热，给予人们生生不息的精神火种，送来人类新的纪元！

宇宙，一个伟大物质演化的史诗，它一个没有知觉的物质系统，创造了一个不可思议的能够理解它的生物。人类已经飞向其他星球，显然，人类把智能生命的崇高使命和对宇宙的不断进取联系在一起，也许，不久太阳系就会注入更多的智能生命的标识。

从人类用笨拙的手在岩壁上用简单的图形记录自己的生活，到创造辉煌的史前文明，最后穿越宗教的黑暗，迎来科学的曙光，只用了几万年。今天，人类更加强大，这种强大连人类自己都为之振奋。的确，宇宙已经把物质智能交给了我们，但是精神的道德准则却要靠我们自己来建设，否则，文明的级别越高，毁灭的概率也就越大。我们相信，一个还拥有 40 亿年太阳光辉的智能生命，将不会辜负如此厚爱我们的宇宙。

我爱我的老师，但我更爱真理。——亚里士多德

人的天职在勇于探索真理。——哥白尼

人应该有爱好真理，一见真理就采纳它那样的心灵。——歌德

如果善良的情感没有在童年形成，那么无论什么时候你也培养不出这种感情来。因为人的这种真挚的感情的形成，是与最初接触的、最重要的真理的理解，以及对祖国的语言最细腻之处的体验和感受联系在一起的。——苏霍姆林斯基

人的价值并不取决于是否掌握真理，或者自认为真理在握；决定人的价值的是追求真理的孜孜不倦的精神。——莱辛

热爱真理的确实特征，是对任何一个命题的接受绝不超过其证据所显示的程度。——洛克

热爱真理，是找到真理的最有利的条件。——爱尔维修

坚持真理的人是伟大的。——雨果

检验真理的工作也没有被过去某一个时代的一批学者一劳永逸地完成；真理必须通过它在各个时代受到的反对和打击被人重新发展。——泰戈尔

每一个人都必须按照他自己的方式去思考；因为他在自己的道路上，就会发现能帮助他度过一生的一条或者一种真理。但是他切不可放任自己；他必须克制自己，光有赤裸裸的本能是不行的。——歌德

美是真理之光，而美的阴影就是谎言。——米·普里什文

不应是为了自己的需要，而应是为了真理而活着。——列夫·托尔斯泰

对真理的追求比对真理的占有更为可贵。——莱辛

爱真理，忠实地生活，这是至上的生活态度。没有一点虚伪，没有一点宽恕，对自己忠实，对别人也忠实，你就可以做你自己的行为的裁判官。——巴金

把真理用在那些其存在对谁都不重要的，认识它又一无用处，无谓事情上，那就是对真理这个神圣的名词的亵渎。真理，如果毫无用处，就不是一件必须具有的东西。——卢梭

必须让有天才的人独立，而人类应当深刻地掌握一条真理，即人类要使有天才的人成为火炬，而不要让他们放弃真正的使命。——圣西门

必须有勇气正视无情的真理。——列宁

对真理的最大尊敬就是遵循真理。——爱默生

反对真理归根到底最能促使真理获胜。——钦宁格

科学的真理不应该在古代圣人的蒙着灰尘的书上去找，而应该在实验中和以实验为基础的理论中去找。真正的哲学是写在那本经常在我们眼前打开着的最伟大的书里面的，这本书就是宇宙，就是自然界本身，人们必须去读它。——伽利略

科学地探求真理，要求我们的理智永远不要狂热地坚持某种假设。——莫洛亚

历史孕育了真理，它能和时间抗衡，把遗闻旧事保藏下来。它是往昔的迹象，当代的鉴戒，后世的教训。——塞万提斯

（二）感性与理性——东方与西方

西方文化是从理性存在物本身出发，去寻找理性的本质（本源）以及自存与世界其他存在物的关系，也可以理解为虚无缥缈的理论，发现并去证实其存在。

其中，形而上学和认识论是哲学发展历史上的两大主题。最早使用 philosophia（爱智慧）和 philosophos（爱智者）这两个词语的是毕达哥拉斯。据蓬托斯的赫拉克利特在《论无生物》中记载，当毕达哥拉斯在同西库翁或弗里阿西亚的僭主勒翁交谈时，第一次使用了 philosophia（爱智慧）这个词语，并且把自己称作 philosophos（爱智者）。毕达哥拉斯还说，在生活中，一些奴性的人生来是名利的猎手，而 philosophos（爱智者）生来寻求真理。他明确地把爱智者归到了自由人的行列，也把自由和真理联系在了一起。在《人性论》中，怀疑论者大卫·休谟把批判的矛头直指笛卡儿和洛克所说的自我可以在意识中找到。休谟用他惯常的讽刺口吻说道，他在他身上没有找到这种自我，他所找到的只不过是一个由不同的经验和观念组成的复杂集合，没有什么东西可以被称为自我。对于黑格尔来说，个体自我也是一种由特定类型的社会培养出来的幻觉，我们真正的同一性打破了这些边界的限制，从而把我们所有人都包括其中。哪怕是人类这样善于抛下情感锚链的生物，也画不出可以永远联系过去和未来的航线，迁移便意味着选择和失去，这才是大部分都市异乡人的平淡史诗。

“古典的古代”在进入文明社会的过程中所导致的感性和理性的分裂对峙，使得西方文化在两极最为发达：在感性一极，表现为体育活动；在理性的一极，表现为科学活动。与之相反，“亚细亚的古代”进入文明社会的“早熟”形态，使得中国文化在感性和理性的两极都不发达，发达的是感性和理性之间相互交融、彼此渗透的艺术和工艺。

与西方文化的“矿脉”分布刚好相反，中国文化中的感性与理性均不发达，因而传统的体育与科学发育不良。在感性生命方面，中国文化中有一种知足常乐、能忍自安、无为人先、不耻人后的观念。例如，道家相当重视人性的自由与解放。解放一方面是人的知识能力的解放，另一方面是人的生活心境的解放，并以修身达观的生活功夫来处理世界事务。这种蔑视竞争意识、压抑冒险热情的思想不仅不利于竞技性体育事业的开展，而且使我们缺乏西方民族那种能动地变革现实生活的感性冲动，缺乏那种将自我放在自然的对立面上、以人的血肉之躯与之抗衡的勇气，缺乏求新的渴望与冒险的热情，而总是陶醉在所谓“宁静以致远”“以不变应万变”的格言之中。这种文化资源不可能酿造出奥林匹克式的体育传统，而只能派生出延年益寿的气功与吐纳导引的太极……在理性生命方面，中国文化中有一种知行合一、经世致用的精神。这种只注重实践理性而忽视思辨理性的传统虽然有助于防止我们的民族陷入宗教神秘主义的精神误区，但却同时限制了我们知识构造的自由空间和对未知世界的探索热情。中国人可以通过反复测算而为圆周率的π值找到一个相当准确的数据，但却不可能建立一种欧几里得式的几何学体系；中国人可以通过反复实践而建造起天坛祈年殿式的精美建筑，但却不可能建立一种牛顿式的力学体系。

认识世界和改造世界是人类的两大基本活动，认识世界就要追求真理，改造世界则要创造价值，追求真理和创造价值就必须遵循真理原则和价值原则。真理原则和价值原则在本质上是统一的，这种统一体现了物的尺度和人的尺度的统一，但是真理和价值有时会出现背离，这就要求在实践活动中，既要坚持真理原则，又要坚持价值原则。

追求真理和创造价值是人类认识活动和实践活动的两大主题，真理原则和价值原则是人类活动的两个基本原则。所谓真理原则是指人类必须按照世界的本来面目去认识和改造世界，实现主观同客观的一致，追求和服从真理。所谓价值原则是指人类必须按照自己的需要去认识和改造世界，实现客观同主观的一致，创造和实现价值。

（三）追求真理，创造价值

从前的一切唯物主义包括费尔巴哈的唯物主义的主要缺点是：对事物、现实、感性，只是从客体的或者直观的形式去理解，而不是把它们当作感性的人的活动，当作实践去理解，不是从主体方面去理解。因此，结果竟是这样，和唯物主义相反，能动的方面却被唯心主义抽象地发展了，当然，唯心主义是不知道现实的、感性的活动本身的。费尔巴哈想要研究跟思想客体确实不同的感性客体，但是他没有把人的活动本身理解为对象性的活动。因此，他在《基督教的本质》中仅仅把理论的活动看作是真正人的活动，而对于实践则只是从它的卑污的犹太人的表现形式去理解和确定。因此，他不了解“革命的”“实践批判的”活动的意义。

人的思维是否具有客观的真理性，这不是一个理论的问题，而是一个实践的问题。人应该在实践中证明自己思维的真理性，即自己思维的现实性和力量，自己思维的此岸性。关于思维——离开实践的思维——的现实性或非现实性的争论，是一个纯粹经院哲学的问题。

费尔巴哈不满意抽象的思维而喜欢直观；但他把感性不是看作实践的，人类感性的活动。

全部社会生活在本质上是实践的。凡是把理论引向神秘主义的神秘东西，都能在人的实践中以及对这个实践的理解中得到合理的解决。

直观的唯物主义，即不是把感性理解为实践活动的唯物主义，至多也只能做到对单个人和市民社会的直观。

旧唯物主义的立脚点是市民社会，新唯物主义的立脚点则是人类社会或社会的人类。

哲学家们只是用不同的方式解释世界，而问题在于改变世界。[①]

这种基于实践的由浅入深的辩证唯物论的关于认识发展过程的理论，在马克思主义以前，是没有一个人这样解决过的。马克思主义的唯物论，第一次正确地解决了这个问题，唯物地而且辩证地指出了认识的深化的运动，指出了社会的人在他们的生产和阶级斗争的复杂的、经常反复的实践中，由感性认识到论理认识的推移的运动。列宁说过："物质的抽象，自然规律的抽象，价值的抽象以及其他等等，一句话，一切科学的（正确的、郑重的、非瞎说的）抽象，都更深刻、更正确、更完全地反映着自然。"马克思列宁主义认为：认识过程中两个阶段的特性，在低级阶段，认识表现为感性的，在高级阶段，认识表现为论理的，但任何阶段，都是统一的认识过程中的阶段。感性和理性二者的性质不同，但又不是互相分离的，它们在实践的基础上统一起来了。我们的实践证明：感觉到了的东西，我们不能立刻理解它，只有理解了的东西才更深刻地感觉它。感觉只解决现象问题，理论才解决本质问题。这些问题的解决，一点也不能离开实践。

这里有两个要点必须着重指明。第一个是理性认识依赖于感性认识的问题。第二是认识有待于深化，认识的感性阶段有待于发展到理性阶段——这就是认识论的辩证法。[②]

真理和价值相互渗透、相互引导。真理对价值的引导作用是指真理的不断发展引导着人们提出新的相关的价值追求，真理本身也具有价值并推动价值的发展。从真理走向价值是真理发展的必然趋势，也是价值实现的必要途径。真理是人类实践活动中的一个内在环节，人们追求真理的目的，就是用真理指引自身的活动，从而有效地改造社会和自然，满足人的价值要求。真理能够引导人们通过实践而创造价值。这种由真理向价值的运动，不仅是实践活动的要求，同时也是真理发展的要求。

---

① 《马克思恩格斯选集》第1卷，人民出版社1995年版，第54—57页。

② 《毛泽东选集》第1卷，人民出版社1991年版，第282—298页。

价值对真理的引导作用主要体现在：正确的价值目标的确定，必然推动人们深入、全面地揭示客观真理；价值的客观实现必然进一步扩大和深化人们对真理的追求。这主要是因为价值目标、价值要求对发现和认识真理具有引导作用，并且已经实现了的现实的价值对人们继续认识新的真理也具有引导作用。

真理和价值的具体的历史的统一。认识真理是实现价值的前提和基础；实现价值是认识真理的动力和归宿。真理和价值在一定条件下是具体的，人们不可能一次穷尽真理，也不可能一次满足全部价值要求。真理和价值的统一又随着实践的发展而发展，实践中不断出现的新的价值目标，不断推动人们去探求新的真理和价值。

总之，真理和价值既相互渗透又相互引导，并在二者的同一中共同促进人类的实践不断由一种较低的水平发展到较高的水平，使二者在实践中实现了具体的历史的统一。

二、哲学之道有大美而不言

在全球化背景下，经济与文化互为隐喻：经济的全球化结构内在地涵化着文化生存意义上的形构，并促成全球性文化价值理念的形成，为文化强权提供了现实前提；而文化因素乃在技术理性的支配下不断渐次地参与着现实的经济过程，成为资本利润的新实现领域，并在当下渐次充当全球化再建构的中心。这一事实鲜明地揭示了，在全球化背景下，民族国家文化价值观的建构维度不可缺失。现代性在中国的一个重要维度，必定理解为文化载体的先进性。中国特色社会主义的新文化，是人类文化史上一个全新的概念，它所概括的是一种新的文化结构体系和新的文化观念。

马克思主义的经典作家们是把对文化产生和发展的特殊规律的把握同对历史唯物主义普遍规律的阐发辩证地统一在一起的。马克思为我们勾勒出了人类社会文化格局和结构体系存在和发展的整体面貌，在现代性问题凸显的今天，经济社会全面发展要求重视文明和文化问题。也许生存压力越大，人性才展示得越裸露和越深刻。文化为天地立心，并不意味着思想文化就能真实地改造世界，但也决不意味着文明进步、文化繁荣要以社会生活的沉沦和苦难为代价。文化为天地立心的心既不是来自天赋，更非自恋自我照镜所映现，而是在社会生活中磨砺而来。社会生活的沉沦和苦难培植并养育了文化的葳蕤繁盛，这正表明文明和文化的精髓是对生活美好的向往。

传闻，法国著名数学家笛卡儿曾经流落到瑞典，邂逅瑞典公主克里斯蒂娜(Kristina)，并成为公主的数学老师。两人萌生爱意。国王知道后，强行拆散他们，并且没收了之后笛卡儿写给公主的所有信件。后来，笛卡儿染上黑死病，临死前给公主寄去了最后一封信，信中只写着一行字：$r=a\ (1-\sin\theta)$。国王和大臣们都看不懂这是什么意思，只好交还给公主。公主在纸上建立了极坐标系，用笔在上面描下方程的点，看到了方程所表示的心脏线，理解了笛卡儿对自己的深深爱意。

现代世界是一个最为崇尚经济成就的世界，也是一个更为追求物质利益的世界。物质财富上的成功，当然也不是所有人都能达到的，甚至不是多数人能达到的，而文化上的成就，则是任何身份、任何处境的人们都能通过自身的努力达到的。当周遭的坏消息不绝于耳时，想要保持正面的心态也并非那么容易。现今的经济衰退已经引起并将持续引发实体经济的代谢失调，个人与群体，身体、精神、情感以及灵性都在所难免要受到伤害。在此情况下，心灵也很难从持续的压力中摆脱出来，渴望抓住现有一切的想法将转化成为一种不愿付出的执念，令情况变得更加糟糕，因为谁也不知道未来还将发生什么。但只有我们努力转化，才有可能将自己从恐慌带来的恍惚中清醒过来。不愿承担风险的负面想法需要用更具有创意的解决方法跟进才可能真正带来不同的结果。我们需要给予生活世界一些可以发挥力量的选择。

坦率地说，本书的写作，还是很精英化的，适合作为企业文化的榜样而非绝对多数企业常行的准则。因为，文化的力量必须自我唤醒、自我培育和自我训练。而且，一种至高的精神追求也不是所有人都能够甚至愿意达到的。但我依然坚持认为应该做出本地土产的石头汤。也许有些人并不熟悉这个故事，石头汤讲述的是三名疲惫且饥饿的士兵在离开战场返回家乡的途中走入了一个小镇并希望找到一些食物。小镇的居民们却因为担心自己的食物并不够吃或是士兵们会吃光他们的食物，因此欺骗了士兵，告诉他们并没有食物可以分享。士兵们只好决定自己开火熬制石头汤。他们在小镇的中心升起了篝火，并用锅子装上水烧开，然后开始往水里添加石头。过了一会儿，士兵们开始谈论怎样调制石头汤的味道才会更好。他们讨论着应该添加的调料，并用“如果我们有……”的言语谈论着可以添加的胡萝卜、卷心菜和土豆。而小镇所有的居民都开始被想象中的美味石头汤所打动，开始主动贡献所有可能添加的成分以获得最美味的汤。这个故事给我们启迪，真正的盛宴是所有人共同创造出来的，正如所有惊恐的小镇居民一样，只有当人们意识到怎样才能做出真正美味的石头汤，你才不用再为饥饿（无论是物质的还是精神的）而担忧。

把这种价值判断、共同识见的共约选择重新交回给人。这种共同生存经验，通过从心理到生理的积淀，在日常社会生活中伸张着价值标准。人之达至从容自若的境界，无非是他知道事情可以分个轻重缓急，可以作合理安排，可以规划从而也可以规制人生。

说航天局正招聘嫦娥，请她把照片和身世资料寄往航天局，还特别加了一个说明：自带兔子。是个中国人，都能明了这种幽默，关于嫦娥和兔子，这是很多中国人对于月宫的一种美好想象。但自从美国人上了月球，把国旗插到月亮上之后，理性就告诉我们，月亮上没有嫦娥和兔子，这是多么煞风景的事，“嫦娥应悔偷灵药，碧海青天夜夜心”这样的意境，也荡然无存了。

三、科学是大胆地假设和小心地求证

1. 想象的力量

《海底两万里》惊人之处不只在于它是一部夸张、动人而富有科学意义的小说，更惊人的是他在书中所写的故事，尽管在21世纪的今天已不足为奇，但是在凡尔纳的时代，人们还没有发明可以在水下遨游的潜水艇，甚至连电灯都还没有出现，在这样的背景下，凡尔纳在《海底两万里》中成功地塑造出鹦鹉螺号潜水艇。在小说发表25年后，人们制造出真实的潜水艇，与小说描写的大同小异，这是怎样的预见力？所以说凡尔纳作品中的幻想都以科学为依据。他的许多作品中所描绘的科学幻想在今天都得以实现。更重要的是他作品中的幻想大胆新奇，并以其逼真、生动、美丽如画令人读来趣味盎然。并不是每一本科幻小说都像《海底两万里》一样富有强烈的可读性，它作为一本不是凭空捏造而是远见加博学累积成的小说，不但为对海底知识了解不详尽的读者解读了他们的旅程，更让后人看到了古人的智慧与文明。

自然环境对人们的世界观和思维模式也有重要的影响。实践活动过程中积累起来的关于如何处理自己与对象、自己与他人的关系的观念，就构成人们的世界观和思维模式。人们所处的自然环境是怎样的，必然会在他的世界观和思维模式中反映出来。封闭的地理环境，把人们的实践活动局限在狭小的“天地”之中，产生封闭的世界观；而开放的环境，如广袤的草原、无际的海洋，总能激起人们探索的欲望；“尼罗河每年的泛滥可以预知、起势平缓，从而助长了埃及人的自信和乐观。”而“底格里斯河和幼发拉底河每年的泛滥不可预知、来势凶猛，从而促成了苏美尔人的不安全感”和悲观的世界观。这就是各民族面对同一个世界，却有着完全不同的世界观和思维方式的原因。这种不同的世界观和思维方式，也是各民族文化存在差异的一个重要原因。

电影《超体》中，黑人教授提出了大胆的假设：人类的细胞能力超过10%以后会如何？在CHP4的作用下，奇迹发生。女主角开始有超能力，首先是自身强大的能量。

女主角的脑力达到了30%以后，可以控制空间、控制物质。可悲的是，不断进化中的女主角，感受不到疼痛和欲望，她在丧失人性。身体的进化需要太大，形体发生改变。要想保持原有状态，她必须吃掉更多的CHP4。她找到了这些既可以称之为毒品又可以称之为药物的东西。然后，脑力不断提高，眼球的颜色不断改变。她能感知生命脉动，感知人们隐藏的信息，感知整个空间，甚至宇宙宏观的存在。她看到，随着时间的演化，宇宙庞大的知识体系让人无比敬畏。生命的本质是什么？露西说：是时间。当露西的脑力达到99%的时候，电影画面中的她穿越时空，穿越年代，拥有控制时间的能力。达到100%那一刻，她消逝了。她告诉我们，她已经无所不在。

露西的声音解释这一切：世间万物都是一体的，而存在只有通过时间才能证明。

而人类潜能达到100%之后是什么呢？答案：无所不在。

我借用一个豆友评价《三体》的一句话，来解释LUCY：物理的尽头是数学，数学的尽头是哲学，哲学的尽头是神学。但我希望尝试从一个读者的角度阐释这部电影的意义，希望对大家有帮助。

2. 实践活动中真理和价值的辩证统一关系

实践标准的绝对性是指只有实践能最终检验认识正确与否，这是无条件的、绝对的。表现在两个方面：凡经实践检验证实的真理，新的实践可以丰富、发展它却不能推翻它；无限发展的实践最终能对认识是否是真理做出确定的检验。

实践标准又是相对的，因为每一历史阶段的具体实践都有历史的局限性。表现在两个方面：每一历史阶段的实践都只能证实或驳倒当时的部分认识，需要随着实践的发展而不断地检验；即使已经被实践证实的真理性认识也还要继续接受新的实践的检验。

对我们的启示是：人们要发现和发展真理，既要尊重前人的理论、经验，重视实践的作用；又必须充分发挥主观能动性，发扬创新精神，不要被已有的理论和实践所束缚。要敢于对现有理论提出质疑，不断把人类认识推向前进。

3. 真理是客观性

真理是人们对客观事物及其规律的正确反映。真理不是客观事物本身，只有人们对这些客观事物及其规律的认识才有真理和谬误之分，其中正确的认识为真理，错误的认识为谬误。真理的客观性有两层含义：

第一是指真理内容的客观性，即真理作为对客观事物及其规律的正确反映，本身包含着不以人的意志为转移的客观内容。

第二是指真理检验标准的客观性，即真理之所以是真理并不是因为某位天才人物决断，而是实践检验的结果，而实践本身是一种客观的物质性活动。

真理的绝对性是指对客观事物及其规律的正确认识具有确定性、无条件性。有两方面含义：

第一，从内容上看，任何真理都是对客观事物及其规律的正确认识，包含不以人的意志为转移的客观内容。

第二，从认识的发展趋势和人类认识的本性来说，是能够正确认识无限发展的物质世界的。就人类的认识能力来说，世界上只存在尚未认识之物，而不存在不可认识之物。马克思主义哲学这一观点与其坚持物质第一性、意识第二性、意识是物质的反映的原则是一致的。就是说，既然坚持物质第一性、意识第二性、意识是物质的反映，那么就必然承认人认识的内容是来自不依赖于意识的客观世界。真理属于认识范畴，其形式是主观的，而其内容则是客观的，真理是主观形式与客观内容的一致。坚持客观真理，必须反对主观真理。

在实践中，真理既是制约实践的客观尺度，又是实践追求的价值目标之一，即通过实践获取关于外部世界的科学认识；价值则是实践追求的根本目标，同时又是制约实践的主体尺度，真理和价值在实践中是辩证统一的关系。

真理和价值在实践中的辩证统一关系主要体现在以下几个方面：首先，成功的实践必然是以真理和价值的辩证统一为前提的；其次，价值的形成和实现以坚持真理为前提，而真理又必然是具有价值的；最后，真理和价值在实践和认识活动中相互制约、相互引导、相互促进。

四、预测未来的最好办法是创造未来

大道神明精妙，参与宇宙万物的各种变化；万物业已或死、或生、或方、或圆，却没有谁知晓变化的根本，一切都是那么自然而然地自古以来就自行存在。“六合”算是十分巨大的，却始终不能超出道的范围；秋天的毫毛算是最小的，也得仰赖于道方才能成就其细小的形体。宇宙万物无时不在发生变化，始终保持着变化的新姿，阴阳与四季不停地运行，各有自身的序列。大道是那么混沌昧暗仿佛并不存在却又无处不在，生机盛旺、神妙莫测却又不留下具体的形象，万物被它养育却一点也未觉察。这就称作本根，可以用它来观察自然之道了。

1. 人类的认识过程是一个多次反复、无限发展的过程

一个正确认识的获得往往要经过多次反复才能完成，主要是因为人的认识总要受到主客观条件的种种限制：其一，受到客观事物的发展及其本质暴露程度的限制；其二，受到生产发展水平和科学技术条件的限制；其三，人们的立场、观点、方法、性格特征等主体因素也影响和制约着人们正确全面地认识事物。阶级社会中，还会受到阶级立场和观点的影响。

绝对真理和相对真理的辩证统一，是同人的认识能力、思维能力的至上性和非至上性辩证统一相联系的。思维的至上性：人的意识就其本性而言，是能够认识客观世界的，没有什么能够成为认识的障碍，这一点是绝对的、至上的；思维的非至上性：就每个具体的个人或群体而言，人们的认识又受到各种主客观因素的制约，这一点又是相对的、非至上的。

实践和认识的辩证关系揭示了人类认识永无止境、无限发展的客观规律。这个规律告诉我们，人的认识往往不是一次就能完成的，只有在实践中不断进行认识和再认识，才能对一个复杂的事物或现象形成完整、正确的认识。

可知性和不可穷尽性是认识客体历史性的客观依据。无限发展的世界需要我们不断地去进行认识和实践。

主客观条件的限制，决定了人类的认识过程需要从实践到认识，从认识到实践的多次反复，是一个无限发展的过程。

2. 人类可以认识世界吗？

马克思说：另一个（伊壁鸠鲁）把现象世界看作真实的人，则轻视经验，在他身上体现了自我满足的思想的平静和从内在原则汲取自己的知识的独立性。但是他从必然性的观点来考察自然，并力求解释和理解事物的真实存在，他的解释方法更倾向于否定自然的一切客观存在性。[①] 马克思后来这样总结道：

他说，世界上最广大、最深不可测的东西，就是人的眼睛，因为眼睛可以装得下整个世界，人总是通过自己的眼睛来认识世界的。但是，人们眼睛里的世界只是表象，表象世界只是一个经过我们的眼睛整理、加工过的世界，正如热恋者眼里只有他的情人，而对整个世界视而不见那样，当牙疼发作的时候，你的世界里也只剩下了那颗蛀牙。从这个意义上说，眼睛总会欺骗我们，我们所见的，往往是我们希望看到的东西。

我们判断一个人不能以他对自己的看法为根据，同样，我们判断这样一个变革时代也不能以它的意识为根据。相反，这个意识必须从物质生活的矛盾中，从社会生产力和生产关系之间的现存冲突中去解释。[②] 马克思主义基本观点如下：

第一，马克思主义认识论主张可知论。

第二，辩证唯物主义认识论把科学的实践论引入认识论，并作为认识的基础。其主张人类的认识是在实践基础之上的主体对客体的能动反映，时间对认识的决定作用主要表现在以下四个方面：实践产生了认识的需要；实践促使认识的产生与发展；实践是检验人是真理性的唯一标准；实践是认识的目的和归宿。

第三，马克思主义强调人的认识具有能动性、创造性。

第四，人类认识的发展是一个充满矛盾运动的辩证过程。认识的运动过程就是不断地解决主体和客体，认识和实践，感性认识与理性认识，真理与谬误，绝对真理与相对真理等矛盾的过程，因此，认识成为一个无限发展的过程，人对整个世界的认识只能展示于这个无限的过程中。

第五，人类的认识是“至上性和非至上性”的统一。认识的至上性是指人类的认识能力，思维能力是无限的、绝对的。一方面从人类思维的本性和可能性来说，人类是完全可以认识无限发展的客观世界的。因为人类思维是自然界长期发展的产物，是人脑的机能和属性，在人类思维和客观世界之间没有也不可能有任何不可逾越的鸿沟。另一方面，从人类思维的使命和终极目的来说，认识世界是为了改造世界，以满足人类自身生存和发展的需要。人类的这种需要是无止境的，它推动人类去不断地认识世界、获得真理，以指导人类改造世界的实践活动，而实践的发展也不断为认识提供新的认识工具或手段。从这个意义上讲，人

① 马克思，恩格斯：《马克思恩格斯全集》第 40 卷，人民出版社 1982 年版，第 207 页。

② 马克思，恩格斯：《马克思恩格斯文集》第 1 卷，人民出版社 2009 年版，第 32 页。

类的认识能力是至上的、无限的。认识的非至上性是指人类的认识能力、思维能力是有限的、相对的。因为人类的认识是要通过每一个人和每一代人的认识来实现的，而每一个人和每一代人的认识必然要受到客观事物及其本质暴露的程度、社会历史的实践水平（生产状况、科学技术状况和阶级斗争状况）、主观条件（个人的知识结构、思想认识方法、立场、受教育程度等）、生命的有限性等方面的限制，因此，他们对客观世界的认识总是有限的，不可能穷尽对客观世界的认识。所以，人类的认识能力、思维能力既是至上的又是非至上的，既是有限的又是无限的。人类正是通过时代的繁衍和积累，而不断认识世界的。

3. 人类对宇宙大美的不断探索

在物质观的探索上，自1899年英国物理学家汤姆逊爵士发现电子开始，时至今日，在一个多世纪的时间里，人类一直孜孜不倦地探索着微观世界的奥秘。

1990年，位于瑞士的欧洲核子研究中心（CERN）的工作人员通过世界上最大的正负电子对撞机LEP攫取了115GeV的希格斯粒子，但是他们当时的统计数据不足以做出任何确定的推论。

1995年3月2日，美国费米实验室向全世界宣布他们发现了顶夸克时，一套称之为标准模型的粒子物理学模型所预言的62个基本粒子中，除了引力子，其余的都已经得到了实验数据的支持与验证，看上去标准模型马上就要获得决定性的胜利，对物质微观结构的探索已经到达了它的尾声，似乎人类也马上就要听到这一跌宕起伏的，充满了高潮与华彩的探索乐章的终曲，但是仍然有一个粒子，游离在这座辉煌的大厦之外，仿佛一个幽灵，这就是希格斯粒子，而且就是这个粒子可能会击垮整座大厦。

2010年7月13日，几家国外媒体报道了意大利帕多瓦大学物理学家托马索·多里戈发表的个人博客文章。文中称美国费米实验室的万亿电子伏加速器（Tevatron）很可能已经发现了希格斯玻色子，2013年3月14日，欧洲核子研究组织发布新闻稿表示，先前探测到的新粒子是希格斯玻色子。2014年6月27日，欧洲原子能研究中心工作的科学家们对“上帝粒子”希格斯玻色子的属性进行研究，并将其与关于宇宙大爆炸后的另一理论相结合，最后得出“宇宙不存在”这一震惊世界的理论。只是还有许多新的物理学现象无法用这一理论进行解答，故科学家们对宇宙的探索仍在继续进行中。2016年，物理学家因“在拓扑相变以及拓扑材料方面的理论发现”，开启了通往奇异物质状态研究的未知世界的大门。

我国在超冷原子量子模拟领域取得重大突破：中国科大—北大联合团队在国

际上首次理论提出并实验实现超冷原子二维自旋轨道耦合的人工合成，测定了由自旋轨道耦合导致的新奇拓扑量子物性。这一关键突破将对新奇拓扑量子物态的研究，进而对人们对物质世界的深入理解带来重大影响。

著名科学家、诺贝尔物理学奖获得者杨振宁在题为《美在科学与艺术中的异同》的演讲中介绍，对于宇宙，其实可以通过一组方程式来了解，包括牛顿的运动方程、麦克斯韦的方程、爱因斯坦的狭义与广义相对论方程、狄拉克方程和海森伯方程。“这不多的几个方程式，主宰了我们所看到的一切非常复杂的现象，当你懂得它们的威力时，就会发现其所散发着的一种物理学的美。”杨振宁颇有感慨地说，空间大至星云群，小至基本粒子内部；时间长至一百亿年，短至10～28秒，都受到了这几个方程式的控制，“这是一种大美”。

杨振宁将这些方程式看作造物者的诗篇，“诗篇就是用最浓缩的语言掌握了人的感情，并随着人的成长而产生新的含义。物理学也一样，这些方程式往往随着物理学的发展产生新的、当初所完全没有想到的意义。”远在没有人类的时代，这些方程式就已经支配着宇宙间的一切了。所以，科学中这个最终极的美是客观的。

美国宇航局（NASA）也发布开普勒太空望远镜的一项新发现，并暗示这是一个重大消息：宇航员可能发现了人类几千年来梦寐以求的“另一颗地球”。多重宇宙存在于人们的幻想和梦中，也存在于科幻小说、电影及电子游戏等文化产品中。但是多重宇宙是否存在于科学家们所研究的物理空间中？《多重宇宙：“平行世界”存在吗？》就集合了在《科学美国人》上发表的关于多重宇宙的精选文章进行解读。

2015年4月24日，霍金应邀参加澳大利亚举办的一场科学讲座，他的科学演讲和励志精神嗨翻了整场。在互动环节，有人向霍金先生提出了一个特别的问题：“单向乐队的成员塞恩离队让全球无数少女心碎不已，这件事会产生怎样的宇宙效应呢？”

没想到霍金先生没做一丝考虑就“开口”了，他说：“终于有人问了个至关重要的问题！对于那些心碎神伤的女孩子，我的建议是，一门心思扑到理论物理上，因为也许某天多重宇宙就被证明真的存在了。到时就会发现，在我们的宇宙之外，还存在着另外一个完全不同的宇宙。在另一个平行宇宙里，塞恩仍然是单向乐队的一分子，而且在另一个宇宙，心碎的女孩或许还能跟塞恩结为夫妻呢。”

霍金先生的回答博得了在场观众雷鸣般的掌声。他用物理科普的方式给这个娱乐问题轻松作了解释。既抚慰了歌迷碎了一地的玻璃心，又推广了平行宇宙理论，并且还由此激发了青少年对物理的兴趣。①

天宫二号空间实验室，是继天宫一号后中国自主研发的第二个空间实验室，也是中国第一个真正意义上的空间实验室，将用于进一步验证空间交会对接技术及进行一系列空间试验。美国文章称，经过多年投资和战略实施之后，中国正大踏步地走在成为太空超级大国的征途上——甚至有可能成为统治大国。“嫦娥四号”登月任务只是例证之一，反映了中国希望变太空为重要的民用和军用领域的目标与雄心。② 经空间实验室飞行任务总指挥部研究决定，中国首艘货运飞船天舟一号于 2017 年 4 月 20 日 19 时 41 分在海南文昌航天发射场发射升空。据报道，天舟一号这次升空后，将与在轨道运行的天宫二号进行三次对接，并为天宫二号输送补给物资。天舟一号的发射将是中国首次将自主研发的货运飞船送入太空。这位太空“快递员”，总长 10.6 米，起飞质量 13 吨，物资运输能力 6 吨，也将成为中国发射的体积最大、质量最重的航天器。③ 天舟一号是货运飞船系统研制人员多年来心血和汗水的结晶，天舟一号飞行任务作为空间实验室任务的收官之战，是空间站工程的关键一战，是我国载人航天工程稳中求进的重要一步。④

总理与人工智能“交集”的背后，是本届政府围绕这一战略性领域的工作部署。2015 年 7 月，“人工智能”被写入《国务院关于积极推进“互联网＋”行动的指导意见》；2016 年 3 月，“人工智能”一词被写入“十三五”规划纲要；2016 年 5 月，国家发改委等四部门联合下发《“互联网＋”人工智能三年行动实施方案》。中国正在成为全球人工智能领域的焦点选手！美国《大西洋月刊》杂志如此惊叹。

科技日报北京 2017 年 4 月 20 日电（记者张梦然）：英国《自然》杂志、美国太空网 19 日共同发布消息称，一颗温度适中的岩态行星在经过小型恒星时发生凌星现象。这颗新发现的“超级地球”与主星的距离、岩石构成以及存在液态水的可能性，使其成为目前寻找外星生命的最佳选择。在过去 20 年里，数以千

① 摘自《霍金智答娱乐问题》，http://www.xiaole8.com/html/201509/1319968.html。

② 美媒：《中国重新定义 21 世纪太空 将成太空超级大国》，《参考消息》2016 年 10 月 5 日，http://military.china.com/zh_cn/important/11132797/20161005/23703604_all.html。

③ 《中国今天要送一个“宇宙级”快递》，新浪网，http://news.sina.com.cn/o/2017－04－20/doc－ifyepsra4827724.shtml。

④ 《天舟一号货运飞船发射成功！》，央视新闻，http://finance.ifeng.com/a/20170420/15311990_0.shtml＃_zbs_2345_bd。

计的系外行星被发现，但绝大多数不符合“超级地球”的条件：不是太热就是太冷，或无法拥有像地球一样的自然环境。2017 年 4 月 19 日美国哈佛—史密松天体物理中心天文学家杰森·迪特曼及其同事报告，他们通过“MEarth－南”望远镜阵列，观测到了一颗名为 LHS 1140 的 M 型矮恒星。该恒星的行星“日照”温和，受主星辐射低，正位于主星的“宜居带”——在这一范围内水能以液态形式存在于行星表面。[①] 据联合早报网援引英国《每日邮报》报道，一支国际性科学家团队宣布将成立首个太空国家，命名为阿斯伽迪亚（Asgardia），阿斯伽迪亚这一名称来自北欧神话中奥丁统治的天空之城。旨在保护地球免受小行星的毁灭性撞击，该项目的第一步举措是在 2017 年发射一颗人造卫星。据报道，从现在起，人们可以在阿斯伽迪亚项目网站上进行注册，前 10 万名注册者将成为阿斯伽迪亚的公民。多名科学家参与了这项计划，这支团队的领导者是航空国际研究中心的创立者 Igor Ashurbeyli，他在巴黎的一场新闻发布会上宣布了这一令人震惊的方案。项目负责人表示，通过创造新国度，阿斯伽迪亚项目为太空中的所有权和国籍制定了全新的框架。[②]

新华社莫斯科 2005 年 7 月 26 日电：日前，据俄《消息报》26 日报道，俄“能源”火箭航天集团向俄联邦航天署提出了利用“联盟”载人飞船开发月球旅游的计划。目前“能源”集团已经制定了开发月球旅游的商业计划。俄新社莫斯科 2017 年 2 月 22 日电：俄罗斯“能源”火箭航天公司总经理弗拉基米尔·索恩采夫在接受本社采访时称，公司计划于 2021 至 2022 年首次向国际旅游市场推出搭乘“联盟”号飞船环绕月球飞行的独特服务。他说“太空旅客可在签约 5 至 6 年后成行。目前正与潜在的候选人磋商合同条款。”索恩采夫表示，为落实项目需要连续实施两次发射。“第一次是将‘联盟’号送入轨道，第二次是将附带密封舱的 DM 推进器送入轨道。然后二者进行对接，DM 推进器将为绕月飞行提供动力，而‘联盟’号的燃料将用来校正轨道。”“能源”公司目前正加强“联盟”号飞船的防护并对其进行升级改造。索恩采夫说：“我们明白需要更强大的保温装置、远距离无线电通信设施、以第二宇宙速度进入大气层的控制系统，并对其他一系列系统进行改进。”（参考消息 2017 年 2 月 24 日科技前沿版）美媒称，美国太空探索技术公司（SpaceX）2017 年 2 月 27 日宣布，预计 2018 年将有两名

---

① 《新“超级地球”现身：温度适中或有液态水》，《科技日报》，http://news.sina.com.cn/w/zx/2017－04－21/doc－ifyepsch2137045.shtml。

② 2016 年 10 月 15 日 13：05，来源：人民网－国际频道。

平民成为近50年里飞出低地轨道并绕月飞行的首批人类。这家公司一直在帮助美国国家航空航天局（NASA）制定一系列在未来开展的任务。SpaceX在新闻稿中说：“和之前的阿波罗宇航员一样，他们将在人类共有的探索精神的推动下，带着全人类的希望和梦想进入太空。”这意味着SpaceX的平民乘员很可能先于美国宇航员进入月球轨道。（参考消息网2017年3月1日报道）

中国航空工业集团成都飞机设计研究所副总设计师、翼龙系列无人机总设计师李屹东说：“中国新一代察打无人机诞生了！中国成为全世界继美国之后具备新一代察打一体无人机研制能力的国家。”纵观全球同类无人机，翼龙Ⅱ和美国MQ－9死神无人机水平相当，属于世界一流水平。

2016年8月24日晚，欧洲南方天文台召开了新闻发布会，宣布在与地球最近的恒星比邻星周围发现一颗位于宜居带内的行星！欧洲南方天文台将其命名为比邻星b，它的质量为地球的1.3倍，距离比邻星700万公里（0.047个天文单位），公转周期为11.2天。该行星位于比邻星的宜居带以内，目前不排除该行星表面有液态水的存在。天文学家曾在距地40光年处发现一个TRAPPIST－1行星系统，为3颗地球大小的系外行星环绕一颗恒星运行。美国麻省理工学院的科学家评估分析了这3颗行星的体积大小和温度，认为其中两颗行星拥有孕育外星生命的最佳环境：它们也是岩石行星，可能拥有类似地球的紧密大气层，并且体积与地球近似。

美国宇航局（NASA）于美国东部时间2017年2月22日下午1：00（北京时间23日凌晨2：00）举行发布会，宣布其Spitzer斯皮策太空望远镜首次发现了第一个包含七个地球大小行星的行星系统。七个行星中的三个位于母恒星附近的可居住区，其中一个岩石行星上可能含有液态水。这个发现刷新了太阳系外围绕一颗恒星可居住区域行星数量的记录。所有七个行星在合适的大气条件下都有可能具有液态水——众所周知水是生命的关键——其中三个处于可居住区的行星具有水的概率最高。“TRAPPIST－1的七大奇迹是已知第一个围绕这种恒星的地球大小的行星。”“这是目前为止研究潜在可居住地球大小世界的最佳目标。”

北京时间2017年3月28日消息：据国外媒体报道，在历时20年的研发和“心碎”之后，对木卫二的探索终于即将拉开帷幕。目前，NASA正在筹备两项木卫二探索计划，并在于休斯敦举行的第48届月球与行星科学大会上开展了相关讨论。自从伽利略号探测器于20世纪90年代发现木卫二存在地下海的证据以来，科学家们逐渐了解到，木卫二并非独一无二。“在过去十年间，我们发现太阳系外层存在海洋的星球并不鲜见，这是行星探测界最重要的发现之一。”“木卫二快艇”项目科学家科特·涅伯博士（Curt Niebur）如是说。例如，土卫二南极就有冰屑从冰隙中喷出。科学家计划在2020年之后也对土卫二开展探测任务，但涅伯认为木卫二的价值更加突出：“木卫二比土卫二大得多，内容也更加丰富，有更多的地质活动、更多的水、更大的储水空间、更多热量、更丰富的物质，环境也更加稳定。”最重要的是，木卫二有着更理想的周边环境。其轨道深入木卫二强大的磁场中，因此能够困住并加速宇宙粒子。[①]

---

① 《寻找外星生命的最佳机会？木卫二探索终将拉开帷幕》，新浪科技2017年3月28日08：04。

第六章 社会历史观——思辨的历史哲学

传统意识与现代意识，民族意识与人类意识，地方意识与全球意识，历史意识、现实意识与未来意识，价值意识与理性意识，对抗意识与合作意识，认识、情感与意志等之间充满多重维度的交错与紧张，文化力图在其间取得平衡。

历史观是关于自然史和人类社会史的根本看法和观点，它是世界观的组成部分。社会历史观是对社会科学的综合与概括，社会科学是社会历史观的基础；而社会历史观一旦产生又能反过来影响具体社会科学的研究。社会存在与社会意识的关系问题是它的基本问题。

社会存在指社会生活的物质方面，是社会实践和物质生活各种条件的总和，包括物质生活资料的生产、地理环境和人口因素。这些条件既是社会实践的基础，又是社会实践的结果，它们是社会存在所不可缺少的，并对社会的发展产生重大影响。

社会意识指社会生活的精神方面，是社会精神生活过程，它是人们在社会实践中所形成的对社会存在的反映。社会存在的极其复杂，决定了社会意识的多样化。

社会存在与社会意识的关系问题之所以是社会历史观的基本问题，其根据在于：

第一，它是一切历史观无法回避的问题。

第二，它是哲学基本问题在社会历史领域的延伸。

第三，它是划分唯物史观与唯心史观这两种对立的历史观的根本标准。凡主张社会存在决定社会意识，用社会存在来解释社会意识的观点，就属于历史唯物主义。唯心主义历史观则相反，主张社会意识决定社会存在，用社会意识去解释社会存在。

第四，对社会存在与社会意识关系问题的不同回答所决定的是对社会历史现象的不同解释和认识上的分歧的根源。

《资本论·政治经济学批判》，是马克思主义的重要百科全书，也是马克思研究资本主义社会经济形态的巅峰之作。马克思在这部著作里，以唯物史观的基本思想为指导，通过深刻分析资本主义生产方式，揭示了资本主义社会发展的规律，这样就使唯物史观得到了科学验证和进一步的丰富发展。

一、人类社会存在客观的规律性

马克思像黑格尔一样，相信能够用一个辩证法公式概括人类的进化历程。他认为，哲学家所做的一切都在致力于解释世界，但他同时认为，问题的关键在于如何改变世界。马克思主义唯物史观认为，人类社会虽然和自然界不同，有着特殊的物质运动型态，是在有目的的、有意识的人的活动中向前发展的，但它是自然界长期发展的产物，和自然界一样，都是物质世界的一部分，在本质上是客观的、合乎规律的辩证发展过程。

这是因为：

第一，人类社会作为物质世界长期合乎规律发展的结果，对自然具有依赖性，在本质上客观的物质体系，与自然界一样，是统一的物质世界的一部分。

第二，社会规律虽然有与自然规律不同的特殊性，但它与自然规律一样，不以人的意志为转移。

第三，历史发展的客观规律性体现在各种社会因素和社会力量相互作用，最后是通过形成的“合力”来推动着社会历史的发展的。

第四，生产力和生产关系、经济基础和上层建筑的矛盾运动构成人类社会的基本矛盾。人类社会不断进步和发展，社会形态依次更替，是由社会基本矛盾为基本动力的动力系统推动的。生产关系最初是适应生产力的发展状况建立起来的，在生产关系（经济基础）之上建立了与之相适应的上层建筑。随着生产力的发展，生产力和生产关系之间的矛盾就会逐渐尖锐化，其结果必然要求改变旧的生产关系，建立新的生产关系，而变革生产关系的这种要求，势必同现有生产关系（经济基础）的上层建筑发生尖锐矛盾。这时只有改变旧的上层建筑，打破旧的经济基础（生产关系）的维护，才能建立适合生产力发展要求的新的生产关系，生产力和生产关系的矛盾才能解决。矛盾的这种解决是暂时的，当生产力发展到一定高度，社会矛盾又会在更高的水平上重复上述的辩证运动。

马克思在黑格尔辩证法的基础之上，颠覆了传统的“形而上学”，建立了一个现实中得以实践的最大的思想体系，一个影响到地球半数人口的学说体系。《资本论》以唯物史观的基本思想为指导，通过深刻分析资本主义生产方式，揭示了资本主义社会发展的规律，同时也使唯物史观得到了科学的验证和进一步的丰富和发展。他运用唯物史观的观点和方法，将社会关系归结为生产关系，将生产关系归结于生产力的高度，从而证明了社会形态的发展是一个不以人的意志为转移的自然历史过程。

人类社会的发展本身就是一个合目的性与合规律性相统一的过程。一方面，社会发展是生产力与生产关系、经济基础与上层建筑之间这一社会基本矛盾运动推动的结果。另一方面，人是社会历史活动的主体，人类在不违背社会发展规律的前提下，受自己目的的驱使，会对历史活动做出自己的选择。而人们对历史的选择性，最终取决于人民群众的根本利益、根本意愿以及对社会发展规律的把握和顺应程度，归根结底是人民群众的选择性。

社会是由人民群众组成的。历史中的每个人，都会或多或少地对历史的发展产生影响作用。社会历史就是在许多单个意志的相互冲突中产生出来的。每一个人积极的或消极的历史活动都会成为历史事件具体内涵的组成部分，成为整个人类意志中的合力因素和影响历史前进的力量。任何推动人类社会发展进程的重大历史事件或成就，虽然离不开杰出人物的巨大作用，但一来杰出人物来自人民群众，二来他们所提出的理论和实践要么建立在无数代前人和当代人民群众历史活动的基础之上，要么离不开千百万人民群众的参与。广大人民群众的利益和要求，代表了人类社会历史发展的趋势或方向。一切杰出人物发挥作用都离不开人民群众的实践。在这个角度上，一切重大的历史事件，都是人们的意志在遵循客观规律的前提下“合力”作用的结果。它与社会基本矛盾推动人类社会发展的理论并行不悖，两者之间并没有矛盾。

历史唯物主义唯物地、辩证地解决了社会历史观的基本问题。马克思指出：“物质生活的生产方式制约着整个社会生活、政治生活和精神生活过程。不是人们的意识决定人们的存在，相反，是人们的社会存在决定人们的意识。”① 社会存在特别是物质资料的生产方式，是人们从事政治活动和精神活动的前提，没有这个前提，既不可能进行政治活动，也不可能有精神活动。物质资料的生产方式是客观的，不以人的意识为转移，因为人们不能自由选择自己的生产力和生产关

---

① 马克思：《〈政治经济学批判〉序言》，《马克思恩格斯选集》第2卷，1972年版，第82页。

系，每一代人开始生活时，总是遇到上一代人留下来的生产力和生产关系，它是新一代人生活的起点和进行历史活动的出发点。这充分显示社会存在的客观性和独立性。社会意识则不然，它依赖并根源于社会存在，从其内容来看，它是社会存在的反映，任何思想、理论都不能凭空产生，也不可能随意实现，它们的产生、发展、实现取决于社会的客观需要和条件。由于社会意识是社会存在的反映，因此，随着社会存在的变化和发展，必然引起社会意识或迟或早地也要发生变化。

马克思著作中对人性作出明确界定的地方主要有三处：一是在《1844 年经济学哲学手稿》中，马克思说："劳动这种生命活动、这种生产生活本身对人说来不过是满足他的需要即维持肉体生存的需要的手段。而生产生活本来就是类生活。这是产生生命的生活。一个种的全部特性、种的类特性就在于生命活动的性质，而人的类特性恰恰就是自由的自觉的活动。"二是在《关于费尔巴哈的提纲》中，马克思说："费尔巴哈把宗教的本质归结为人的本质。但是，人的本质不是单个人所固有的抽象物，在其现实性上，它是一切社会关系的总和。"三是在《德意志意识形态》中，马克思说："在任何情况下，个人总是'从自己出发的'，但由于从他们彼此不需要发生任何联系这个意义上来说他们不是唯一的，由于他们的需要即他们的本性，以及他们求得满足的方式，把他们联系起来（两性关系、交换、分工），所以他们必然要发生相互关系。"

人的本质不是单个人所固有的抽象物，在其现实性上，它是一切社会关系的总和。评价历史和历史人物，不能脱离所处时代人们行动背后的动机、动机背后的利益根源，更不能脱离所处时代的物质生活条件。例如，对秦始皇的评价必须要提到：秦始皇是中国历史上一位雄才大略的人物。他一生并天下、称皇帝、废分封、置郡县、征百越、逐匈奴、修长城、通沟渠、销兵器、迁富豪、车同轨、书同文、钱同币、币同形、度同尺、权同衡、行同伦、统一法度、以法治国、焚书坑儒。对于大一统的中国、对于中国皇权制度的创建起到了关键作用，对后世的中国和世界产生了深远影响。赞美他的人认为他是千古一帝，批判他的人则称他为专制独裁的一代暴君。

二、利益触动每个人的神经

马克思说，"人们奋斗所争取的一切，都同他们的利益有关。历史上各个社会阶级和集团通过政治纲领表现出来的政治利益和与此相联系的意识形态斗争，都以物质利益为基础。”人对物质、精神、生活条件的直接需要，最终表现为人与人之间的利益分配关系。经济利益关系是人与人之间最重要的关系，一个社会的人际关系能否和谐，从根本上来说是要看这个社会的经济利益能否公平、公正、合理地分配。[①] 恩格斯说：“每一个社会的经济关系首先是作为利益表现出来。”利益，主要是物质利益，包括生产资料和生活资料。列宁说：“利益触动每个人的神经。”（摘自《列宁选集》）

利益关系的特征除了在地位作用上的基础性和在空间上的普遍性，还在于时间上的永恒性。在人类历史上，利益关系是永恒存在的。自从有了人类，就有利益关系。在人类漫长的发展过程中，为了认识和解决人与自然的矛盾，为了认识和解决人类自身的矛盾，人类不仅不断创造出日益丰富的物质财富，为自己提供巨大的物质利益，而且创造了灿烂的政治文明和精神文明，不断追求和实现自己的物质利益、政治利益和精神文化利益。人类迄今为止的一切历史，就是一部通过克服来自自然的和人类自身的各种矛盾，在付出各种代价和损失的同时，不断创造出日益进步的物质文明、政治文明和精神文明，不断地追求和实现自己的物质利益、政治利益和精神文化利益的历史。对于利益个体来说，同样如此。从胎儿的形成到呱呱坠地，从摇篮到坟墓，始终伴随着利益关系。离开利益关系的人与离开利益主体的利益都是不存在的。可见利益关系是一个永恒不灭的社会范畴。

除此以外，在考察利益关系的永恒性时，还必须关注利益关系的历史性。人在历史发展中，在现实生活中，利益关系总是在一定的社会关系中特别是在经济关系中产生、存在和发生作用，因此，利益关系的产生和形成，在内容上，在实现程度上，在实际运动中，总是由一定的社会关系，特别是由经济关系决定的。有什么样的生产方式，就有什么样的社会利益关系，从而表现出鲜明的历史性，无不打上深刻的历史烙印和时代印记。利益关系的永恒性、历史性，还决定了它的约束性和发展性。正是利益关系的约束性、发展性，才使得利益追求成为一切人类活动的最终动因，成为历史前进的动力之源。

蔡方华在《习近平为什么多次提到“利益调整”?》一文中提到：

利益调整为什么在全面深化改革中的位置如此重要呢？如果说得简单一点，

---

① 马克思：《第六届莱茵省议会的辩论（第一篇论文）》（1842 年 2 月），《马克思恩格斯全集》第 1 卷，人民出版社 1956 年版，第 82 页。

大概可以概括为两个方面。其一，改革的本质就是利益调整，全面深化改革，就是要把利益格局调整到有利于国家发展、有利于人民福祉、有利于长治久安的局面上来。其二，十八大以来的改革，是进入深水区的改革，啃的都是硬骨头，触动的也是最难触动的利益，因而也最有可能引发反弹。如果对利益调整的结果预估不足，很可能导致改革停滞乃至开倒车。

早在2013年7月，习近平就提出，要以更大的政治勇气和智慧，突破利益固化的藩篱。

更大的政治勇气是什么呢？就是要有担当精神，不能害怕政治风险，要敢啃硬骨头。

此外，李克强提出用增量来带动和理顺利益关系，就是利益调整讲究策略方法的表现。改革总会让部分人的利益受损，但如果改革能够获得更大红利，就可以通过公平有效的机制对受损者加以弥补，从而减小改革阻力。尤其是，改革如果让弱势群体的利益受损，就更需要通过多次分配和社会保障来予以调节。

改革并不总是指向利益集团，也可能涉及人民群众的利益。在这方面，习近平有个提法叫“获得感”。他说，要把改革的含金量充分展示出来，让人民群众有更多获得感。他还有另一个提法，叫“有事好商量”。就是说，只要是涉及广大人民群众利益的重大决策，要充分听取人民意见，做到广泛商量。用“商量”的方式推进改革，就可以避免因抛弃感、丧失感而导致社会焦虑。

在具体做法上，中央强调要通盘评估改革方案实施前、实施中、实施后的利益变化，对不同层面的利益进行统筹。

深水区的改革，不会是无痛的改革。在这样的攻坚时刻，习近平和中央深改组一再提到正确看待利益调整，绝不是泛泛而谈，而是有着明确的针对性。

《读者》杂志上张毅静的文章《韩干照夜白》很耐人寻味。

所有的情节都充满了意味，也许，就是因为发生在唐朝。

唐朝的时候，有一个人名叫韩干，因为出身微贱，史书上都没有他的生卒时间。

有一天，韩干奉命去王维府上收酒账，恰巧王维不在家，韩干就只好坐在门口等。等待中无聊，韩干拿了根小树枝画了一匹马。就是这匹马，让刚回家的王维惊呆了。王维细细询问了这个小伙计的身世后，立刻决定让他辞掉工作专学绘画。为此王维每年资助韩干两万钱，时间有10多年。

韩干的回报方式就是——发愤图强。

然而，也还是花了10多年的工夫，韩干的画马水平达到了能够让王维和曹霸联手向唐玄宗举荐他的程度。唐玄宗看了韩干的画——他用好奇的目光去注视这个已经低到尘埃里的小人物的画。这一次，韩干的命运再一次改变：唐玄宗欣然给了他一个宫廷供奉的职位，并且亲自安排他拜画马圣手陈闳为师。

40多万匹马——用心观察马的形象、揣摩马的习性、对比马的性格特征，寻求马的动作规律，并把各种各样的马记录在案——韩干哪里能够看得过来？越观察越入迷，越入迷越觉得需要揣摩，后来，他干脆搬到了马厩里，和马一起生活。

韩干拿出作品，惊天动地。

中国以马为题材的绘画，历史悠久，及至隋代，展子虔、郑法士所画之马成为典范；到了唐代，独立的以马为题材的绘画正式出现。然而无论是以“点簇法”画马成名的韦偃，还是得到高度评价的曹霸、陈闳，他们均有一个特点：就是以瘦中画骨的笔法，写意螭颈龙体、姿态飞腾的“龙马”。筋骨毕现的马，似蛟龙，如闪电，要追风，似乎这才是人类对神骏的期冀。

而重视写生的韩干所画之马和众人迥然不同：它们个个丰肥健硕，态度安详，风姿绰约。

乍一看，这些马似乎浑身只有肥肉没有骨头，然而，越细看越有味道：它们的骨骼隐藏在光滑的肌肤下，眼睛有棱有角，耳朵又高又挺，胸脯丰满，四肢有力，马尾细长，完全合乎良驹的标准。尤其耐人寻味的是，这些马显示出那种盛唐才具有的时代精神气质：雍容华贵、气度不凡。它们那样子，根本不是要一日千里、长途跋涉去，而是恰似大唐盛世里那些潇洒的贵公子、华丽的贵妇人，从来没有经历过人世的悲苦与艰辛，生命中似乎只有赏不完的春柳春花。或在水边，或在林下，它们总是从容不迫、闲适自得。纵然昂首嘶鸣，也不是出于愤懑，而是在快意高歌……

那匹唐玄宗最喜欢的名马“照夜白”被韩干描绘得体态矫健、充满生命动感。

（一）全球化：一种意识形态意味的诘问

“一个民族的最大光荣就是在全球价值的形成中增大自己的份额，全球化的未来将是全球价值形成并发挥主导作用的局面”。[①] 因此保有中国特色社会主义意识形态的鲜明特性，其意义不仅在于形式感上的装饰因素，而更是精神底蕴的支撑与基础。最富启发性的探索方式应是广博的知识、深邃的思想和潜心探索的精神所致。

1. 全球化中意识形态的反射和回响

意识形态不仅是统治阶级的阶级意识，即“阶级社会的维护意识”，也是阶级社会的主流文化。意识形态不仅具有阶级性，而且还具有文化性。从这一点看，到资本主义社会为止的文明社会的主要文化都属于一定的意识形态。人类文化正是通过意识形态这种形式得到了发展。所以，意识形态是阶级社会文化发展的重要载体。马克思认为，以意识形态的演变为形式的阶级社会的精神生产和思想文化的发展，是社会分工的结果。在《德意志意识形态》中，马克思把“统治阶级的思想家”称为“意识形态阶层”；在《剩余价值学说史》中，马克思还对意识形态阶层在资本主义社会精神生产中的作用进行了深入的分析。马克思说，物质生产中的对立使一个由意识形态阶层构成的上层建筑成为必要；它们的作用不管是好是坏，因为必要，所以都是好的。

资本主义积累的一般规律揭示了与无产阶级贫困化相对照的另一极：资本家把财富作为资本越来越多的积累。由于利润率下降的趋势和商品在市场的“实现”问题，部分找不到有利投资场所的资本，也不得不“失业”了。过剩资本必须向国外输出。它驱使资本通过银行金融资本的信用事业这个“新的可怕的武器”，在全世界范围内日益加强集中的趋势，“全球化”的本真意义是资本的全球化。一个资本家打倒许多资本家，少数资本家剥夺多数资本家，为了维护几个发达国家的繁荣迫使大多数落后国家破产。最后，“随着那些掠夺和垄断这一转化过程的全部利益的资本巨头不断减少，贫困、压迫、奴役、退化和剥削的程度不断加深，而日益壮大的、由资本主义生产过程本身的机制所训练、联合和组织起来的工人阶级的反抗也在增长。资本的垄断成了与这种垄断一起并在这种垄断之下繁盛起来的生产方式的桎梏。生产资料的集中和劳动的社会化，达到了同它们的资本主义外壳不能相容的地步。这个外壳就要炸毁了。资本主义私有制的丧钟就要敲响了。剥夺者就要被剥夺了。”[②]

自冷战结束以后，全球资本主义取得了胜利。经济全球化的逻辑即是市场逻

① 李慎之：《全球化的发展趋势及其价值认同》，俞可平，黄卫平：《全球化的悖论》，第 15 页。
② 《资本论》第 1 卷，第 24 章第七节“资本主义积累的历史趋势”。

辑，信奉自由价值观。“物质的交流是地区性的，政治的交流是国际性的，象征符号的交流是全球性的”[①]，更为重要的是，这种经济消费主义网络，这种全球化“媒体图景”的叙事，也带来了个人的民族国家历史感和责任感的丧失，带来青少年一代享乐主义的盛行。20 世纪 90 年代，西方学者就批评了市场侵蚀生活的主流价值和民主理念：市场造成的物欲膨胀和消费主义蔓延，使个人的满足、享受代替了勤俭生产和对社会共同体利益的服从，以极端自我主义替代了谋求权力与责任相匹配的西方传统的个人主义，财富多寡成为衡量个人成就的标准。[②]全球范围内美国的霸权文化强势逼人，欧洲标榜“民主、平等、自由”的文化拥尊称大，各色消费文化无所不在，各种宗教文化冲突不断，全球化对民族国家产生了真正的冲击，不仅跨国公司脱离了其发达国家的起源，摆脱了与母国的关系，其生产出现了非中心化，而且，发展中国家也在开放自己，自觉地融入全球化进程，普遍的消费主义文化、经济全球化的离心力以及发展中国家形象的重构都在影响着全球化时代民族国家认同感的形成和培养。在这样的全球化文化背景下，我们建设和谐社会文化的任务极为繁重。

西方学者赞成文化趋同或全球文化的理由似乎是充分使人信服的，而且，全球文化的形成便于人们的沟通和交流，形成互相依赖的紧密关系，一些关于人类共同福祉的如人类只有一个地球的基本观念能够被普遍接受，这必将推动先进的事物、观念在世界范围内得到认可、传播和应用，影响整个世界的局势，促使一个全新的时代到来。但这种对全球文化的赞美之声无论在思想上还是现实生活中，都没有形成和谐之音，似乎无所不在的、无所不能消解的好莱坞电影、可口可乐、米老鼠等消费文化产品在一些国家和地区不时受到抗议和驱逐。

所谓全球化不过是资本的扩张，全球文化的到来不过是强势文化削弱弱势文化族群民族文化认同感的“文化帝国主义”的新殖民活动，这种反对全球文化的思想在学界不时出现。无论反全球文化被指责为多么保守，多么没有整体利益观，多么极端民族主义，但毋庸置疑的是，这说明全球文化的价值观念在世界上不是被普遍接受的。因此，随全球化到来的世界各种文化的广泛交流与传播，无论因人们交往越来越紧密而产生的关乎全球利益的文化观念是多么公正、无私且急需宣扬，都不能为一个国家和民族精神生活载体的文化提供范式或依据。

---

① 朱孝远：《全球文化研究需要注意的几个问题》，《上海师范大学学报（社会科学版）》2007 年第 1 期。

② 杨雪冬，王列：《关于全球化和中国研究的对话》，《新华文摘》1998 年第 2 期。

2. 在防止孤立的自觉意识中寻找价值共识

意识形态作为一种价值系统，必然会带有作为其主要载体的阶级和地位群体的印记，一定的意识形态可能真实地说明一个时代，也可能虚假地说明一个时代。但无论这种意识形态是虚假的还是科学的，它都是对现存社会关系的反映。阶级性作为意识形态的主要特性，关键“不在于要不要辩护，而在于为谁辩护”。一切旧的意识形态都是建立在剥削社会生产关系基础上的，它维护的少数人剥削、统治多数人的制度，因而这一局限性决定了它反社会、反人类的本性。人类的自由、解放，不在于极个别人的自由、解放，而在于整个人类，至少是绝大多数人的自由、解放。一切旧的意识形态绝不会，也不可能倡导和维护被剥削、被压迫阶级的自由、解放，这是其固有的和不可克服的局限性。在资产阶级意识形态中，自由、平等、博爱、人道主义、三权制衡等不过是一种幻觉。因为在现实中的自由是贸易自由，平等是掠夺平等，博爱是“恩威兼施”的博爱，人道主义是不断输出自己价值观，不断向外掠夺的面具，三权分立是资产阶级权力分赃的机制。

一种意识形态的社会作用不仅仅局限在它所代表的那个社会中，它会在以后的社会发展中继续发挥着它作为文化传统的作用。而此时这些文化传统社会作用的性质，则主要不是取决于文化传统本身，而是取决于对这些文化传统进行诠释和利用的阶级的性质。马克思指出：“我们仅仅知道一门唯一的科学，即历史科学，历史可以从两方面来考察，可以把它划分为自然史和人类史，但这两方面是密切相联的；只要有人存在，自然史和人类史就彼此相互制约。自然史，即所谓自然科学，我们在这里不谈；我们所需要研究的是人类史，因为几乎整个意识形态不是把人类史归结为一种歪曲的理解，就是归结为一种完全的抽象”。为什么他们要用一种“歪曲”“抽象”的方式表达其思想呢？因为他们要表达的是少数人的统治阶级的根本利益，而怎样才能做到既表达自己的根本利益，又能让多数人相信它是神圣不可侵犯呢？除了动用强制力量外，在意识形态上只能玩起“抽象”“掩蔽”的把戏，通过诸多的意识形态，淡化或弱化，甚至代替地表达和辩护其特殊利益。

亨廷顿认为：“随着冷战的结束，意识形态不再重要，各国开始发展新的对抗和协调模式。为此，人们需要一个新的框架来理解世界政治，而‘文明的冲突’模式似乎满足了这一需要。”[1] 从唯物史观的立场出发，当我们在考察作为“人类文化发展载体”的意识形态问题时，我们一方面要坚持物质实践在意识形态发展演化过程中的决定性意义，另一方面也要看到意识形态作为阶级社会的文化载体，它本身已经成为该社会的文化主流，并为社会的发展提供了基本的文化背景和土壤。从这个意义上说，人们所处的世界就是一个以意识形态为主体的世界，是意识形态使人从自然的存在转变为社会的存在，进而对社会发展发挥着全面而持久的影响和作用。阶级社会是在意识形态之中进行演进的，正如意识形态在阶级社会中进行演进一样。意识形态是阶级社会发展的文化和思想土壤，而阶级社会又是意识形态变迁的现实基础。这是意识形态发展演化的事实，透过这一事实，我们也可以看清楚社会发展的事实。

文化的意识形态性，说明了文化与具体历史条件、阶级状况的关系；而文化作为一般社会精神现象的特性，表明了文化与人的理性能力、精神实践能力之间的关系。文明社会中文化与意识形态实际存在的内在联系，回避意识形态侈谈文化普遍价值是一种偏见。至于在现实中已经找到终结点并鼓吹历史终结的整全性学说，则是吞噬着人类想象的空间，枯竭着人类的思维。

后现代主义对分裂、破碎、差异、瞬间的崇拜，恰好反映了资本流动性的意识形态强制，资本的这种流动性和浸透力消解了时间和空间的限制，现代的流动性是资本抽象性的必然后果，它使人们生活在一个软性的、流动的时空体系之中。在关系的建构与不断的撤解之中，在时间与空间的流动中，生活的快速旋转和飘移，人“不是力求停留在某种已经变成的东西上，而是处在变易的绝对运动之中”[2]。感受着生命的轻浮与意义的流失。“素被尊崇的观念和见解都被消除了”，绝对、永恒、确定、秩序和崇高等带有静止和凝固性质的观念都被溶解和软化，变成随风而逝的凌乱碎片。

马克思的思想给我们以重要启示：如果说全球化带来全球性的新问题和新变化，那么问题的解决和变化的取向决不应是物的依赖的强化，更不是多数人对少数人在观念背后隐藏的经济——政治利益的服从。在今天物质生产造就的基础上，文化的发展应以超越“物的依赖”为取向，把人的关系合理化放在首要位置。由于人的关系以制度为中介，这种超越势必以制度创新或制度化安排的重新

---

① 塞缪尔·亨廷顿：《文明的冲突与世界秩序的重建》，新华出版社 2002 年版，中文版序言第 1—2 页。

② 《马克思恩格斯全集》第 30 卷，人民出版社 1995 年中文第二版，第 480 页。

建构作为自己的先导，一个良好的制度体系的安排，是文化现代化的最有效的途径和可靠的保障。对资本主义社会日加娴熟地运用制度有意无意地传达和强化的意识形态的认同所取得的卓越成就不能无视，仅仅批判不加借鉴是弱者的心态，如何让社会主义意识形态真正转化为我们的素质才是问题的关键。建构文化发展理念和发展战略，需要在文化大开放中实现制度大开发。

因此，社会主义文化建设更需要文化睿智和文化自觉。马克思曾说过，就意识形态是人们的生活过程的反射和回响而言，它是没有独立历史的。说它具有现实性，主要是指其实践性，这种实践性是基于对“自己时代的现实世界”的关怀，基于对人类未来发展的关怀，而引导人们进行的对现实的改造和发展。它体现为无产阶级的行为准则、价值取向和社会理想，因而它拒斥一切虚伪和形而上学，呼唤真理。马克思主义意识形态是现实的“意识形态”和意识形态的“现实”的统一，体现了历史性与现实性的统一。

自我国的改革开放和市场经济体制建立以来，由于反抗西方已不紧迫，因而学习西方成为主导潮流，在这种情况下，西方发达国家主导的经济全球化自然会从国家认同上来消除我国追求自己的利益和独特性的努力。如何定位和建立新的民族国家的探索，既是形成新型国家认同感的认识前提，也是一种认同体验的结果。

恩格斯指出：“社会发展史却有一点是和自然发展史根本不相同的。在自然界中（如果我们把人对自然界的反作用撇开不谈）全是没有意识的、盲目的动力，这些动力彼此发生作用，而一般规律就表现在这些动力的相互作用中。在所发生的任何事情中，无论在外表上看得出的无数表面的偶然性中，或者在可以证实这些偶然性内部的规律性的最终结果中，都没有任何事情是作为预期的自觉的目的发生的。相反，在社会历史领域内进行活动的，是具有意识的、经过思虑或凭激情行动的、追求某种目的的人；任何事情的发生都不是没有自觉的意图、没有预期的目的的。”

列宁指出：马克思以前，一切历史理论存在着两个主要缺陷：“第一，以往的历史理论至多只是考察了人们历史活动的思想动机，而没有研究产生这些动机的原因，没有探索社会关系体系发展的客观规律性，没有把物质生产的发展程度看作这些关系的根源；第二，以往的理论从来忽视居民群众的活动，……马克思以前的‘社会学’和历史学，至多是积累了零星收集来的未加分析的事实，描述了历史过程的个别方面。”

地理环境是指人类生存和发展所依赖的各种自然条件的总和，是人类社会存在和发展不可缺少的条件，是人类社会的自然物质基础。地理环境是人类生存和发展的必要条件之一，因而对社会的存在和发展产生着重大影响。表现在：地理环境是人类生存的场所，是人的存在和活动的基础，离开地理环境，人类就不能生存，更谈不上发展。

首先，地理环境能影响劳动生产率的高低。

其次，地理环境能决定生产部门的分布从而形成某一地区生产的特点。

最后，地理环境能制约一个国家生产发展的潜力。

自夏商周三代以来，我国中原地区一直是传统文化发展、兴盛或繁荣的重心区。直至宋代，伴随着中国传统经济重心南移的最终完成，传统文化的重心区也随之转移至长江流域的南方地区。一般说来，一个地区成为全国的传统文化重心区的标准是：第一，思想文化、教育发展水平明显地高于其他地区，同时具有明显的示范与表率作用；第二，人口的综合素质尤其是人才的数量、质量与分布密度等名列前茅；第三，其传统文化的发展具有可持续性与稳定性，对其他地区持续地占有优势；第四，代表了当时传统文化的发展方向与趋势，且能受到大批具有创新意识的精英学者们的重视与推崇，并在政治上有所反映。大量事实表明，南宋时期是中国传统文化重心南移最终完成的时间。自南宋前期开始，长江流域中下游的东南地区，成为我国政治中心的同时，又成为我国传统经济发展的重心地区。与之相伴，我国传统文化重心区也从黄河流域的中原地区转移到长江流域的东南部地区。在部门文化地理中，语言文化地理是其中一个重要分支。我国汉语受历史与地理环境影响，根据语言系统的主要特点，可划分为七大方言：北方方言、吴方言、湘方言、赣方言、闽方言、客家方言与粤方言。

民族地理学是人文地理学的分支学科。研究世界各国或地区民族形成和发展的地理起源、民族地域分布规律和地理因素对民族特征的影响。影响民族变化发展的地理因素主要有：地域自然景观和自然资源特点、民族的地理迁徙、天然疆域的分割、国界的更动、国家生产力布局和民族政策的变化等。在不同国家和地区间民族的地理分布差异很大。目前全世界分布着 2000 多个大小不等的民族，其中人口 1 亿以上的 7 个，拥有人口 17 亿。中国汉族是世界最大的民族。依民族构成可将国家分为单一民族和多民族型。前者如朝鲜，后者如中国。此外还有多种族和民族型的，如美国、俄罗斯、加拿大等。民族内部由于文化和生活方式特点不同也会形成不同的民族分支，如黎巴嫩民族中的德鲁兹人、旁遮普民族中的锡克人等。民族还可依其文化发展阶段不同分为原始民族、半开化民族和开化民族。各民族受特定历史、政治、军事、经济、自然诸要素及所处地理环境不同的影响，形成各具民族特色的生产活动方式、聚落建筑形式、宗教文化和性格特征等。

民族地理学在具体运用地理学的方法，通过民族这一种特殊的区域地理现象去研究地理的特点和过程之时，至少应反映以下三个特征：一是民族的位置和空间差异。二是人地关系上的民族生态观点，亦即各民族及其环境之间关系的生态分析。三是在民族的空间位置与生态关系融合中的区域分析，即从区域地理研究的角度出发，着重考察一个历史民族区域内每个要素的空间尺度，以及由于某一特定的地区内环境与民族特征的特殊联系所构成的明显副区。同时，由于民族地理学的研究和民族的方方面面都有直接或间接的联系，而民族是一个社会历史的范畴，在其产生、发展和演变的动态发展过程中所形成的诸多属性、特征、形态，都不同程度地受制于各种自然的或人文的地理环境。所以，民族地理学不仅要考察民族的形成、分布、演变与环境的关系，还要注重分析与民族的地域分布规律及空间差异的形成至为紧密的各种地貌、气候、水文、土壤、生物等自然环境要素和政治、经济、社会、历史、文化等人文环境要素，以及对特定地区的人口、经济、历史、聚落、文化等发展变化规律寻求环境的解释。明乎此，我们才可以把民族地理学的研究对象明确表述为：民族地理学是从地理学的角度，运用民族生态的观点，研究民族的形成、构成、移动、分布特征及其与自然地理、人文地理的相互关系，揭示民族地区各种历史、经济、人口、聚落、文化等要素的地理背景和发展变化规律的科学。

费孝通先生在导师马林诺夫斯基指导下完成了博士论文《江村经济》，作为“人类学实地调查和理论工作发展中的一个里程碑”，是国际人类学界的经典之作，更是唯物史观的社会学意义上的光辉范本。全书计 16 章，分为前言、调查区域、家、财产与继承、亲属关系、户与村、生活、职业分化、劳作日程、农业、土地的占有、蚕丝业、养羊与贩卖、贸易、资金、中国的土地问题。另有人类学家 B. K. 马林诺夫斯基作的序及附录“关于中国亲属称谓的一点说明”。《江村经济》详尽地描述了江村这一经济体系与特定地理环境，以及与所在社区的社会结构的关系。详尽的资料和客观系统的描述，为国际人类学家、社会学家及其他读者了解中国提供了重要的帮助。

（二）文化哲学的解读

在对特定文化的哲学考察中，可以考虑采取的研究方法有逻辑与历史的分析，实证的分析，系统的分析，结构与功能的分析等。反映世界性的现代化历史运动是人类心灵的共同趋向，马克思主义的文化哲学同样是以解决历史的与伦理的冲突、探寻人类共同的精神出路为旨归。因而，它的研究对象也主要是整个人类的精神领域，在本质上是马克思主义的人类精神现象学。在人类的心灵中，包含着理想的与现实的、情感的与理性的、个体的与群体的、理智的与直觉的、历史的与伦理的这五对永恒的矛盾。其中，历史的与伦理的矛盾是人类心灵深处五对矛盾中最深刻的一重矛盾。解决历史的与伦理的矛盾冲突，为人类探寻现实的精神出路，就不能不涉及人类心灵深处所蕴涵的一切内在矛盾，需要对这些矛盾的表现形式及其解决方式的历史演变做出细致的分析，揭示其内在规律，才有可能展示新的解决方式出现的必然性。

同时，依据唯物史观，人类心灵深处的上述五对矛盾又是由人与自然、人与作为个体的他人、人与社会群体、人与现存的文化氛围、人与社会发展的历史进程等五重现实的对象性关系所制约的。人类的精神现象与人类具体的历史的实践相依存。因此，要探求人类心灵历史发展的规律，就不能不研究人类的对象化活动及其一切产物，通过科学揭示文化（作为人的主观心态及其对象化活动的产物的文化）的结构、功能、价值，以及文化发生、演化、交流、选择、变迁和整合的规律性，来展示体现在不同文化类型中的人类心灵的共性和民族文化心理的个性，人类心灵历史发展的一般规律和民族文化心理发展的特殊规律的统一，最终达到对历史的与伦理的或科学的与价值的矛盾的解决，昭示作为真善美之统一的人类精神文明发展的前景。对于在现代化与后现代相互交错的途程中艰难迈进的民族和地域来说，以马克思主义的观点来解决文化的民族性与时代性、本位文化与世界文化、文化的冲突与融合、文化选择的历史尺度和价值尺度的关系问题，尤为重要。

文化哲学的涉及面是如此之广，乃至于可以说，文化哲学是关于历史的、现实的和未来的人的哲学，是人类对自己的文化发展史和文化传统进行全面的反省和反思的理论结晶。从这一观点来看，可以把文化哲学的研究由浅入深地分为三个层次：（1）在把文化看作是“人类的一切所作”的意义上，研究人类的文化发生、文化的结构和功能、文化的变异和传承，以及文化壁垒与文化交流、文化冲突与文化选择、文化离析与文化整合等带有普遍性的问题，以揭示文化起源和发展变化的一般规律；（2）透过文化的多样化的现象形态，揭示文化心理是不同文化类型的基本内核，阐明不同的民族文化类型何以形成；（3）揭示文化心理与物质文化的关系，与制度文化的关系，与社会意识形态的关系。以人类的文化心理，特别是文化心理的深层结构及其历史发展作为主要研究对象，这是对于人类的深层精神本质的研究，是最高层次的研究，也是最富于哲学意味的研究。作为人类的对象化活动的产物，物质文化、制度文化和观念形态的文化，无不是人类在历史实践的一定水平上按照自身的尺度所创造；在文化中凝结着人类的智慧，反映着人类的主观心态。因此，文化哲学的根本问题是依存于人类具体的、历史的、实践的精神现象学问题。文化哲学的根本任务，在于从人类对于真善美的永恒追求所走过的曲折历程中，揭示具有相对独立性的人类心灵历史发展的一般规律和特殊规律及其辩证联结，探讨真善美的内在统一何以可能，为人类在实践中不断开辟精神自我完善的道路。

早在 150 多年前，在考察资本主义生产和交往发展的基础上，马克思、恩格斯就提出历史向世界历史转变的理论。他们指出：资本主义大工业“首次开创了世界历史，因为它使每个文明国家以及这些国家中的每一个人的需要的满足都依赖于整个世界，因为它消灭了各国以往自然形成的闭关自守的状态。”历史向世界历史的转变不是人们任意想象的产物，而是客观的物质过程。马克思、恩格斯指出：“历史向世界历史的转变，不是‘自我意识’、宇宙精神或者某个形而上学怪影的某种纯粹的抽象行动，而是完全物质的、可以通过经验证明的行动，每一个过着实际生活的，需要吃、喝、穿的个人都可以证明这种活动。”

1. 日本文化的“摄取性”文化传统

日本文化经常变化形体，文化的开放性具有很强的主动性。尽管某一时期对外来文化开放表现为一定程度的被动性，如自大化改新到明治维新，日本吸取中华儒家文化的精华，并把它融入自己的民族精神之中；明治维新以后，日本从“和魂汉才”文化取向转向“和魂洋才”，在制度和技术上全面效仿欧美，在伦理道德上仍将儒学道德作为国民的基本准则，等等。但是在它的吸收性里面，世人几乎都忽略了它在吸收之后出现的“僵化性”，它的每一次吸收都带来各方面的巨大变革，但一旦形成自己的特色，容易陷入固定、僵化、死板，乃至走上极端的道路。“二战”前军国主义的发展就是最好的佐证，它可以追溯到儒家主义，以“忠”为核心的思想发展成了国家主义，结合了日本民族的黩武性格，便产生了极端军国主义。

灵活与僵化的摄取性文化传统带来的矛盾性。日本摄取性文化的两重性尽管通过各种各样的方式表现出来，但民族文化的自卑感和自尊心则是寓于其中的最本质的两种相互矛盾、相互转化的社会心理意识，可以说，日本文化的发展历程就是其民族自卑感和民族自尊心交互作用的过程。前者激起日本民族强烈的外向意识，导致主动去摄取外来文化，促进民族文化的发展；而一旦其文化进步发展了，国力强盛了，民族优越意识便会迅速膨胀。小则表现为传统文化复归、"国粹主义"登场，发展到极致则军国主义和法西斯主义盛行。如此循环往复，使日本文化表现出起伏发展的模式。表现为，日本文化在博采众长的同时，又对自己的民族文化有着极大的自信心和自豪感，从古代日本创造的神治时代朴素的原始宗教、无数绚烂优雅的宫廷文学、贵族文学、茶道、能乐、狂言、花道等，到近现代的忠诚意识、集团意识、进取精神等，无不体现日本文化的独创风格和优秀传统。一位学者在论述日本战后经济高速发展的原因时曾经指出：日本现代化成功的真正奥秘，在于长期的历史演进中锻炼出独具特色的民族精神，即集团结构、群体意识、竞争风格和拼搏进取精神。这正是日本民族文化传统中"集团意识"的充分体现。日本民族由于岛国的自然环境以及经历了近千年的武士生活的感化，形成了全民族的集团意识，这是日本民族至今仍保持民族凝聚力的源泉。同时，日本民族生存的地理环境和种族原因，使日本人带有强烈的民族自尊性，这种民族自尊性、自信心代代承传，也对日本历史的发展进程起了积极的作用。自卑与自傲交织的日本民族从"价值的取向上讲，是一个现实主义的，通权达变，适应性极强的民族"①。因此，在经过一段时间的固守传统后，它会"主动适应"，作出相应的改革。例如，日本的高等教育特别强调人的个性发展，但是这里的个人与个性等与西方国家所讲的个人与个性是完全不同的，它融合了鲜明的集团意识的内容。

所以，美国学者赖肖尔说：在历史上，日本人对其他国家的态度犹如一个钟摆，摇摆于自卑感或优越感之间。这种"自卑感—优越感"交替作用的客观结果，从历时性来看，表现为外来文化与本民族文化交替占主导地位，每一次交替都丰富了日本本土文化的内涵，练就了其民族文化的特殊本质。从共时性来看，表现为日本文化具有两重性，一系列矛盾的东西似乎相安无事地共存于统一体

① 张德伟：《日本教育特质的文化学研究》，东北师范大学出版社 1999 年版，第 23 页。

中，成为日本文化中最突出然而最难为人所理解的特性。

集团意识与对个性的忽略。日本是单一民族构成的国家，自然环境恶劣和自然资源贫乏，造就了日本民族强烈的危机感和极强的群体意识。日本人深深感到，必须与别人合作，依靠群体力量，才能与大自然抗争，维持自身的生存。因此，自古以来日本人就有忠于团体、维护团体名誉、重视团体和谐的团队精神。集团意识是日本传统文化的突出特征之一。它的核心内容包括如下三方面：对特定集团的归属意识，在集体中获得归属感和心理安全感；对集团的无条件服从和忘我的献身精神；对集团成员的各方面给予关心和照顾。在明治维新之后，日本建立了君主立宪的政治制度，天皇与国家有所分离，人们的集团意识明显地指向以天皇为象征的国家，对国家的忠诚和致力于国家的振兴与富强成为集团意识的核心内容。战后日本经过了美国民主化的改造，公司作为与人们生活和工作最贴近的社会组织，在人们心目中取得了“集团”的地位。

进入 20 世纪 90 年代，随着“冷战”体制的结束，全球一体化的推进，世界各国都在致力于本国的经济发展，国际竞争日益加剧。为了扩大市场，提高市场占有率，增强国际竞争能力，各国企业纷纷掀起并购、重组的热潮；同时，亚洲金融危机的爆发，导致许多亚洲公司纷纷取消或推迟订货，严重影响了世界上一些大工业集团的经营，致使这些大公司不得不关闭工厂、大量解雇员工。如飞利浦公司于 1998 年 11 月 2 日宣布将其 1/3 的工厂关闭。这样，由于外部经营环境的变化，企业间的兼并、重组及企业裁员是世纪之交的一大热点。伴随着泡沫经济的崩溃、日本经济的长期低迷以及国际竞争的加剧，企业纷纷掀起兼并、重组的热潮，大量经营不佳的企业倒闭破产。日本年轻人逐渐认识到与其对企业忠诚、顺从，不如培养自己具备适应市场经济的各种能力和技能。因此，原来靠员工的一致性和“忠诚”心发展起来的家族式企业逐步走入困境，人员流动频繁，以儒学价值观为基础的、曾经支撑日本经济高速增长的日本管理哲学面临西方价值观念（崇尚个性、重视自我能力）的前所未有的挑战。以“忠”为核心的东方儒学价值观念正在逐渐被崇尚个性的西方价值观念所代替，东西方管理哲学与理念在日本又一次发生严重冲突。日本管理哲学是东西方管理理念冲突融合的产物，它已融入日本的民族精神之中，成为推动日本经济高速增长的强大动力。

2. 美国实用主义文化传统与企业文化

（1）以个人主义及实用主义为显著特征的美国文化传统

如果把一个民族的文化看作一个有机体，那么其文化的基因当可从该民族诞生的源头去寻找。社会结构在人类社会的复杂层级上处于个人之上，与这个较高层级相关的因果力量不只是简单地约束而且也能影响和改变个人的特征、力量和倾向，这就称作是重组的向下因果关系（reconstitutive downward causation）。就美国文化而言，启蒙运动与大觉醒运动正值美国文化形成之日，前者树起理性的旗帜，后者点燃虔诚的火炬，双方合力向世俗的和宗教的专制权威猛烈开火，不仅直接为美国革命输送了强大的思想武器，而且使自由、独立与平等的观念深深扎根于美国民族的心灵，孕育出个人主义这一美国文化的根本精神。“合众为一”的美国建国口号准确地反映了这一点。另外，启蒙运动追求用知识不断改善社会、人生，大觉醒运动则致力于用信仰拯救个人心灵从而达成社会、人生的道德完美，最终实现“山巅之城”的清教理想；其结果，两大运动都推动了教育的大发展，这不仅直接促进了美国的崛起，而且使科教立国成为赐福美国的悠久传统。可见，启蒙与大觉醒，看似殊途，实则同归。这一美国文化史上的绮丽景观，不能不令人叹为观止。

但是，也应该看到，启蒙运动与大觉醒运动极力主张“理性”与“虔诚”，把个人置于判断、行动和意义的中心，这一方面彻底动摇了世俗与宗教权威的根基，为美国的独立与发展注入了强大的动力；另一方面也加剧了个人与社会的紧张，在其极端之时，甚至有可能使个人与社会完全对立起来。在帝国共和政体的全盛期，以往那种平静的使命感和限制行为的苛刻信条，逐渐被一种毒害人的“美国主义”，一种向海外扩张的“天赋使命”感，以及一种刺激工作的物质享乐倾向所取代。然而在尝试和失败中——失败在所难免——却也出现了一种长处：一种自我意识成熟禁欲主义者们称其为悲剧的人生观的可能性。

“在文化领域中，现世化是随着现代化发展而来的附属物，这是一般趋势。从某种意义上说，宗教的信念似乎要丧失它在文化领域中的优势地位，而为科学、哲学的发展取而代之……科学和意识形态的趋向并不意味必须放弃宗教，经常它们还在宗教信念和信仰中找到它们活动的泉源。”“此前认为人类总是朝着理性化和现世化不断演进，这种假定现在已经被放弃了。社会学和人类学的探讨同样明白地显示，在所有的社会中所有的信念类型都存在着。”[①] 就在爱默生为“自立”的个人高唱赞歌的时候，美国个人主义的阴暗面已初露端倪。对此，十九世纪上半叶曾游历美国的法国著名学者托克维尔看得很清楚。他一方面热情赞

① 艾深塔：《意识形态与社会变迁》，引自 A. Inkeles 等著《意识形态与社会变迁》，台湾巨流图书公司 1974 年版，第 238—239 页。

美个人主义在美国所创造的政治、经济与社会奇迹，另一方面也敏锐指出："个人主义起初只是阻塞公共美德的源泉，但久而久之，它也会破坏并毁灭所有其他的东西，并最终化为利己主义。"这种个人主义将个人同社会剥离开来，使人不再感到与共同利益相关。托克维尔建议美国人要永远警惕这种个人主义文化退化为对自我的狂热的、过分的珍爱，从而导致个人将一切与自己联系起来，将自我置于世间一切之上。美国哲学家杜威不无痛心地指出："我们传统的精神因素即机会平等、自由联合与相互交流，便因此而黯然失色、销声匿迹，它所宣称的个性并未得到发展；相反，整个个人主义理想误入歧途，去迎合金钱文化的一举一动。它已成为不平等与压迫的源泉与辩护。"美国个人主义传统早已千疮百孔。这种个人主义可能已成为不治之症——它可能正在摧毁托克维尔曾视为对更具破坏性的种种潜在力量具有调节作用的社会保护层，它可能正在威胁着自由本身的生存。

贯穿于美国文化之中的是实用主义文化，它既是各个时期美国文化最为显著的特征，又是美国文化的根本精神所在，是美国社会的文化传统。在论述这一观点之前，必须首先明确两点。一是"实用主义"的古希腊原文是指"行动""行为"，从哲学上看是一种"行为主义"，即注重实践活动和行为效益。实用主义的思想因子，尽管可以从欧洲古典哲学家的学说中找到，但美国式的实用主义，它首先不是一种哲学思辨型的学说，而是普遍的社会心理，一种看待世界的方式，一种价值观和处世原则。这就是说，北美生存环境的独特性，使北美清教主义一开始就与社会日常生活紧密相联而极富实用性，这种实用性充分表露在北美清教徒的人生态度和道德规范上。

清教主义经过与社会实际融合之后，具有鲜明的实用性色彩，更重要的是，实用主义和功利主义在北美殖民地逻辑地联结在一起。清教徒把成功看成是灵魂得到拯救的象征，是获得上帝恩宠的证明，而获得财富则是成功的主要标志，要获得财富只有勤劳节俭。因此，在清教主义中，工作、财富和灵魂拯救之间画上了等号。清教主义由宗教道德规范转变成为一种世俗进取精神，由纯粹的宗教教义转变为世俗的行为规范。这就是马克斯·韦伯所说的新教伦理的"出世"到"入世"的转变。它成为发展北美殖民地和美国经济的强大驱动力。由此可见，美国的基督教文化实际上是浸透着实用主义的文化精神的。

在欧洲的历史文献中我们可以见到关于民主、自由、平等的真知灼见的光辉文献，看到一大批哲学家、思想家围绕这些问题在不停地论争，然而美国人则是在实践中不停地探索保障民主、自由、平等的社会体制。这种对民主、自由、平等的实用主义理解，成为美国共和文化的典型特征。个人主义也是美国文化的最重要特征之一，它的精神实质就是追求个人自由和发展，强调个人奋斗和自我实现。在整个殖民地时期和西进年代里，他们就是在这种充满实用性和功利性的个人主义思想支配下不断开拓进取的。从而为美国的个人主义文化确立了“基因”，铸就了老式中产阶级价值观念的基本内涵：注重实际、个人奋斗、勤奋节俭、追求成功。在共和时代，这种个人主义文化在自由、平等、民主观念的支配下，不断得到发展。他们所强调的自由是完全的个人自由，是在拥有个人财富基础上的自由；而所谓的平等，实质上是建立在个人财富基础上的平等，没有个人财富便没有人与人之间的平等；而所谓的民主，则是保障个人自由与平等的社会管理体制，是为了保障私有财产神圣不可侵犯的地位。所以，美国的共和文化不仅自身是实用主义文化传统的表现或反映，而且进一步加强或巩固了个人主义文化的实用性。

随着美国工业化和城市化进程的完成，传统的清教式个人主义文化价值观念受到了强烈冲击，清教个人主义中的禁欲成分和工作主义为个人享乐主义所取代，但个人主义的实用性内涵却丝毫没有减弱，反而不断膨胀。19 世纪末 20 世纪初，斯宾塞的社会达尔文主义在美国得到广泛传播和认同，物竞天择、适者生存、个人奋斗充斥着整个美国社会的文化价值观领域。个人主义受到极力推崇，并迅速物质化，宣传个人成功的标志就是优厚的工资和奢侈的生活。

（2）个人主义及实用主义浸润下的美国企业文化

美国肯定个人，尊重个人的首创精神、人格尊严、人的自由，鼓励私人创业者的社会文化氛围、社会机制和社会文化，造就了美国的 GDP 全球第一。美国移民文化好动好冒险的民族特点、明显具有信奉个人能力主义和流动及变动性的特点使得美国的社会文化和社会心态要求个人在社会生活中充分表现自我。

纵观人类历史，环顾世界各国，我们可以发现，凡是政治开明、民主空气浓厚、强调个人自由、把法律看得至高无上的国家，其经济就繁荣发达；而凡是政治专制独裁、压制人性、践踏法制的国家，其经济就衰败贫穷。原因很简单，社会进步、经济成长倚靠的是一种个人才能，而个人才能以及潜藏着的种种能量只有在民主、自由、宽松、讲求人权的政治环境中才能得到充分发挥，这个社会的物质财富也因而丰足。美国企业文化学者泰伦斯·迪尔和艾伦·肯尼迪指出，若价值是文化的灵魂，那么英雄就是这些价值的化身和组织机构力量的集中体现。

1914年1月5日，福特宣布将工人日薪金提高到5美元。这个具有重大历史意义的新闻稿是这样开头的：

（1）福特汽车公司，全世界最大最成功的汽车制造公司，将于1月12日做出工业世界中迄今为止，最伟大的有关工人报酬的改革。

（2）我们将一次性把工时从九小时下调到八小时，并向每名员工提供利润分成，22岁及22岁以上的员工每一位的最低日收入将是5美元。

这则新闻发布在当天的报纸上之后，底特律的曼彻斯特大道拥挤到让人难以移动，每个人都想到福特去拿5美元的日工资，因为他们现在的收入连5美元的一半都不到。1月12日，这是一个寒冷的冬日，气温接近零摄氏度，但这一天却因为5美元的正式生效，而变得极其炙热。

在南方，长期受压抑的黑人听到在福特可以与白人一样获得日薪5美元，于是许多黑人开始向底特律迁移，他们写了无数的蓝调来歌颂福特："我要去底特律，去找一个叫福特的人，找一份好工作，不再挨饿！"

"5美元的伟大意义在于，福特公司重新定义了工业资本主义。"——福特是全世界第一家认识到，市场化中的利益调节机制，不仅可以调节动力，而且可以调节全社会对于"人"的认识。

福特在日薪金5美元的政策中，有一个特殊规定，并不是所有的人都可以享受日薪金5美元。如果你不符合下列条件，那么，无论你多么努力，多么有成效，都不可能享受5美元，而只能享受2.38美元的标准工资：

（1）同家人生活在一起的已婚者，并乐意照顾家庭；

（2）如果你是年龄22岁以上的单身，那么，你要为人节俭；

（3）如果你的年龄在22岁以下，若有近亲或血亲获得你的帮助，那么你也可以享受。

这不是作秀式的规定，福特专门成立了一个社会部，去走访应聘者的表现与家庭情况，很少有人能够做得了假。通过这种堂吉诃德式的"战风车"行为，福特非常清楚地向社会声明，福特提高薪酬，是为了体现上帝给予每个家庭的幸福时光。

当有人问福特：一个清洁工如何可以拿到那么高的工资？福特的回答是：通过收集地板上的小工具和小零件，清洁工每天可以为我们节省5美元。从这种思维中，我们清楚地看到福特把自己这一行为，上升到了如何经营公司，如何使企业强大这一层次。这一点，至今仍是经营公司的基本出发点，那就是：员工对工作的热情付出，是一种成本很高的行为，绝对不可能通过强迫得到。

所以，如果你想要员工的付出，那么，你就需要首先对员工投资。就像沃尔玛说的那样，如果你想要员工照顾好你的顾客，那么，请首先照顾好你的员工！而一旦企业把投资重点，从设备转移到员工身上，整个生产程序将会产生难以想象的效益。换句话说，企业真正强大的是它的员工，而不是它的机器！

事实证明了福特这一伟大思想的正确。

实行这一政策后，“每一个人都把公司徽章别在衣服外面，他们都以成为一个福特人为荣。本来，徽章是进出工厂的一个证件，但无论是星期天还是下班之后，他们一直都戴着徽章，目的是告诉别人，我是福特人！”

差不多一百年后，历史学家布林克利在总结福特的一生时，发出了这样的感叹：如果没有福特管理层的执着努力与过人才能，工业化民主上的这种双重进步，可能需要数十年才能实现。但福特汽车的积极进取，使革新在短短的一年内就完成了。①

美国个人主义的平等观念要求，在同一个团体中各个分子的地位相同，个人不能侵犯大家的权利，大家也不能剥夺个人的权利，同时，作为个人主义的自我保护，个人作为国家的一个公民，有强烈的法制观念，它要求团体不能抹杀个人，美国个人权利备受重视，是以尊重别人的权利为前提条件的。许多著名的企业在个人主义的前提下，都讲究公私分明、公平合理、自由民主、平等竞争、自觉守法、尊重人权、突出个性、富于进取、讲究实效、不安现状、勇于创新和富于冒险精神等。雄心和野心是冒险精神的别名，由此生发的创新是美国企业精神的核心。在过去的50年中，美国无疑是世界技术创新的领袖。

美国式的这种个人主义，引发出企业管理和企业文化模式中注重实际效果。美国文化中注重实用和务实以及个人能力的发挥，体现在企业管理和企业文化模式中注重实际效果，少有形式主义。“实用主义像美国的血液，流在美国的每一道大小血脉之中”②。历史学家康马杰也曾指出：“从某种意义上说，美国过去的全部经历已为实用主的诞生作好准备，如今好像又为它的存在提供基础和依据”③。如前所述，“在整个美国文明史中，没有任何时期是把完善制度的任务放在一边而去改善理论的，清教徒同后来的几代美国人一样，更关心的是实际起作

① 姜汝祥：《五美元的“伟大”》，《思维与智慧》，职业规划中国网，http://www.ienjoyjob.com。

② 罗志野：《美国文化和美国哲学》，广西师范大学出版社1993年版，第15页。

③ H. S. 康马杰；《美国精神》，南木等译，光明日报出版社1988年版，第142页。

用的体制，而不是华而不实的泛泛空谈”①。这种对民主、自由、平等的实用主义理解，是渗透到美国集体常识的每一个毛孔的意识形态，在美国的高速发展、成为世界强国中功劳卓著。

但是，杰出不意味能免俗。过度强调个人，难免又对集体重视不够，不利于形成系统大于部分之和的优化性；同时，价值观的单一化倾向正在成为阻碍企业创造性思维的固化剂，表面五光十色的繁华难以掩盖其内质走向单调乏味的趋势。

（三）中国文化概览

从程序和取向的关系出发，可以深入理解文化的差异与趋同问题。各种文化的程序和取向有共性的一面，也有个性的一面，这是文化特殊性的重要根据。现存的文化是人进行制度建构和新的精神建构的前提。全球化背景下，表面看上去世界是平的，但我们以为的互相了解也许只是误解。文化研究既可以敲开心灵的坚果，看看思维的版图；更可以加强国防、促进沟通以及在开放和理解中获利。

中国文化不仅丰姿多彩，而且有着迷人的气质和丰富的内涵。这迷人的气质和丰富的内涵就是中国文化的基本精神。关于文化的基本精神，张岱年说：“文化的基本精神就是文化发展过程中的精微的内在动力，也即是指导民族文化不断前进的基本思想。”由此可见，所谓文化精神，就是推动和指导着人们实践的思想，亦即世界观和人生观。无疑，中国文化的基本精神就是推动和指导几千年中国文化发展的世界观和人生观。中国文化的基本精神极为丰富。有个报道说，美国总统布什表演厨房秀，根据食谱，用量具配放原料、作料，按照规定的时间，做了一份麦当劳，味道完全符合标准，厨师当得不错。同样，悉尼、哥本哈根、巴黎、阿姆斯特丹、斯德哥尔摩、纽约等地方的麦当劳的味道也完全一样。但中国菜品味道永无雷同的秘密却在于“少许”。所谓“火候”“适量”“少许”是什么，没人能告诉你，那是私人的秘密，不可以言说的部分，永远沉默的部分，与个人的经验、血缘、家教、口感、成长史有关。为什么要把“味”与玄之又玄的“道”连在一起说？道是什么，从来没有说清楚，但中国人都知道它是什么。道是某种魅力，有了这个魅力，人才有创造力、活力、风格，才有心灵；味道的这个“道”就在“少许”里面；而世界的丰富和魅力恰在于细节，在于麻烦，在于

---

① 布尔斯廷：《美国人：民主历程》，谢延光译，上海译文出版社 1997 年版，第 121 页。

少许。

按照张岱年先生的理解，中国文化基本精神有四点：刚健有为；和与中；崇德利用；天人协调。张岂之先生在其《中华人文精神》中指出，中国文化的基本精神有七点：人文化成——文明之初的创造精神；刚柔相济——穷本探源的辩证精神；究天人之际——天人关系的艰苦探索精神；厚德载物——人格养成的道德人文精神；和而不同——博采众家之长的文化会通精神；经世致用——以天下为己任的责任精神；生生不息——中华人文精神在近代的丰富与发展。还有很多学者都对中国文化的基本精神做过精辟的概括和总结。

大同理想是长期在中国占统治地位的儒家所追求的最高境界，这种理想是自觉、公开的政治理想，具有“善”的价值取向。建立一个“大道之行，天下为公，选贤与能，讲信修睦”的“大同”世界，是中华文化的永恒追求。孔子的“不患寡而患不均，不患贫而患不安”，墨家“兼爱非攻”、各尽所能，合于“尚贤使能”而源于“自我实现”；按需分配，合于“天下为公”而源于对西方“私有财产神圣不可侵犯”的革命批判精神，孔子的“博施济众”和“老安少怀”，道家的原始共产主义理想，康有为对未来大同世界政治、经济制度及社会基本规范、原则所作的全面构想、对生产力高度发展、富裕文明的人间乐园的描绘等都与生产力高度发达、社会物质财富极大丰富的共产主义理想相契合；中华文明博大精深，朴素的唯物主义观点、朴素的辩证法思想，凝结着中华民族智慧的概念、范畴和思维方式；传统文化对认识论的研究和深化，从未间断的“无神论”的传统和革命的战斗精神，形式逻辑的体系和朴素辩证逻辑的雏形以及科学方法论上取得的成就，平民化自由人格的主张以及把个性解放与群体自由联系起来的历史观等，都可以从传统文化中找到“渊源”。

相对而言，西方人重个体，而中国人注重关系。与西方近代资产阶级人本主义追求个体民主自由、个人权利的人生价值不同，中国传统文化的人本主义是一种具有浓重道德色彩的人本关怀，具有鲜明的道德伦理特征。这种人本主义把人放在一定的伦理人际关系中来定位。中国人要将事物放在大背景下看，要放在历史中评。中国人关注更加广阔的知觉和概念的范畴，强调事物间的关系、变化。因为中国人生活在事先规定好的复杂的社会关系当中。以家族为本位的社会关系的基本单元是“宗族”。在宗族内，每一个人都不被看作是独立的个体，而起码要和上下两代人（即父、子）发生关联，这样，父亲、自己、儿子就形成三代，这是一个以“自己”为核心的最基本的“宗族”。在宗法观念下，个人是被重重包围在群体之中的，因此，每个人首先要考虑的，是自己的责任和义务，如父慈、子孝、兄友、弟恭之类。从“亲亲”的观念出发，可以引申出对君臣、夫妻、长幼、朋友等关系的一整套处理原则，这些处理原则是以“义务”观念为核心的。

中国传统文化对个人价值的肯定，不在于个人物质欲望的满足，也不着眼于个人精神的愉悦，而是从个人与对象（家庭、宗族、国家）的关系上来肯定个体心性的完善。就人生价值来说，传统文化突出地强调了人的精神需求的重要性，而当鱼和熊掌不可兼得时，舍生取义便成为人的自觉的选择。这种坚忍不拔的民族精神维系了绵延不绝的文化传统，形成了一种不断寻求与命运决战的征服者意志和民族的英雄人格——“天行健，君子以自强不息，地势坤，君子以厚德载物”。作为农耕民族的中国人从小农业的简单再生产过程中形成的思维定势和致思模式是注意切实领会，并不追求精密谨严的思辨体系。农业社会中的人们满足于维持简单再生产，缺乏扩大社会再生产的能力，因而社会运行缓慢迟滞。在这样的生活环境中，很容易滋生永恒意识，认为世界是悠久的、静定的，中国人往往表现出循规蹈矩的惯性。反映在民间心态中，便是对用具追求“经久耐用”，对统治方式希望稳定受常，对家族祈求延绵永远。反映在商业情境中，是崇德利用、天人协调的生存观。这同时也造就了中国历史上最大的政治传统、政治惯性：一种社会转型为另一种社会时，只有一种方式，就是绝对冲突的、崩溃和再建的模式，在历史每个重要的冲突阶段，都会要么产生舍生取义的牺牲者以追求绝对的道德主义的成就感，要么明哲保身不敢担当不去牺牲自身的利益。几乎没有通过协商的、和平的、渐进的方式实现的转型。

从民族精神的视角看，中华传统文化有两种基本功能：是一种精神纽带，一种基本的精神特质，同时，又有一种道德教化的功能。这是一个民族的遗传密码，深藏在一个民族的血液中，内化为一个民族的精神结构，它不会直接产生GDP，但传统文化是一个民族精神的“根”和灵魂，是永恒的事。

当然，正是由于传统文化重家族轻个人、重群体轻个体，总是强调个人在群体中的义务和责任，因而忽略了个人在社会中的权利，也就使得“人皆可以为尧舜”这样的道德平等意识仅仅成为一种理想。简言之，传统文化所肯定的人是作为“道德主体”的人。这里的“人本”其实是“道德主体的人本”。一方面，个人必须担负对社会应尽的责任；另一方面，个体承担责任又要追求一种主体道德心性的完善，这种完善既是社会的要求，同时也是个体的自觉。但传统文化并非不重视物质生命的价值。以物质生命承传为基础的孝道思想，使承载于生命的道德意识和自然知识的传播推广受到重视，不论是为功名、为财富、为名声，它都鼓励人的积极努力。作为一种内在的动力机制，它实际上支配着人的日常生活实践和价值追求。正因为如此，儒学与现代化是深深契合的。

注重人的修养，肯定个体的心性完善，这是中国传统文化人本主义精神迥异于西方的表现。中国传统文化所重视的“人”，虽然是现世中存在的人，但却是处于各种人际关系中的“伦理”的人，体现道德原则的人。这种对人的价值的追求和肯定具有积极的意义。道德完善作为一种人格特质，作为主体的一种优良的素养，使深受传统文化熏陶的士子们具有一种和谐与执着相统一的品格。体现于内心的真诚与尊严增强了他们的自信与宁静，使他们不受时风的左右与动摇。为“道”为“义”为“德”的要求完善着且固守着自己的心性天地。由于心性完善所指向的“理”被提到了“本体”的高度，它在未有万物之前已先存在，这“理”所衍生出来的原则，如“忠”“孝”“仁”“义”便也是自然的，天经地义的。道家的天人合一是建立在自然无为基础上的人与自然关系的和谐，儒家的天人合一则主要是作为道德理想和精神境界发生作用，是儒家学者以伦理为本位建构自己的世界图景的产物。认识人与自然的差别并进行合理的调节，考虑和尊重人的价值，并使人的作用得到最充分的发挥，是天人有分思想最为重要的特点。

正因为中国哲学是合一与有分的统一，所以并不缺乏作为哲学的基础的主体性的观念。一切作为“实践主体”所从事的“齐家、治国、平天下”事业，都必须是具备了“完善心性”的“道德主体”才能承担。“天行健，君子以自强不息。”只有“内圣”才能“外王”，只有“意诚”“心正”才能“身修”，而后才能“家齐”“国治”“天下平”。道家关于“天人合一”的主导思想，要求管理者在管理全过程中要把握天、地、人三才，天时、地利、人和是保证管理成功的三个最基本的要素，只有使三者有机结合起来，管理才能立于不败之地。中国文化相信人本身的力量，相信主体能够把握客体，既是天人之际思辨的最合理的内容，也为今天中国的现代化所必需。

中国传统文化的主体是儒家文化，它的现代价值，表现在对其他文化的开放性上。这是中国传统文化能够发展到今天并在现代社会发生作用的一个基本的前提。但传统文化或儒学的开放性还有它特定的意义，那就是主张每一个体对于他所生活于其中的社会国家的开放性，强调个人对社会国家具有参与感。这种参与感的特点是重在参与的实践过程本身，而不是过分看重当下的功利性的结果。中国传统文化主张求变，《周易》讲："穷则变，变则通，通则久。"易经中关于"变"的思想，要求管理者按照事物客观变化规律的要求去实现管理目标，一切事物万变不离其宗，管理者在观察处理问题时，要抓住本质和关键环节才能使问题迎刃而解……可以说中国文化的现代价值最突出的一点，就是它大张旗鼓地宣扬通过变革以求发展的精神。因而，它既是传统的，迄今已有几千年的历史发展；同时又是现代的，甚至与后现代文化也可以相容。

"以和为贵""亲仁善邻""协和万邦"是中华民族与世界各国人民友好相处的传统道德基础。和睦相处，消弭战祸，"化干戈为玉帛"始终是中华民族的美好愿望和实践目标。所谓"和实生物，同则不继"，"君子和而不同，小人同而不和。""和"，指不同事物之间的搭配、融合、平衡达到最为圆满程度的一种状态。此种和的境界有三个特点：第一，它是一种至善的状态；第二，它是由不同事物构成的一种完美的关系；第三，这多种事物在和合的关系中保持着原有的个性，而不必舍弃个性。用外来之性与自性的亲和与转化及"和而不同"的思维传统可以说是中国传统文化为中西互补提供的最为重要的理论依据。

儒家文化"不偏不倚谓之中，恒常不易为之庸"的中庸之道塑造了中国人的中庸之德，使中国人形成了中庸的思维与行为方式，处事作风和人格境界。面对现实人生很多具体的两极选择，人们试图有效地在对立的两极之间找到一个均衡的支点，并使对立双方归于统一。在生活实践中，坚守中正，寻求适度，不偏不倚，无过无不及，成为古代中国人固守的人生信条。在今日的语境下，"中庸"就是要在管理过程中坚持必要的平衡性，不走极端，行中庸之道；正确把握度并协调好各种关系，以益于社会的和谐稳定、持续进步。

"仁、义、礼、智、信"即"五常"，贯穿于中华伦理的发展，是中国价值体系中的最核心因素。仁，是最基本的、最高的德目，是最普遍的德行标准。义，与仁并用为道德的代表："仁至义尽"。义是人生的责任和奉献，是中国人崇高道德的表现。礼，与仁互为表里，仁是礼的内在精神，"明礼"即讲文明，"礼之用，和为贵"，其价值取向为"和谐"。智，即智慧，明辨是非善恶、自知知人。信，是一项重要的社会道德规范。做人、持家、兴业、治世均要以诚信为本。

礼治精神是中华文化的一个重要方面，也是一套完整的社会管理理论。不论在当时，还是在今天都有着巨大的影响。在社会管理中，不是盲目的、无原则的退让，也不是不顾人类主体、没有人性的堵塞和镇压。它不仅提示人们该干什么，而且用法禁止人们不该干什么，用乐诱导人们可干什么，可以说，它是一个实事求是的社会管理理论。礼治精神所讲的亲和政策，是建立在亲情伦理之上的，由人的血缘伦理而逐渐升华提高而成。人际伦理，社会秩序，来自于人的自身，又返利于人的自身，最易为人接受和执行，也最易感染人的心灵。因此，它不仅切实可行，而且也深入人心，影响深远。

可以说，没有博大精深的包容性和融合性的文化底蕴，是不可能承载丰富多彩、气象万千的集大成的文化的。意识形态的自救之途必须与价值重现相连。确立意识形态在文化全球化中的话语权，不是暂时的意气之争。这种努力所要达到的目的不是要以代表人类普遍方向自居，而是保存马克思主义在意识形态领域的完整性和持续发展的培养基，使理论的多元倡导物化为现实存在的制度形态，参与建构社会价值系统和民族心理结构。

文化的生命感是由一组范畴构成的精神张力与拷问。它包括文化神秘感的提示与敬畏感的维护，技术的丰满与人文的饥渴，科学的发达与伦理的错位，学术的攀升与道德的堕落，资财的巨大消耗与生命图景的肢解，技术的滥用与情感的匮乏、陌生感的突显，捉襟见肘的干预与对文化自律的尊重，文化的修复与社会、心理完整性的破坏，研究与教学的精细与文化的缺失，凡此种种，构成当代文化的精神困惑与焦虑，并且，在相当长一段时期内我们依然会面临科学技术与人文精神之间的不断冲突。

与西方相比，中国文化的“富矿”究竟在哪里呢？在比较文化研究的基础上，我们认识到，“古典的古代”在进入文明社会的过程中所导致的感性和理性的分裂对峙，使得西方文化在两极最为发达：在感性一极，表现为体育活动；在理性一极，表现为科学活动；而在感性与理性相结合的工艺和艺术方面，却有着文化上的缺陷。西方人也有艺术，但在很大程度上，西方式的艺术常常被科学化或体育化了。一方面，以“模仿说”为理论根据，古代的西方人常常以对现实生活的反映与认识作为艺术活动的终极目的，因而从解剖学的角度来研究雕塑，从透视学的角度来研究绘画，从几何学的角度来研究园林，从历史学的角度来研究小说，结果是研究来研究去，唯独忘却了艺术本身的审美目的。另一方面，以“宣泄说”为理论根据，现代的西方人又往往借助艺术行为来发泄被压抑的内心欲望和潜意识，像歇斯底里的霹雳舞，像声嘶力竭的摇滚乐，还有那些以性爱、警匪为内容，以追车、枪战为模式的好莱坞大片，虽然都能够起到刺激人们的生理感官、满足人们的肉体欲望的目的，但却失去了审美情感的独特魅力…… 与之不同的是，“亚细亚的古代”进入文明社会的“早熟”形态，使得中国人的感性和理性分裂得不够彻底。表现在文化上，是体育和科学都不发达，发达的是感性和理性之间相互交融、彼此渗透的艺术和工艺。中国人也有体育，但中国人的体育活动却不像西方式的体育那样以宣泄肉体的感性生命力为能事，而是感性中有理性，肉体中有精神。这一切，都使得中国的体育在很大程度上被艺术化了。例如，西方式的拳击是一种感性能力的直接较量，而中国式的武术则不仅要打得准、打得狠，而且要打得漂亮，即要在花拳绣腿之间获得一种美的享受。时至今日，中国在国际体育比赛中的强项也大都具有艺术的成分，像体操、跳水、乒乓球之类，而在类似足球那样强调肉体对抗性质的体育比赛中，中国人却常常表现出文化上的缺陷。中国人也有科学，但中国人的科学活动却不像西方式的科学那样，以穷尽人的理性思辨力为能事，而是强调感性与理性的统一，经验与思辨的结合，因而在很大程度上工艺化了。中国人可以通过反复测算而为圆周率的 π 值找到一个相当精确的数据，但却不曾建立起一种欧几里得式的几何学体系；中国人可以通过反复实践而建造起天坛祈年殿式的精美建筑，但却不曾建构起一个牛顿式的力学体系。即使是中国人引以为豪的“四大发明”，也无一不具有工艺的成分，而非纯粹的理论科学。然而，西方文化的长处，正是它的短处；中国文化的弱点，也正是它的优点。与巴尔扎克将文学著作写成“编年史”的科学努力刚好相反，司马迁却使一部史书真正具有了“千古之绝唱，无韵之《离骚》”的美学价值。这种天然的诗性思维和诗性态度，使得我们古代的艺术家一开始就不以纯粹理性的态度去“模仿”外在的社会生活，也不以纯粹感性的态度来“宣泄”内在的肉体欲望，而是懂得如何在“似与不似之间”、感性与理性之间获得一种情感传达的可能性。漫步雕林，我们固然也会赞叹古希腊《掷铁饼者》那精确的骨骼和隆起的肌肉，然而如若将其与汉将霍去病墓前那几座稍加斧凿便浑然天成的动物雕塑相比较的话，我们就会发现，究竟哪一个民族更懂得“艺术”。漫步园林，我们当然也会赞美凡尔赛宫前那对称的喷泉、整洁的道路，以及被切割成几何图案式的花卉和草坪，但是如若将其与苏州拙政园那山重水复、柳暗花明，直至将天地自然融为一体的园林艺术加以比较的话，我们才会发现，究竟哪一个民族更具有“天才”……

总之，所有一切，都说明中国文化的长处不在感性，不在理性，不在体育，也不在科学。但在感性与理性相结合的艺术与工艺方面，中国人却取得了举世闻名的成就。

在中国，现代文化的蛮性在于缺少爱与智，知识的攀缘与技术的操练才显得十分的匠气。科学是有灵魂的，科学也有人文关怀，科学精神形成科学文化，科学文化推动着人文文化不断健康发展。科学的认识对象要求是客观存在的；科学追求的是事物的本质关系；科学拒绝“虚假”，要求用实证的方法来反复验证；科学拒绝“懒惰”，它总在“怀疑”中不停地探索。所以，科学要求公平、平等、民主，科学讲究坦诚、真实，科学体现共识和包容。“人文”是一个内涵极其丰富而又很难确切指陈的概念，“人文”与人的价值、人的尊严、人的独立人格、人的个性、人的生存和生活及其意义、人的理想和人的命运等密切相关。科学给予人的人文关怀是自主的、真实可信的，这不仅丰富了人文文化的内容，也给人文文化健康发展铺下了厚实的理性基石。科学通过技术成为生产力，但生产力不是科学的唯一。教育的知识取向使科学在教育中失去了发生的土壤、科学的曲折过程、科学的宝贵精神，使科学只剩下僵硬的逻辑和附着的知识。科学没有了科学精神，就成了奴役人的异化物。我国教育严重的知识取向，科学文化特别是科学精神的缺失，严重阻碍着中国的现代性进程。

因而，首先就要使当代文化启蒙同现代化的事业结合起来，用科学思维和技术理性以及现代艺术与哲学中以人的主体意识和创造性为核心的人本精神这些现代化主体所不可或缺的素质来改造文化主体，提醒受教育者有意识地构建边缘化的阅读径路与多元的思维向度，唤起他们对民族文化功能与本质的再思，有助于我们在成就史的喝彩中重建冷峻的批判生活，打通科学与人文之间的学科壁垒，克服科学的人文缺失，为技术提供人文滋润，从而超越工匠式的刻板与脆性，提升社会生活的理性境界。使人能以为什么和应如何的自觉态度对待生存和发展问题。

需要追问的是，社会主义意识形态的光荣感究竟依靠什么作为根据和根源？所谓的“胆魄与智慧，各路豪杰的聪明才智”的可依赖性，如果尚未与切实可以凭借的制度保障相结合，就不会在全球文化域中发挥作用。因此，马克思主义意识形态理论的价值的重新发现和再认识并不意味着要导向自我孤立。重要的是，在转化传统文化、重建当代意识形态的实践中，必须整理并重塑转型后的意识形态精神，重新倡导具有当下意义和指向的价值认同，用与时俱进的主体性代替守成单一的主体性，在防止意识形态孤立的自觉意识中寻找价值共识，而不是加深认同危机。通过文化的再现来建立当代意识形态，亦即用全球化思考与本土化行动展现文化在全球化趋势中的积极效应，力求达到非殖民化的自我书写和文化再现，才能在保有和维系文化本土化发展运行的同时，参与全球化的过程，由此构成相谐共生的文化大语境，续接清新刚健的意识形态传统，实现充满无限生机与可能的新文化建构。

（四）中国文化的地域性展开

1. 地理环境对于文化的发生起着重要作用

马克思指出："说人是肉体的、有自然力的、有生命的、现实的、感性的、对象性的存在物，这就等于说，人有现实的、感性的对象作为自己的本质即自己生命表现的对象；或者说，人只有凭借现实的、感性的对象才能表现自己的生命。"[①] 我们也可以说，正是由于有了地理环境，才有了展开、丰富、发展人类本质力量的可能性，才有可能在物质领域和精神领域表现人的生命，从而获得人类的历史发展和现实创造。地理环境是人类不可缺少的确证自己生命历史的对象，是唤醒人类为自己生存、发展和享受所必需的本质力量的现实条件、物化对象、改造对象和审美对象，是促使人类展开资源丰富的自然美及其历史神韵的对象。没有人类世世代代的繁衍、生息，地理环境不过是一种无人知晓的纯客观的物质存在，而不会有如此鲜活的历史文化画卷。

中华文明源远流长，其文化的时代性演进和地域性展开均呈现了多彩的状貌，因而要想获得对中国文化的深刻理解，就必须对其进行分区考察，多作具体分析和实证研究。中国是一个文明传统悠久深厚的国度，又是一个广土众民的国度，其文化因时间向度的演进而具有时代性，又因空间向度的展开而具有地域性。

《中华地域文化大系》一书对文化区域进行了划分。根据这种区域划分，中华文化的地域性展开大致有十九种，即：燕赵文化、三晋文化、三秦文化、齐鲁文化、中州文化、荆楚文化、吴越文化、巴蜀文化、安徽文化、江西文化、松辽文化、闽台文化、岭南文化、滇云文化、贵州文化、塞北文化、甘宁文化、西域文化、青藏文化。[②] 当然，必须指出，中华文化对多元文化有容乃大，和而不同，是"多元一体"的文化格局。

马克思指出："不是土壤的绝对肥力，而是它的差异性和它的自然产品的多样性，形成社会分工的自然基础，并且通过人所处的自然环境的变化，促使他们

---

① 《马克思恩格斯全集》第 42 卷，人民出版社 1979 年版，第 168 页。

② 冯天瑜：《中华地域文化大系》总序，北京教育出版社 2003 年版。

自己的需要、能力、劳动资料和劳动方式趋于多样化。”① 处于不同的地理环境中的人类各分支，总是在实践中逐步探索如何按照自然环境的特征来选择最适宜自身生存和发展的、与自然作物质交换的特殊方式，在这里，自然环境是重要的；没有特定的自然环境，也就不可能产生特定的与自然作物质交换的方式。历史地理的生态环境制约着甚至决定性地影响着民族文化格局，决定着文化起源的本土性，构筑了多种不同的人文发展机遇和文化区域，形成了多元文化区系和相当复杂的文化谱系。

马克思根据自然富源在社会物质生产过程中的作用，把它们分成两大类，一类是提供生活资料的天然富源，如肥沃的土壤、大量的鸟兽和鱼类等；另一类是提供生产资料的天然富源，如金属、煤炭、石油、树木、建筑用石、水力、风力、太阳能等。在人类社会发展的最初阶段，它们是天然的“衣食仓库”和“工具武器仓库”，为人类的生活和生产直接提供所需的物质资料。马克思认为：“在文化初期，第一类自然富源具有决定性的意义；在较高的发展阶段，第二类自然富源具有决定性的意义。”② 因此，所谓自然环境的优劣，在文化发生的早期，是由提供生活资料的天然富源的多寡来确定的。人是有惰性的，如果能像猿猴一样继续栖息在树上就能生存，他们就绝不愿到处游荡觅食，更不愿用自己的肢体劳动来取得食物，那么一切进步都不可能发生。

现代西方文化人类学家拉策尔等人认为，“进步”最先降临在多风暴的地区，因为生活在那里的人们常常有失去生命财产的危险。一般说来，自然地理条件比较差的地方，使进化中的人面临自然界时产生争取自由的原始的生命冲动，去扩大自己对自然的权力，创造文化，文化发生相应也就早些。有些民族能够较早地由狩猎转向畜牧，无疑是因为仅仅靠狩猎不能保证总是有足够的食物。有的民族能够较早地进入农耕时代，恐怕也主要是由于自然环境中可供驯养畜牧的动物和水草资源有限。然而，所谓自然地理环境的优势与劣势，总是依人类具体的历史的实践而在一定的条件下发生转化。一旦原先的地理环境优势由于人类历史实践而向劣势转化，原先的自然的宠儿就不能不有危机感，不能不起而应战了。当林多草丰的松辽民族在向着农耕生活过渡的时候，他们原先的游牧渔猎生活在地理环境方面的优势与农耕民族所处的大河流域相比，又转化成为相对的劣势。

① 《马克思恩格斯全集》第 23 卷，人民出版社 1979 年版，第 562 页。

② 《马克思恩格斯全集》第 23 卷，人民出版社 1979 年版，第 560 页。

2. 自然环境通过人的对象化活动发生的影响

孟德斯鸠认为，寒冷的气候使寒带民族像青年一样勇敢，驱使人们去从事持久、艰巨而伟大的事业，使得他们能够保持自由的地位。注意到地理环境对于民族心理形成的影响，无疑是为考察民族心理提供了新的视角。然而，其具体观点看上去却又是如此不能自圆其说：例如俄罗斯的气候不可谓不寒冷，但照样在蒙古人的统治下当了两百年的奴隶；非洲的天气不可谓不炎热，却否认不了非洲人民在殖民者到来的时候曾经整个部落冒着殖民军的枪林弹雨冲锋。黑格尔天才地意识到："我们不应该把自然界估量得太高或者太低"，爱奥尼亚也认为"明媚的天空决不会单独产生荷马"。①

任何一个民族的文化都有一定的客观地理环境，这种环境为塑造各民族不同的文化类型和不同的文化特性提供了外在的物质基础，在一定程度上影响着各民族文化创造的发展趋向。农耕文化的文明程度相对较高，文明经历时间较为久远。但也正是因为其文明和早熟，他们的思想与行为受到种种繁文缛节的束缚，少有进取与开拓。而草原民族处于游牧状态，他们不局限于一方水土，他们的行为模式与观念相对自由而少受约束。游牧的生活方式与奔波动荡的军事生活有相类似的一面，马背上的颠簸适应纵横驰骋的战争的需要，传统的荣辱观念的教育激励了他们坚忍顽强的斗争精神，较为艰苦恶劣的自然环境及其维系生存的手段铸造了他们强悍的体魄、灵活的应变能力及吃苦耐劳、忍辱负重、坚忍顽强的文化素质，所以他们可以在很短的时间内展现出巨大的民族凝聚力和一往无前的开拓进取精神。所有这些特点，不能不从人与自然的关系中的地理环境方面给予人类心理的影响来寻找部分的解释。

当然，地理环境对于文化发生的影响，是通过一定的中间环节实现的；没有一定的中间环节，连地理环境是什么也无法说明。在人类创造文化的活动中，人和自然是同时起作用的。以孟德斯鸠为代表的自然主义的历史观只看到了自然界作用于人，认为只是自然条件决定人的历史发展，而没有看到人也反作用于自然，改变着自然界，为自己创造新的生存条件。离开了人的存在，离开了人的现实的生命活动，任何自然地理环境都是没有意义的。当代文化人类学家在考察自然地理环境与文化的关系时还发现，文化对于自然地理环境的依从关系，本身就是多种文化因素作用的结果，并不是直接对应的关系。这一发现丰富了文化哲学

① ［德］黑格尔：《历史哲学》，王造时译，生活·读书·新知三联书店 1956 年版，第 123 页。

关于地理环境与文化之关系的学说，为解释当代人类学提出的一系列难题提供了新的思路。例如，为什么相同的自然地理环境中不同的原始部落却会有不同的文化？为什么在环境发生了变化的情况下，某些文化特征能够继续存在，而这种文化特征却没有得到应有的发展？诸如此类的问题，只能用介于人与自然的关系之间的多种文化的因素来说明。介于人与自然的关系之间的文化因素，除了人与自然之间物质交换的方式外，还有社会意识的各种因素参与。在人类文化发生时期，原始的宗教意识乃是制约人与自然的依从关系的一个不可忽视的重要因素，许多特异的文化现象都可以由此得到说明。至于文化特征之不随地理环境变化而变化，则需要用文化的传统或惯性来加以说明。

在更为宏观的视野下考察不同民族文化的优点与缺点、长处与短处，在比较文化研究的基础上，我们认识到，作为感性生命的强烈表现，文化是对人类感性生命力的探究。唯其如此，文化的感性生命才可能在传统与现代的交融中显得富有生机。

3. 区域文化的张力和现代价值——以松辽文化为例

党的十六大报告指出："全党同志要深刻认识文化建设的战略意义"，并强调："文化的力量，深深熔铸在民族的生命力、创造力和凝聚力之中。"党的十七大报告提出要"提高国家文化软实力"，努力"增强中华文化国际影响力"。2013年12月30日下午，中共中央总书记习近平在主持中共中央政治局就"提高国家文化软实力研究"进行的第十二次集体学习时强调，提高国家文化软实力，关系"两个一百年"奋斗目标和中华民族伟大复兴中国梦的实现。① 要弘扬社会主义先进文化，深化文化体制改革，推动社会主义文化大发展大繁荣，增强全民族文化创造活力，推动文化事业全面繁荣、文化产业快速发展，不断丰富人民精神世界、增强人民精神力量，不断增强文化整体实力和竞争力，朝着建设社会主义文化强国的目标不断前进。在异质文化同本土文化激烈冲突的今天，建立民族文化中对信任的崇尚，对共同理想的追求，是我们国家和民族在新世纪中保持独立的关键。②

祖国的东北地区地处环太平洋地带，属于东北亚地区，与俄罗斯、朝鲜、韩国、日本等国相比邻。在对外开放总格局中，战略位置十分优越。这里南临渤海和黄海，北有大小兴安岭和长白山，东部是茂密的森林，西部是辽阔的草原，它

① 习近平：《建设社会主义文化强国 着力提高国家文化软实力》，《光明日报》，2014年6月28日。
② 田建华：《全球化与文化的碎化》，《廊坊师范学院学报》2003年第1期，第21—24页。

们与中部的大平原一起构成了山环水绕、沃野千里的生态环境，为建设温带大农业、全国重要商品粮基地、林业基地和牧业基地提供了良好的环境基础，并为发展轻工业和重工业提供了充足的原料来源。黑龙江、松花江、乌苏里江、辽河、图们江、鸭绿江等大小河流滋润着千里黑土地，沿海港埠和内陆口岸几乎遍布全地区。这里有风姿各异的茂林佳卉，有稀世之珍的飞禽走兽，有名扬中外的关东三宝……

正是在这片白山黑水森林大海之间，松花江辽河流淌的黑土地上，众多民族人民繁衍、生息、奋斗，形成了中华文化中重要的一个支系——松辽文化。松辽地区各民族文化与中原文化长期并存于世。在这块广袤的土地上，曾经孕育了一些先后入主中原的少数民族，为中华民族的发展史留下了鲜明的北方民族的印记。

区域文化作为中华文化的组成部分，其发展呈不平衡的态势。在当前全球化背景下，区域文化要直面文化转型、文化整合，以及能否可持续发展等一系列问题。区域文化研究在当下虽非热点也不前卫，但却有着厚重的历史感。各种区域文化均内涵丰富，气象万千，很难从总体上加以描述，所以本文只选择了松辽文化作为研究对象。之所以选择松辽文化作为研究对象，还因为作者本身对此文化区域也有一种体认，对松辽文化的切身体验有助于对这种文化的某些文化因子做出更贴切的评价和选择。

（1）松辽文化多元一体格局为民族团结提供了借鉴

松辽地区与中原相比，总的说来，开化较晚，进步的速度在明清代之前比中原迟缓。由于东北地区各民族所处的自然环境和获取生活资料的方式不同，在社会经济发展上有许多不平衡之处。当中原早已进入封建社会时，松辽地区的一些民族尚处于原始社会末期。松辽地区的历史进程不仅与中原地区不同，而且松辽地区内民族与民族间在历史进程上也不尽相同。辽、金、元时期，松辽地区既有发达的封建制，也有奴隶制或农奴制，还有氏族制。与此同时，契丹、女真和蒙古族也正在逐步向封建制转化。政治、经济状况的多样性造成了文化状况的复杂性。但最终，或快或慢、或迟或早地都按统一的历史发展规律前进，都跟上了中华民族前进的历史步伐。在中国人民解放战争中，松辽地区成为最早解放的地区，为全国的解放做出了重要贡献。在中华人民共和国成立以后，松辽地区的经济、文化、教育都得到了突飞猛进的发展，甚至比黄河、长江流域的一些地区更为发达。作为最早有众多少数民族聚居的多民族地区，能够成为民族团结、民族进步的表率，为其他地区的发展、进步和团结提供了宝贵的经验。

从夏、商、周代起，居住在松辽地区的若干少数民族就与中原王朝建立了友好和朝贡关系。殷末周初，封箕子于朝鲜（今辽阳一带），西周召公的儿子封燕，战国时燕境包括松辽地区的辽东、辽西，占据辽河流域。秦始皇统一中国，公元前 222 年便设立辽东郡，对松辽地区进行直接统治。古代长城早就不是中国的边界线。汉武帝时又在东北设玄菟、乐浪等郡，松辽地区的夫余多次遣使朝贡汉朝。唐朝在粟末靺鞨地区设置忽汗州都督府，封黑水靺鞨首领倪属利稽为勃利州刺史，后又设黑水州都督府，统治范围达到松花江、黑龙江流域。由原生活在松辽地区的契丹、女真所建的辽、金同两宋的关系中，包含着松辽地区和关内地区的种种联系，其统治范围超过松辽地区而达到半个中国。元、明、清时期，关内外的关系更加密切，特别是满族统治者所建的清朝统一了全国。

就中国的若干地理区域而言，松辽地区是最为特殊和有代表性的地区之一。松辽地区自古就是少数民族聚居地区，各民族在共同开发建设东北的历史进程中，共同创造了松辽地区璀璨的文化。这些来自世代相承的松辽地区各民族是松辽文化形成和发展的主体力量。由先秦时期商之先民和孤竹、令支、屠何、山戎、箕族到嵎夷、发、橐离、追貊、肃慎等族，为松辽文化做出了筚路蓝缕、以启山林的贡献。秦汉时期，沃沮、东胡、乌桓、鲜卑、挹娄、夫余、高句丽等族与祖国大家庭一起繁荣。魏晋南北朝时期，高句丽盛极灭亡，夫余族衰亡，其遗族豆莫娄和勿吉诸部以及室韦、地豆于、乌洛侯等族共同走上了发展与融合之路。隋唐时期，靺鞨和渤海族心向中原慕华风。辽金时期，契丹、汉、奚、渤海、女真、室韦诸部，乌古、敌烈、阻卜等族争向文明之途迈进。元明时期，蒙古、女真、水达达、兀者、乞列迷与骨嵬等族与汉族共同发展，融合共存。[①] 清代满族君临万邦，一统九州，中国现代民族开始确立。中华人民共和国成立后，满、蒙古、达斡尔、鄂温克、鄂伦春、赫哲、锡伯、回、朝鲜、柯尔克孜等民族成为松辽地区的主要少数民族。

松辽地区与全国社会发展的不平衡，松辽地区内地区间、民族间社会发展的不平衡，以及全国政权和松辽地方政权之间错综复杂的关系，给松辽地区的历史分期带来困难。平等地对待各民族地域文化，还历史以本来面目，这是我们研究的初衷。松辽历史上存在过许多民族，这些民族共同体也不是一成不变的。有的

---

① 《中华地域文化大系》（松辽卷），北京教育出版社 2008 年版，第 35—36 页。

民族或全部或部分地在不同历史时期，融合或同化到其他民族共同体中。既有少数民族人被汉族同化的，也有一部分汉族人加入到其他民族的。其中的原因是多方面的，既有政治的、军事的、文化的原因，也有地理的、自然条件的原因。但这些基本上都是各民族群众自愿的选择。从总的趋势上来看，是发展较早、较快，经济、政治更有实力，人数相对众多的民族更有吸引力。松辽地区自古至今生活着许许多多游牧、渔猎以及农牧结合的民族，他们虽然族属不同，语言、文化、风俗有差别，但他们与生活在祖国大家庭的各民族一起，共同创造了中华民族灿烂的文化，为中华文化的形成做出了自己的贡献。中原文化与北方草原游牧文化的交融，造成了中华民族的多元统一的文化传统，保持了一种取之不尽、用之不竭的旺盛的活力。

物质生活的富有并不是人类生活追求的全部内容，更有意义的人的精神生活有赖于文化环境的丰富与宽松。倘使失去了人的精神生活的自由度，富足的物质生活将会导致诸多社会问题的产生。民族团结，边疆稳定，从根本上都系于中华民族的精神凝聚力和向心力。契丹建立的辽朝在处理民族关系的民族政策上给我们以深刻借鉴。辽朝统治者积极笼络汉族士人集团，吸收汉族知识分子参政议政，采取“一国两制”体制，推行“因俗而俗”政策，即“以国制治契丹，以汉制待汉人”的双轨制统治体制；推行徙民和增设州县政策，优待奚人，恩结渤海，因势利导，为其所用。[①] 元代和清代是由少数民族作为统治者主体的历史时期。在此期间，中华民族文化始终作为一个多元一体的文化格局存在和发展着，以儒家文化为基本特征的中华民族文化始终没有泯灭。各民族的迁徙和交错杂居，加速了民族的交往与融合。历史上曾经出现的分裂的政权重新走向统一，不仅没有瓦解中华民族文化，反而更增强了中华民族的凝聚力。并且元、清两个朝代，都曾使中国达到过空前的统一，各民族的文化交流也获得空前的发展，中华民族文化的多元一体格局呈现新貌。中华民族文化始终是维系中华民族大一统格局的重要的文化因素，而能够充当如此重要的作用的中华民族文化是包括汉族和各少数民族在内的整个中华民族共同创造的。团结统一，深深印在中国人的民族意识中。中国历史上虽曾出现过暂时的分裂现象，但民族团结和国家统一始终是中华民族历史的主流，是中国发展进步的重要保障。

（2）松辽文化中的思想文化是社会主义先进文化建设的重要思想资源

松辽文化是一个不鲁莽的武将，同时也是一个不迂腐的文人。其文治武功的

① 关树东：《辽朝州县制度中的“道”“路”问题探研》，《中国史研究》2003年第3期，第18—22页。

最高境界即武人有文士的风范，文人有武士的气度，文武一体，是松辽文化强盛的标志。它时而气势恢宏，有如黄钟大吕，高屋建瓴；时而才情兼具，既有无穷的渴望，又有孜孜的追求。松辽文化的绵韧与贞刚相得益彰，相辅相依，相映相谐。其冷峻之处可以凝聚神思，苍凉之处可以领悟精深，豪迈之处可以才情横溢。

松辽文化中为国家、民族、社会贡献一切的献身精神，奋不顾身、大义凛然的勇气和胆气，义无反顾、知其不可而为之的气魄，正道直行、正直坦荡、敢于反抗强暴、抵御外侮的无私无畏的气概，质朴务实、面向现实、重视人生，求是求真，从日常生活、人伦关系以及社会生活中表达自己的意愿，立足现实、重视实际、朴实无华，立身行事讲究脚踏实地的精神风貌，体现了中华文化的优秀传统，至今仍需倡导和坚持。

松辽地区是多民族聚居地，有丰富的民间传统信仰，这些民间信仰对环境保护具有一定的意义。这里的大多数少数民族都有神山信仰、树木信仰、水神信仰，等等，这些信仰对保护森林和水资源具有潜在的不可低估的作用。松辽地区的一些宗教，也对保护自然具有积极的影响。对这些有利于环境保护的隐性文化，不应与其他落后愚昧的迷信活动等量齐观，而应当充分重视其精神力量和社会功用。松辽文化中蕴涵的天人和谐、回归自然观念，为我们正确处理人与自然之间的关系提供了启迪，对我们在市场经济条件下改造自然、顺应自然、不屈从自然、不破坏自然、坚持可持续发展具有深刻的借鉴意义。充分发挥民族文化传统中与环境保护主旨一致的文化观念的作用，是维护或再造秀美山川的关键。

松辽大地是刚健有为、自强不息、坚决御侮的爱国主义教育基地。这里不仅出现过抗击沙俄侵略的达斡尔族女英雄敖雷·一兰，更有过勇敢面对日军进攻的马占山江桥抗战；这里既有林海雪原中杨子荣智取威虎山的大智大勇，更有张学良将军深明大义、气度恢宏的“改旗易帜”。松辽历史文化中脍炙人口的爱国诗篇，丹心献祖国、碧血垂青史的爱国情怀，为抗击沙俄侵略、为抗日而抛头洒血的爱国行动，将永远是进行爱国主义传统教育的生动教材。

社会主义建设时期，松辽地区涌现出“铁人”王进喜、林业英雄马永顺等一大批开拓进取的典范。这种把中华民族传统美德与开拓进取的现代精神相结合形成的自力更生、艰苦创业、团结协作、无私奉献的精神，已成为松辽大地上广大干部群众“团结奋进、振兴东北，二次创业”的巨大精神动力。

东北地方戏、东北大鼓、吉剧等是中国戏曲艺术百花园中的奇葩，在全国有众多的爱好者。而且松辽地区因民族众多，各种民族戏曲和歌舞，如蒙古族、朝鲜族、鄂伦春族、满族等的音乐舞蹈广泛流行，具有深厚的群众基础。充分利用这些传统艺术形式，赋予新的思想内容，创造出优秀的文艺作品，对于鼓舞松辽人民在新的历史条件下振兴民族艺术会产生巨大的精神力量。

(3) *松辽文物遗迹是开拓历史文化旅游的独特资源*

源远流长的松辽文化，留下极为丰富的地下遗存和历史文物。松辽地区是一个人文资源极为丰富的地区，这里不仅有各种历史文化遗址，还有各种不同民族的人文景观、民俗文化、民间艺术，以及许多优美的自然景观。这些具有多样性的文化资源正是现代人所需要的。如阜新查海遗址，是前红山文化的遗存，赤峰、朝阳等地的红山文化，沈阳新乐下层文化东丰西断梁山遗址，延吉金岩和龙兴城遗址等，都距今几千年，它们早已为世人所瞩目。小河沿文化的图画文字符号，东山咀和牛河梁陶塑人像与玉器的雕刻艺术，白岔河文化、莺歌岭的动物陶塑猪、喀左与义县的青铜文化、俎形器等，均为中原所少见。辽西已发现的乐器石磬，可证明殷商时期松辽大地音乐、歌舞即已产生。上述陶罐上文字与铜器铭文大体相类似，甚或竟完全相同。黑龙江流域的肃慎人的渔猎文化，枯矢石砮独具特色，熠熠生辉，不断向商、周统治的黄河流域输出，体现出周代北土的骄傲。此外，高句丽古墓的许多壁画，内容丰富，大放异彩，显示出松辽各族人民艺术水平之高；乌桓、鲜卑等族的青铜雕刻艺术，为松辽文化增添了异彩，表现了古代艺术家的聪明才智。[①]

辽代遗存凤凰山、后燕皇家御苑龙腾苑、北魏遗存万佛堂石窟、后召庙石窟、洞山石窟、平顶山石窟、辽金遗存千佛洞石窟、望海寺摩崖造像、金代道教遗存松峰山太虚洞、清代遗存海棠山摩崖造像、千佛山摩崖造像等，奉国寺、北镇庙、玄真观、惠宁寺、长安寺、龙泉寺、大孤山古建筑群等，灵光塔、庆州白塔、中京大塔、七级浮屠塔等，从战国、汉到元明清代的墓葬，这些文物，尤其是其中的精品，从不同侧面展示了松辽文化的悠久和辉煌。它们是古代劳动人民和艺术家创造的物质文明和精神文明的实物见证，是中华文明的瑰宝。

革命战争年代中共中央东北局旧址、辽沈战役旧址、江桥抗战旧址等众多革命纪念馆、纪念地，记载着一代又一代松辽儿女为中华民族解放事业前仆后继、浴血奋战的丰功伟业。他们不仅是松辽人民的骄傲和光荣，而且以历史的见证成

---

① 《中华地域文化大系》(松辽卷)，北京教育出版社 2008 年版，第 40—41 页。

为教育后代的珍贵的爱国主义教材，为开发松辽历史文化旅游提供了得天独厚的物质条件。

不同文化的差异会增加人们对世界的认识和理解，参与不同民族形式的艺术活动会给紧张的生活带来轻松与舒缓，名胜古迹的参观旅游会给人们增加自然地理和历史知识。因此，在松辽地区自然风景优美、人文资源丰富、民俗文化和艺术富有特点的地方，正在建设既不破坏环境又不破坏古代文化遗产和当地风俗习惯的天然的生态博物馆，将一些珍贵的文化遗产尽可能原生态地保存和保护在其所属的自然环境和社会环境中，让旅游者在参观这些文化遗产的同时，能在这些文化遗产所产生的自然环境和人文环境中体验其中的内涵，并能看到由这些文化流传下来并发展到现在的当地文化，这是一种富有生命力的活的文化。这样做不仅有利于松辽地区开发的持续发展，而且还会对社会全面的整体的进步产生有益的影响。

在经济全球化的环境中，各民族、各地域文化的发展将会表现为兼具统一性和多样性的特点，而不会是以消除各民族、各地域文化的多样性为前提的同质化的文化。这是因为，世界各国各民族各地区有独特的历史经验、精神记忆和文化性格，处在不同的历史发展阶段，有各自独特的生存条件和现实问题。由于经济正在全球化，各民族、各地域文化的相互激荡呈现十分复杂的状态，文化的民族精神与开放意识具有了历史的一致性。这种一致性是经济全球化环境中民族文化的一种品格。

任何民族的文化都有其空气和土壤，都有自己的载体和灵性。任何民族文化都有其生存和发展的权利，以及尊重和学习其他文化的义务，都有继承本民族优秀文化传统与汲取、融合其他民族文化进行发展创新的责任，都有共同繁荣人类文化的历史使命。各个民族在相互的碰撞、交流中既认识到自身的价值，又认识到其他民族的价值。在全球化时代，唯一能给一群人以沉重打击的厄运、失误，就是把他们隔离起来，阻止他们充分发挥自己的潜力。处于不同发展阶段、具有各自特色的民族文化共处并存，相互联系，都是其内在调制与外在互感功能交互作用的结果。当然，不同文化模式、不同价值取向的文化相遇时，文化的传播与交流不可能都是平等的双向互动。经济全球化所带来的问题与机会几乎一样大，这种全球化本身就是一个创造与毁灭的过程，它以错位与痛苦的高昂代价换取着新的机会和前景。不平衡和冲突成为文化跨民族地域传播在相当长时期内的常态。

正因为文化模式千差万别，每一种文化都有自己的结构，因而它所抚育的民族也都有一套独特的价值观念。文化冲突发生在文化交流中，是因为相互冲突的价值观对文化主体而言都有合理性与吸引力，而它们又刚好共存于同一时空。特定民族的历史的具体境遇，此时已不仅仅局限于各自特定的领域，而是必须从全球化视角加以说明。文化文本的时代与地域因素是文化特殊性形成的客观背景依据，它们在文化的心胸、眼光、精神、气质等方面形成上起着不同的作用。文化文本的时代与地域要素是不同的异质文化可以相互为用的因素，是可以被异质文化“取”或“予”的。一个文化只有是民族的才是世界的；反之，只有是世界的也才是民族的。不能脱离文化成长的社会实践来理解亚文化。从文化的整体性出发，认为每种文化都是一个整体，其中的各种特质只有在文化整体中才有意义，脱离了文化的整体，文化特质的意义可能就要发生变化。

第七章　历史的镜像·文化的度量

真正的哲学家，则是像蜜蜂一样。他们从花园里和田野上的花朵采集材料，但是用他自己的一种力量来改变和消化这种材料。

——弗朗西斯·培根

居颐气，养颐体。任何一种文化，无论寿夭穷通，都有自己的广阔度和纵深度。正如迪格尔印第安人箴言所说，开始，上帝就给了每个民族一只陶杯，从这杯中，人们饮入了他们的生活。从历史上看，民族文化独特性的存在主要来自两个因素，一是在空间上存在环境的独特性和固定性，二是在时间上文化演化的孤立性和渐变性。前者形成了民族生活方式的独特性，后者则保证了民族文化演化的纯粹性。

文化的时代性演进和地域性展开，使每个国家或民族的文化都在自己特定的历史、地理、经济、政治、人文等环境下生成并发展，必然带有各自特定历史条件的烙印。因此，每一种民族文化都有其鲜明的地域性、历史性、社会性等特征。而经济的全球化将各种文化传统的历史延续同文化发展的时代新质集聚于一定的共同空间之中，世界文化呈现出多地域、多民族、多层次的立体结构。在民族文化心理深层结构的共时性层面中，总是蕴涵着发展变化的历时性的内在冲力，激荡着历时性的生命跃动，向我们展示出人类心灵历史发展的丰富性和广袤性。

一、五对永恒的矛盾

文化模式千差万别，每一种文化都有自己的结构，因而它所抚育的民族也都有一套独特的价值观念。文化冲突发生在文化交流中，是因为相互冲突的价值观对文化主体而言都有合理性与吸引力，而它们又刚好共存于同一时空。特定民族的历史的具体境遇，此时已不仅仅局限于各自特定的领域，而是必须从全球化视角加以说明。文化文本的时代与地域因素是文化特殊性形成的客观背景依据，它们在文化的心胸、眼光、精神、气质等方面形成上起着不同的作用。习近平指出，正确对待不同国家和民族的文明，正确对待传统文化和现实文化，是我们必须把握好的一个重大课题。我们应该注重坚持以下原则。一是要维护世界文明多样性，二是要尊重各国各民族文明，三是要正确进行文明学习借鉴，四是要科学对待文化传统。

二、反文化也是文化研究的题中应有之义

文化是人类非自然的存在方式，文化在本质上是人为程序和为人的取向的统一。文化的发展即人为程序和为人的取向的发展的统一。但在文明、有序的人类社会生活中，存在着大量无序的、不和谐的现象。李丽同志将这些现象定义为人类文化发展中误入歧途的、对文化提出挑战的反文化现象。她认为，人类面临着史无前例的大量危机。从根本上看，这些危机是“文化的危机”。文化的危机是危机的“文化”对社会、文化、人类的危害及其造成的各方面混乱的结果，危机的“文化”实质上就是反文化。反文化是隐蔽在社会的各种危机背后的最终根源，是各种危机的基础层面。李丽同志从哲学角度考察了反文化现象的实质，形成了一种对“反文化”的思考视域，这是对文化定义的具有开创意义的理解和有力的反证。进而，她又对反文化的品质进行了深入的探讨，指出反文化是一种普遍性、规律性的存在，鲜明地表现出与文化相反的品质，如功能的减序、增熵，程序的劣化，价值取向的自发以及非理性、非逻辑性。认为，文化“返祖”、文化“忘本”、文化“异化”和文化的“非法链接”，是现实生活中反文化倾向的四种典型模式。这些认识是对人类社会反文化现象的开创性的梳理，是对文化二律背反的根源的建设性的诠释。加强对反文化的研究，必将使我们更好地认识社会生活，推进文化研究的深入。

在这种意义上，文化研究应将文化与人类生活其他维度相合并，文化不是人类生活的一个方面，它不是人类生活的一种机能，而是人类生活所有机能的基础。文化展现了人类生活的深层，它是内化于人的活动之中的，历史地凝结成的生存方式。必须正视，社会发展必然有其文化诉求，人类文化的发展也会面临困境。

三、在世界文化的相互激荡中必须弘扬民族文化

文化具有多样性，就其所对应和反映的民族和时代的要求来说，各种文化都有其存在的合理性，网络时代在为各种文明提供交流的加力平台的同时也加速了各种文明的冲突。笔者认为，网络带来的文化冲突有许多积极意义，并且，多种文化模式和文化精神的交汇与碰撞还将是未来相当长一段时间内的文化景观，在世界文化的相互激荡中必须弘扬民族文化。

（一）文化与民族性

一部人类社会进步史，也就是一部文化大融合的历史。文化的产生和发展不是孤立的，从文化的深层结构分析，文化传统是隐蔽在一个民族心灵深处的心理状态、思维方式、宗教情绪、价值观念、民族精神等因素的总和，归根结底是其多年的社会经济条件、传统文化前景和社会发展决定的。原始社会时人们被分散在大小不等的许许多多部落中，各有自己的文化特点，崇拜不同的图腾，各有其风俗习惯和行动举止的标准。随着交通的发展，经济联系的增多，不同的文化便逐渐出现了交流和融合。在其间，也不乏用火和剑来征服别的国家、民族、部落，来实现这种文化融合。进入工业社会以来，现代交通手段、通信手段空前发达，出现了各种现代传媒，文化融合进一步加快。电视的出现，以无比的威力促进了世界文化的交流和融合。而网络的出现既是一场新的传播技术革命，又是一种新的经济模式，还是一个社会文化现象。随着信息资源的全球化，网络文化诞生了。网络文化，广义地说就是网络时代的人类文化。“网络文化是一个分布很广的、松散的、准合法的、选择性的、对立的亚文化复合体……网络文化可分成几种主要领域：视觉技术、边缘科学、先锋艺术、大众文化。”网络文化无论就其内容还是形式来说，它都迥异于以往所有文化，并对传统文化造成很大的冲击。网络文化不是全球绝对统一的文化，而是由无数个具体的有特殊内涵的文化构成的。可以说，实现传统文化向网络文化转型的民族或国家，其网络文化都是具体的、特殊的、丰富的，而不可能是超民族、超国家的一般性文化。人们常说，越是民族的就越是世界的。换言之，具有民族国家内涵的网络文化才是真正的网络文化。

世界是由多民族组成的。各民族人民在自己的历史形成的环境中，通过自己

的辛勤劳动，创造出自己的物质文明和精神文明。这就形成了民族文化，或称为文化的民族性。这样也就使得我们的世界涌现了多种文化体系，或称为文化的多样性。这些众多的文化体系，共同构成了人类社会千百年来多彩的文明景观。世界是各民族人民所共创的，世界文化也是各族人民所共建的。在当今的世界，也同样存在着多种文化体系。民族是文化的载体和承担者，民族文化是民族的精神生命，一定的民族消失了，灭绝了，其文化也就瓦解了，湮灭了，而一种民族文化为别的民族文化所征服和同化了，这个民族基本上也就等于消失了，尽管它的成员还存在着、延续着。也正是这个缘故，各个民族都非常重视自己的文化特异性，侧重于自己的变化个性。各个民族借助于自己独特的民族文化，使民族成员实现自己的文化认同和身份认同，维护着一定的社会秩序，增强着民族的凝聚力。整个人类的文化就是由各个民族的独具特色的文化所构成的，各种文化各有自己存在的合理性和必要性。坚持民族性，也就是坚持个性化，才能走向世界。因为民族文化是一个民族独立的重要力量和标志，是一个民族昌盛的重要表现的景象，是一个民族发展的重要动力和根基。一个民族的文化，是在本民族长时期的生产实践、社会实践、审美实践中形成发展起来的，是一个民族的人文精神、价值观念、民风民俗、话语体系、文化心理结构的集大成。网络社会中，全球相互连接起来，完全打破了传统的或者物理上的空间概念，使各国之间的真实的地理距离已不复存在了。世界确实变成了地球村。网络上的新闻传播不是单一文化而是跨文化的传播，使文化之间的扩大交流势不可挡。网络以覆盖面之广，为全球不同形态、模式的文化提供了广阔的发展空间，加速了各种文化的相互吸收、融合，使各种文化在广泛传播中得到发展，从而重新调动起人们发展、创新的潜能。

不同民族有不同的文化，这是不同的民族价值观的表现。在网络环境中，各民族文化的发展，将会呈现出兼具统一性和多样化的特点，而不会是以消除各民族文化的多样性为前提的独一无二的同质化的文化，更不会是在全世界普及化的资本主义文化。这是因为世界各国各民族有独特的历史经验、精神记忆和文化性格，处在不同的历史发展阶段，有各自独特的现实生存环境和现实问题。在网络环境中，各民族的文化相互激荡将十分复杂，这也恰恰表明文化的民族精神与开放意识具有历史的一致性，这种一致性，是网络环境中民族文化的一种品格。各个民族在相互的碰撞、交流中既认识到自身的价值，又认识到其他民族的价值。对于某一个民族来说，网络文化最终只能是根植于民族传统的土壤，由独特的传统经过独特的创造性转化过程而生长起来的文化；对全人类来说，网络文化最终只能是多元化文化的一种共同发展的产物，而不是所有文化同质化的结果。

人类正在实现由“工业社会”到“网络社会”的飞跃。这一飞跃对社会的各个方面，尤其是各国的民族文化产生了巨大的影响，网络革命开辟了文化传播与文化交流的新时代，使民族文化、地域文化向外扩散，从而导致各种民族文化处在不断交融和碰撞之中。人类文化的进步，就是在这种碰撞中的交流和交流中的碰撞过程中实现的。

（二）网络平台上多元文化及价值的冲突

价值作为主客体间的一种特定关系，是以人的需要和利益为基准的。社会发展中的价值选择，主要是指主体根据自己的需要、利益和能力以及客观条件，在社会发展的可能性空间中，选择对主体有价值的对象或行为。任何文化都有一种价值观体系，任何文化也都有自己独特的价值。随着世界各国、各地区之间的联系日益增强，相互依存的关系越来越显得突出，人类在行动和心理上需要共同的规则和共同的价值取向标准，已经是一个不可避免的历史趋势。当然，不同模式、不同文化价值取向的文化相遇时，文化的传播和文化的交流就不可能畅通无阻，这时，文化认同就不可能是一种自愿、主动的选择。现在我们所说的文化冲突实质上是不同民族文化的冲突，也是不同的价值观的冲突。

文化跨民族地域的传播进一步促进了文化的碰撞与交融，多元的文化传播在网络上将出现从未有过的激烈竞争的局面。传播的全球化与新的文明冲突，将成为网络传播的重要特征。美国学者波斯特认为，“历史可能按符号交换情形中的结构变化被区分为不同时期。”[①] 由此提出了与生产方式类似的概念“信息方式”，并将信息方式分为符号互应的口头传播阶段、意符再现的印刷传播阶段和信息模拟的电子传播阶段。电子媒介在促进文化的集中化的同时，会造成不可避免的零散化和碎片化。而且电子媒介在扩大公共领域的疆界和范围的同时，会将越来越多的人卷入其中，因而，电子媒介以其强有力的“符号暴力”摧毁了一切传统的边界，文化趋向于同质化和类型化，但它又为各种异质因素的成长提供了某种可能，网络为文化冲突与融合提供了新平台。

地缘、民族文化发展的历史是一个个别文化系统逐渐形成的过程，这些民族

① 马克·波斯特：《信息方式》，商务印书馆 2000 年版，第 13 页。

文化、地域文化，就其所对应和反映的民族和时代的要求来说，都有自己存在的理由和根据，都具有自己的合理性，但在人类发展的尺度上，又各自显现着自己的先后位置。在当前的世界性交往中，一些政治文化势力利用网络的影响力和渗透力，努力建立符合自己标准的世界文化重心，目前网络上全球化和本土化的斗争正体现了这种努力。当前的一个主导倾向是，网络传播所载送的西方文化产品和价值观念，无处不在地动摇着人们既有的生活方式、行为准则，从而造成人们价值标准的混乱和精神困惑。这些文化冲突引起了人们对一贯奉行的价值标准进行反思，使人们对自己的思考和行为方式重新评价。是故，网络正在成为文明冲突的新场所，更多的文明冲突通过网络表现出来。亨廷顿曾在《文明的冲突》中指出，新世界的冲突根源，将不再侧重意识形态或经济，而文化将是截然分隔人类和引起冲突的主要根源，文明的冲突将左右全球政治，文明之间的断层线将成为未来的战斗线。

文明的冲突，在网络时代的一个重要表现是文化霸权主义的文化侵略与反对这种文化侵略的问题。同时，文化冲突范围不断扩大，冲突更加频繁并且呈现出多产化的特点。“由于网络发端于美国并兴盛于美国，它的构造方式是由美国人所设计并符合美国文化的特点，英文是网络上的主流语言，网络上流动的信息主要来自美国。因此，它实际上也就要求任何一个入网者必须学会美国的语言、适应美国式的思维方式和熟悉美国的文化。在这种情况下，全球网络化的过程更像是一种美国文化的全球化过程，或者说是一处以美国文化为代表的英语文化的殖民化过程。”① 信息技术发达的国家利用技术优势，一方面妨碍他国对信息的自由运用，另一方面对他国进行思想文化渗透，发动攻心战。信息技术将成为新的文化霸权工具威胁弱势国家的民族文化。同样，在国际互联网的上网人数上，发达国家及其语言文化也是处于绝对主流地位的。尤其是英语世界几乎统治着绝大部分网上文本信息，这对于包括汉语文化在内的弱小民族文化的弘扬与发展是非常不利的。因而要重视民族文化的个性化，也就是要突出本民族的文化特色。

多元文化并存必然伴随着文化的冲突和碰撞，而文化的冲突和碰撞归根结底是人的世界观、价值观、宗教观、道德观的冲突和碰撞。网络将包含有不同世界观、价值观、宗教观、道德观的多元文化同时呈现在人们面前，这无疑加剧了多元文化之间的冲突。而网络上人们面对的是机器，使人的思维过分工程逻辑化、显得生硬

① Fredric Jameson,“Postmodernism, or. The Cultural Logic of Late Capitalism,”New left Review146 (July—August1984):53—92.

木讷的机器语言，用于“视窗”式语境环境，生硬地进入充满形象思维、极其丰富多彩的传统语言文化机体中时，文化的美感和审美，就不可避免地会发生一些问题。正如弗雷德里·詹姆逊所指出的，“我们正在经历一种以历史遗忘症为形式的文化无深度，即记不住我们的文化史。”[①]在他看来，历史已浓缩成一个可感知的现在：我消费着自己从历史中抢救出来的物品，却不知道它们的初始背景。这样就存在一种单一文化与多元文化的冲突，我们需要一种结构，它将避免下列两种灾难：全球统一的麦当劳式单一文化，或某种类似与世隔绝的宗教信仰的文化。

网络技术在世界范围内的应用造就了崭新的信息传输媒体，从而消除了文化传播和交流的时空障碍，推动了全球不同文化的碰撞和交流，同时也加剧了民族传统文化和外来文化之间的冲突、对抗和融合。网络上的信息流通不存在国境线，世界不同地区和国家的网络将打破信息交流的空间限制。西方文化正借助语言优势，大举渗透于世界的各个角落，西方文化在价值观、人生观层面下通过网络潜移默化地与我们争夺文化受众，对精神领域产生巨大的影响。网络文化所带来的挑战，是一个严重影响人类生存质量，同时也严重影响人类社会进步发展的重要问题。尽管存在种种不平衡现象，网络无国界这一发展方向正在逐步深化。

(三)人的文化归属：网络时代文化教育和传承过程中的问题

网络引发的文化领域的革命创造了文化传递和交流活动的渠道，增加了不同文化之间的接触机会，促进了多元性民族文化的相互碰撞、渗透、融合，因而加速了多元性民族文化的整合。从人类文明发展的历史来看，任何一种民族文化都不会长久孤立于其他文化之外，必然要与外部文化发生作用，并在相互作用中吸取其他文化的优点，以此来保持自己民族文化的生存和发展。就是说，多民族文化之间的整合促进了民族文化的共同发展。网络空间是一个多元性和多向性的文化沟通渠道，它所提供的平等的、开放式的、双向互动的信息传输功能使得不同国家、民族和地区的普通民众也可以参与到信息创造、处理和传输过程中，共同创造和分享全人类的文化成果。这无疑增强了文化的共享性、渗透性和扩散性，弱化了民族文化的地域界限，推动了国家、民族和区域间的文化开放和文化交往。网络所构建的集众多民族文化于一体的文化组织形式养活了文化的地域性特征，也增加了文化的全球性特征，多种形式和内容的文化可以在网络空间中进行直观的、面对面的接触，

① 兰德曼：《哲学人类学》，上海译文出版1988年版，第229页。

并且在其不断的沟通中，寻求相互理解、求同存异、互相学习，并吸取文化养料进行文化的自我调整和更新。

网络时代的文化冲突有许多积极的意义，其中最重要的就是网络的平等性和互动性给每个普通人提供了与世界同步发展的机会和充分展示个人才能的空间。网络促进了地区间、国际间的文化交流，推动了世界文化的发展。一方面，“个体必须吸收文化传统，必须登上他所出生时代的文化顶峰”。通过教育、学习，启动了人的内在主观精神能力，制约着人的创造才华，同时也提供了人类创造文化的基础；另一方面，“尽管传统是一种保守的原则，但它是可改动的，并因为传统本身是被创造的，从而它也易为新的创造所丰富和修正”。① 网络时代的文化冲突，使世界各国一面加快了本国网络化、信息化的建设步伐，一面又为积极参与全球性经济竞争而不断加强各国网络间的信息联系。

网络的发展带动了民族文化的全方位开放，不同形态、不同模式、不同价值取向的文化也可以共存于同一网络空间，这既繁荣了民族文化，也使得文化间的竞争空前激烈，民族文化的发展面临着众多选择。“一个统一性、单元性的‘全球’文化，是人类文化发展的歧途，是人类发展的悲剧。”②因此，当今各国都在强调，要保持语言和文化的多样性，要保持自己民族的优良文化传统。正如托夫勒所预言：悲观绝望是毫无依据的，许多导致今天巨大危险的情况，也是打开未来大门的潜在力量。通过与不同规模的群体之间从个人到全球的大量平等交流，我们可以避免走向这种极端。经济贸易可以实现全球化，科学技术也可以遵循世界共同标准，但民族文化必须在世界文化的交流中，在网络环境中，保持自己鲜明的特质和品格。

对于网络时代的民族性问题，未来的发展方向是，地缘部分的民族性渐渐弱化，而超地缘部分的民族性则逐渐增强，网络的一个最主要的功能是在更广的范围内划分民族性的东西。从国家发展的角度看，由于每个国家或民族的历史进程、地理位置、资源配置、经济状况、社会制度、文化传统等条件各不相同，在选择现代化方式、标准和内容上必然存在差异。网络将各种民族文化汇集于一个空间，虽然经济、政治、文化等领域的竞争异常激烈，但是，各国、各民族、各地区之间的相互依存关系也越来越突出。拥有不同的文化传统、处于不同的社会发展阶段以及科技发展水平差距很大的许多国家和民族都已经在平等互利的基础上建立起睦邻友好关系。但是防范文化霸权仍是民族国家在网络时代一项特殊的历史使命。

---

① 兰德曼：《哲学人类学》，上海译文出版社 1988 年版，第 229 页。

② 季羡林：《东西文化议论集》，经济日报出版社 1997 年版，第 358 页。

在异质文化同本土文化激烈冲突的今天，建立民族文化中对信任的崇尚，对共同理想的追求，是我们国家和民族在新世纪中保持独立的关键，也是我们对网络环境进行人文审视的真正意义所在。中国是一个多民族的国家，汉文化融合了众多的外来文化并经历过数次的自我更新成为现代中国的强势文化和主流文化，而少数民族文化，或者说，亚文化也同样兴旺不衰，在与汉文化的互动过程中汲取新生力量而蓬勃发展。文化的交流必须是立足于本国国情，采取积极的措施来抵制西方文化中腐朽成分对自己民族文化的侵蚀，同时要在冲突中融合和发展出新型的文化，大力弘扬自己的民族文化中的优良传统。

每一个民族都有自己的梦想，而“中国梦”是在社会主义初级阶段的背景下实现中华民族伟大复兴，在发展中国家的基础上建设现代化，在13亿多人口的国度中实现共同富裕。经过几代中国共产党人和中国人民的艰辛探索，我们终于找到了实现“中国梦”的科学道路——中国特色社会主义。在当代语境中，马克思主义文化哲学仍为现代人把握自身提供着符合人本质的认识方式，为现代人提供着一种切实而高远的人生意境，同样也为现代人走出当代人类困境提供着理论智慧。

四、“中国梦”的文化意蕴

2012年11月29日，中共中央总书记习近平带领新一届中央领导集体参观“复兴之路”展览现场时指出，“实现中华民族伟大复兴，就是中华民族近代以来最伟大的梦想。”这一时代解读，既饱含着对近代以来中国历史的深刻洞悉，又彰显了全国各族人民的共同愿望和宏伟愿景，为党带领人民开创未来指明了前进方向。在约瑟夫·奈看来，任何一种软实力资源，之所以能够生发出吸引人甚或“同化性”的魅力，即在于它所蕴涵的价值观，在于其价值观所具有的能够激发起人们激情、渴望和梦想的力量。伟大的理念引领人去从事与这种理念相匹配的事业。在异质文化同本土文化激烈冲突的今天，建立民族文化中对信任的崇尚，对共同理想的追求，是我们国家和民族在新世纪中保持独立的关键。

（一）“中国梦”重大的理论意义和实践价值

人民日报于2013年3月19日起陆续发表五篇文章，从“满怀信心走好中国道路”“高扬凝心聚力的中国精神”“凝聚不可战胜的中国力量”“以发展筑牢梦想根基”“民生改善是梦想的最好诠释”等方面五论同心共筑中国梦。凝聚力量谋发展，让发展惠及民众,这是人民的呼声,也是对中国梦的解读。

多维新闻网发表题为《正在唤醒中国的习近平》的文章称,如今的中国,在外交上面临着美国新一轮以遏制中国为核心的“重返亚太”大背景。国内在经历30多年的财富急剧增加后,又面对着百年以来最佳的复兴之路。如此,在这样一个破旧立新、时代交替的“艰难时刻”,中国需要一个魄力与使命感并存、坚毅与睿智兼具的新政治领袖式人物的出现,引领这个曾经几度辉煌的东方之国,在历史的又一个转折关口走向自己新的梦想。

文章称,外界的关注点大部分被中共反腐的猛烈程度所吸引,然而不少接近中南海的人士却强调,反腐只是习近平所领导的这一届中央最能直接体现政绩的一个表象。在其背后,一个负载着宏大蓝图的庞大车轮正滚动前行,这个被中国政治分析家们称为二次改革的宏大蓝图并非“改革”二字所能完全体现,它所包含的范围与深度甚至超出了外界当初的想象。习近平不仅要彻底打破经济大发展时期形成的官场运行既有模式,建立一整套符合现代化国家治理能力的官吏队伍和全新的官场模式;更应该被注意的是,习近平正悄然主导一场革新中共执政理论与法理基础的革命。他将如何去做目前不得而知,但可以肯定的是,习近平非常看重中国传统文化的广博与深厚;对于经济发展,一种“新常态”的提法最近开始出现,这显然区别于过往30多年不计后果发展的经济思路;另外,军队大改革的序幕已经拉开,重塑军魂成为解放军当下首要的议题。由此可以看出,无论是文化、军事,还是政治、经济方面的新政,习近平的一切设想与行动,都是在竭力推动中国走向“复兴之路”。

文章说,关于军事改革的难度,习近平在前文所提及的“一次重要会议”讲话中,曾引用了《为学》中的名句:“天下事有难易乎?为之,则难者亦易矣;不为,则易者亦难矣。”其实不止军事领域的改革,十八届三中全会主题为“全面深化改革”的决定,包含经济体制、政治体制、文化体制、社会体制、生态文明体制和党的建设制度等15个领域60项改革任务。出身革命家庭、从最底层的官员到如今的国家主席习近平清楚中国改革的七寸在哪里,他也更明白中国如今的发展,让他面临巨大的机遇。用习近平自己的话说,“容易的、皆大欢喜的改革已经完成了”,“剩下的都是难啃的硬骨头”。

文章称,习近平上任时,中国经济开始迈入现代化,但经济质量及惠民程度(社会保障)还没有达到现代化。最主要的是国家治理理念和方式还沉浸在“旧时代”;治军、社会管理、五千年的文化的现代传承都没有系统、规范地与现代化接轨。同时，在习近平看来，现代化绝不是所谓“西方化”，而是体现“公正、平等、民主、自由”的社会主义核心价值。中国不仅要回归现代潮流，更要建立现代新理念，成为未来现代化的引领者。这应该是习近平改变和治理中国的理念，也是当初他提出“中国梦”这个概念的基调。

2013 年度的文学理论研究相对沉寂。但是，在相对松散的话题中，却仍然可以梳理出一条立足中国经验、感应时代新变和探求文论范式转换的主线，而所选择的从“乌托邦”到“中国梦”“理论安全：反思的视角”“范式转换及生长点焦虑”三个关键点，都与当下文艺研究发展瓶颈相关，而何以重建理论生产与文学经验之间的真实联系的努力，也在其中得到回应：“中国梦”无疑是一个政治化的词汇，但文学理论界却从谱系学的考察中发现了其与晚清以降的“乌托邦”书写之间的联系，并在这个考察中重新阐释这一书写的正面价值；对于理论安全的反思，跟近年来种种“后理论时代”的危机论述密切相关，而所谓危机却仍根源于文学理论何以有效解释当代文学现象的焦虑；如果将这一焦虑与文学理论界的“生长点”诉求联系起来，则又可见出文学理论应对新的文学环境而做出的种种调整，而这，则又表征了文学理论正在经历的范式转换的现实。只有抛开受难情结的反复哭诉，一个民族才能获得深入持久的思考力，并在文化上生发出超越的勇气和力量。

每一个民族都有自己的梦想，而所有的梦想都和自由、机会、奋斗、坎坷、收获、富足、尊严相关。从这一点上说，中国梦确实没有什么特别。但从很大程度上说，“中国梦”是以开拓创新为支撑的梦想。在社会主义初级阶段的背景下实现中华民族伟大复兴，在发展中国家的基础上建设现代化，在 13 亿多人口的国度中实现共同富裕，在为西方主导的世界格局中实现大国的和平发展等，所有这些都是过去从来没有过的全新事物、全新探索、全新实践。“共享单车的兴起，使中国再次站在这种曾几乎被遗弃的交通方式巅峰之上。”美国彭博社如此评论，“共享单车服务发轫于中国，摆脱了以往中国创新的‘山寨’印象，是完全意义上的‘中国式创新’。”事实上，走出国门的共享单车，只是中国大众创业、万众创新活力迸发的一个缩影。英国《金融时报》在此前的报道中列举道：Facebook 从微信汲取“红包”灵感；顺丰快递的无人机送货领先于亚马逊；华为早于苹果使用双摄像头；滴滴在中国市场上以更细致的服务打败了 Uber……报道称：“在自下而上的创新路线下，中国企业已从创新跟随者走到了创新前沿，创新已成为中国经济最重要的驱动力量。”大众创业、万众创新给中国经济带来的深刻变化，已经让越来越多的境外媒体、研究机构为之惊叹。美国《华尔街日报》认为，在“双创”浪潮席卷之下，中国新技术、新产业、新业态、新模式层出不穷，彰显出中国经济的十足活力与旺盛生命力。英国路透社则连续刊发特写报道聚焦中国“双创”称：“中国探索出了在培育创新中实现转型升级的新路径。”①

党的十七届六中全会强调，坚持中国特色社会主义文化发展道路，推动社会主义文化大发展大繁荣，必须要培养高度的文化自觉和文化自信，提高全民族义明素质，增强国家文化软实力，要发挥人民群众文化创造积极性，在全社会营造鼓励文化创造的良好氛围，让蕴藏于人民中的文化创造活力得到充分发挥。

在任何一个历史时段上，只有那些真正反映时代精神和前进方向、居于制高点上的先进文化才能够引领社会的文明进步，才能够从之者众、服之者广，成为真正的实力。在当前学术界全球化潮流日甚之际，研究质实贞刚、刚健自强的“中国梦”，对于丰富中华文化宝藏，增强中华民族文化的凝聚力，强化华夏文明的感召和纽带作用，形成时代精神和民族特色相结合的与社会主义先进文化相一致的现代文化体系，推进中国特色社会主义建设，都具有重大的理论意义和实践价值。

这个因文化的发现而不同于过去并深刻起来的世界，民族文化更应建立一种开放的观念，在宽容、自由的原则指导下，不仅认同本民族，更要认同全世界，既努力将民族文化融入世界潮流，又在世界的背景中彰显民族性格。马克思的学说不仅有途径更有理想。心怀坚定不移的光辉灿烂的理想主义；他永远以神灵般的精力和刚毅坚定的眼光通过一切风云变幻而透视那在世人的心中燃烧着的化日光天。“天行健，君子以自强不息。”对全球化的积极回应，就是要使“为往圣继绝学，为万世开太平”的民族文化努力去理解、适应、转化，尽可能在趋利避害中重建新时代的文化，在全球化时空中挥洒我们民族的个性、彰显我们民族的性格、建立起民族文化的温馨家园。

马克思主义哲学不止是对西方哲学的概括和提升，而且也是对中国哲学的概括和提升，中国传统文化对于马克思主义的产生和形成同样是有贡献的。可以说，中国传统文化在诸多方面是马克思主义的重要“渊源”，也应当是“全人类智慧结晶”的题中应有之义。传统文化同马克思主义的契合点，决定了马克思主义中国化的实现。马克思主义文化哲学最早表达了现代哲学的基本精神，它向现实生活世界的转向的实质即转向人或是此在的“现身情态”，是在人的现实活动

① 《共享单车相随李克强走出国门》,《新京报》2017 年 4 月 2 日 17:52,http://news.sina.com.cn/c/2017—04—02/doc—ifycwyxr9213229.shtml。

和生存状态中理解人本身。马克思主义文化哲学在生活世界中进行着思考和建构，这种真正源于生活的统一性思想仍是国家强盛、人民幸福的精神条件，它将实际地参与生活世界的创造性发展和进步。在当代语境中，马克思主义文化哲学仍为现代人把握自身提供着符合人本质的认识方式，为现代人提供着一种切实而高远的人生意境，同样也为现代人走出当代人类困境提供着理论智慧。马克思主义文化哲学从来就和那样一些研究所谓万事万物普遍发展规律、垄断具体科学解释权的形而上学有着鲜明的区别，其精髓本是一种深刻分析现代人类社会结构及其转换规律的科学方法论。它直面人的现实生活和实践，以强调人的现实生活以及人的自主能动性和创造性为特征，适应着现代社会的时代精神的要求。中国特色社会主义现代化建设实践的成功经验再一次证明了马克思的“把握特殊对象的特殊逻辑”这一科学分析方法的强大现实生命力。

（二）“中国梦”研究的维度和关注点

1. 主要内容、基本思路和研究方法

中共中央总书记习近平在主持“中共中央政治局关于历史唯物主义基本原理和方法论进行的第十一次集体学习”时强调，要推动全党学习历史唯物主义基本原理和方法论，更好认识国情，更好认识党和国家事业发展大势，更好认识历史发展规律，更加能动地推进各项工作。本课题研究涉及对“中国梦”的哲学透视，“中国梦”的结构分析、功能分析、层次分析，“中国梦”的特征和现代价值，以及实现“中国梦”的张力和途径的分析等。拟解决的关键问题是如何使“中国梦”在全球化场域中认同自己，又如何可持续地被实现。

通过对“中国梦”的哲学透视，对其结构、功能、层次及其基本特质进行分析，阐述“中国梦”的特征和现代价值。全球化时代，民族国家力量正在消解，全球化本身就反映了一种发达资本主义世界的经济利益和政治文化逻辑。“中国梦”是中国人民对中华文化的自觉意识，是在与其他文化的接触中产生的，与文化认同或文化身份的确认相关。

“中国梦”体现了中国人民在探索适合我国政治、经济、文化、社会、生态的实践中展现的强烈的主体意识。本课题既要对有关见解进行确证，同时也要深入揭示“中国梦”生成与发展的逻辑，更要探寻“中国梦”与整个中国文化认同之间关系的重要性及其发展特征，为实现“中国梦”提供实践方向和理论模型。

只有在创造历史的人们才有追求不朽的野心。超越以往绝大多数狭隘的历史

经验，将“中国梦”视作一种有生命，甚至有人性的东西；既懂得珍视和维护自身的文化传统，又学会尊重和欣赏他人的文化传承，我们听到的将不再是悲伤、痛苦和绝望，而是更多的尊严、从容和美丽。

2. 主要观点

“我有一个梦”为什么会成为世界名言？康德曾说过：“人的本性就在于知其不可为而为之”。每一个民族都有自己的梦想。但“中国梦”独特卓越之处在于：唯有“中国梦”覆盖了人类历史上最多的人口，让他们梦想成真；唯有“中国梦”让人类历史上最多的人口在全球化的视野里，体验自然的美妙、艺术的神奇和现代的文明，体会作为一个生灵可以感知到的越来越广的空间尺度；让每个人都有自由去选择改变自己的命运，而且只要努力，只要坚持，每个人都可以改善自己的命运。用安静而独特的视角，锐利又温和的感染力，把无数精神的盛宴传递给这个世界里的每一个个体，让他们懂得超越自己，懂得守护灵魂的完整，懂得把长长的视线延伸到历史和未来。

改革开放以来，中国经济的持续增长，成为全球引擎的大背景，使得中国许多行业的成功者，已经具备了在世界同行中的领先优势，而中国也从一个封闭保守的经济体迈向一个开放进取的经济体。我们目睹了这一转型，并将在十几年、二十年后亲眼看到中国成为全球最大的经济体。这个历史性的文明变迁，既有三峡之险峻，又有壶口之壮阔，既有千回百转的挑战，更有无限风光的奇伟。我们就生活在这样的一个时代背景下，我们也应该将自己的聪明智慧才情融入科学发展的实践中，与亿万同胞一起，共同创造国家民族明天的华美与庄重、成熟与尊贵、荣光和梦想。

“中国梦”意味着中国人民和中华民族的价值体认和价值追求，意味着全面建成小康社会、实现中华民族伟大复兴，意味着每一个人都能在为中国梦的奋斗中实现自己的梦想，意味着中华民族团结奋斗的最大公约数，意味着中华民族为人类和平与发展做出更大贡献的真诚意愿。实现“中国梦”，需要关注承载着中国人美好价值理念的文化符号的创制及传播，需要发展承载着主流价值观的先进文化，更应关注文化民生，培育和提升民众的文化自觉。

因此，文化哲学的关照，要注重塑造我国的国家形象，重点展示中国历史底蕴深厚、各民族多元一体、文化多样和谐的文明大国形象，增强对外话语的创造力、感召力、公信力，讲好中国故事，传播好中国声音，阐释好中国特色；努力实现中华传统美德的创造性转化、创新性发展，让 13 亿人的每一分子都成为传播中华美德、中华文化的主体；通过学校教育、理论研究、历史研究等多种方式，引导人民树立和坚持正确的历史观、民族观、国家观、文化观，增强做中国人的骨气和底气。

“你的国家在人群中就是你的名字、荣耀和代号。把你的思想、建议及血液都献给她，把她复兴起来，使她就像先烈先贤所预言的一般伟大。”这是意大利著名思想家马志尼的一句名言。改革开放30多年来，我们的国家“苟日新，日日新，又日新”，在这个明媚而丰富的日子里，重新品读马志尼的这句话，别有滋味。在新的历史起点上，在种种挑战与危机中，中国文化面临的还是“接着讲、讲什么、怎么讲”的问题。社会主义现代化建设、社会文化及全球自然科学发展的现实是实现理论创新的源头。科学的理论只能在正确的社会实践中产生，“中国梦”的实现必须充分结合社会主义现代化建设实践这个最大的现实。

3. 重点难点

力求站在现代实践和哲学发展的高度，从哲学视域对“中国梦”进行解读和诠释，发掘其价值底蕴，着力于现实实践的价值检讨，着力面向未来，探寻“中国梦”的张力和实现的途径，展示文化可持续发展研究的中国特色。

从当代中国社会发展与现代化的时代要求出发，系统反思“中国梦”，这对于中国现代化文化发展战略的制定，无疑具有切实的理论意义和实践意义。

难度在于如何把“中国梦”与中华文化以及世界文化三者之间的特殊与一般的三重关系理顺。如何理解历史的尺度与价值的尺度或科学的与伦理的尺度这两种尺度问题。

“中国梦”的探索离不开比较研究，把“中国梦”与其他文化对比研究，将使其特点更鲜明。课题将通过对“中国梦”的个案研究，提升出对当代世界文化发展具有普遍性、借鉴性的结论或经验。

4. 力求有所创新之处

对“中国梦”进行系统化研究，寻找其中具有普遍价值的资源，进行批判性解释和创造性转化，从而为文化变迁、转型中的应对性分歧、认同危机及其重建提供一种视点。

针对当前对“中国梦”研究的基础性论述较多，系统性探讨较少的现状，力图从文化的时代性演进和地域性展开中探讨文化的个性与民族文化认同的深层次问题，将“中国梦”融入中华文化的发展中，结合当前实际解决问题，同时为传统与现代的结合寻找支点。

把对“中国梦”的省察置放于“全球化”“可持续发展”这样一种时代语境中，赋予“中国梦”个案的研究分析以一种现实的时代诉求。

阐述“中国梦”与中华文明认同之间关系的重要性及其发展特征，强调从对象的特殊性和个别性方面来叙述对象的发展，更有助于我们从丰富多彩的历史偶然性中探明整个中国文化乃至世界文化发展的深层次的必然性。

五、五重现实的对象性关系

（一）中国文化的内倾性向度、静与诗意地栖居

“每一种文化都以原始的力量从它的土壤中勃兴起来，都在它的整个生活期中坚实地和那土壤联系着；每一种文化都把自己的影像印在它的材料即它的人类身上；每一种文化各有自己的观念，自己的情欲，自己的生活、愿望和感情”。[①] 正确对待不同国家和民族的文明，正确对待传统文化和现实文化，是我们必须把握好的一个重大课题。我们应该注重坚持以下原则。一是要维护世界文明多样性。二是要尊重各国各民族文明。三是要正确进行文明学习借鉴。四是要科学对待文化传统。（习近平语）余应时先生从对中西方文化的价值系统差异出发，着重墨阐释了东方文化的内倾化。历史学家钱穆认为，“东方文化是内倾的，西方文化是外倾的。”[②] 杨宪益先生认为中国文化更有精神、风骨和节操；北京大学王岳川教授认为，中国传统文化是空间感的文化，是动态的生存，做逍遥游；西方文化是时间感的文化，是静态的生存，如诗意地栖居。

中国传统文化是中华民族在中国古代社会形成和发展起来的比较稳定的文化形态，是中华民族智慧的结晶，是中华民族的历史遗产在现实生活中的展现。这个思想体系蕴涵着丰富的文化科学精神，主要体现在三个方面：一是凝聚之学，中国传统文化是内部凝聚力的文化，这种文化的基本精神是注重和谐，把个人与他人、个人与群体、人与自然有机地联系起来，形成一种文化关系；建立一个“大道之行，天下为公，选贤与能，讲信修睦”的“大同”世界，是中华文化的永恒追求。平民化自由人格的主张以及把个性解放与群体自由联系起来的历史观

① ［德］斯宾格勒：《西方的没落》，商务印书馆 1963 年版。

② 徐国利：《钱穆的历史文化构成论及其中西历史文化比较观》，《中国社会科学院研究生院学报》2003 年第 2 期。

等，都可以从传统文化中找到“渊源”。二是兼容之学，中国传统文化并不是一个封闭的系统，尽管在中国古代对外交往受到限制，还是以开放的姿态实现了对外来佛学的兼容，三是经世致用之学，文化的本质特征是促进自然、社会的人文之化。中国传统文化突出儒家经世致用的学风，儒家的终极关怀是自我转化。儒学传统应是文化认同的基础，不仅是中国现代化的源头活水，而且是全球文明健康发展的内在资源。中国文化实现现代化与世界化，需要将中国传统文化中的“内圣之学”发扬。儒学以究天人之际为出发点，落脚点是修身、治国、平天下，力求在现实社会中实现其价值，经世致用是人文科学的基本精神。

一个民族的沉稳内敛，取决于国民的安宁程度。社会嘈杂的噪音和喧嚣，许多时候来自精神的空虚与内心的烦躁。中国文化既有抑郁困顿的沉浮，也有坐地巡天的浪漫，更有风流人物的慷慨，兼具乱云飞渡的从容。静水深流，中国文化的内倾性有其内在的强大力量。《大学》说“知止而后有定，定而后能静，静而后能安，安而后能虑，虑而后能得”。[①] 在现代物质丰裕和精神贫困的现实生活中《大学》非常值得我们正视。注重人的修养，肯定个体的心性完善，这是中国传统文化人本主义精神迥异于西方的表现。中国传统文化所重视的“人”，虽然是现世中存在的人，但却是处于各种人际关系中的“伦理”的人，体现道德原则的人。这种对人的价值的追求和肯定具有积极的意义。道德完善作为一种人格特质，使深受传统文化熏陶的士子们具有一种和谐与执着相统一的品格。体现于内心的真诚与尊严增强了他们的自信与宁静，使他们不受时风的左右与动摇。甚至对生命有限性的超越，传统文化都选择“立言、立德、立功”；为“道”为“义”为“德”的要求完善着且固守着自己的心性天地。

赏析传统文化，可以为火热的现实生活注入一股清凉，可以为躁动的心灵带来片刻的安静，可以给受伤的心一点抚慰，可以给孤独的时刻带来一种精神的支持。中国传统文化是智者们在种种苦难的年代，对人生、对社会、对生命的思考。水浮万物，玉石留止。在时间如水的永恒上，我们都是渺小而有限的，唯有传统文化中美好的品质灼灼其华。这种诗意、浪漫、从容和安静，使日复一日的平凡生活变成富有诗性魅力和充满创造性的艺术力量，带领人不断地追求、超越、鉴赏和回味，将历史从岁月的牢笼中解放出来，变成架起沟通现实与未来的缤纷长虹，引导我们飞腾于文化与自然所交错构成的生活世界，在生命与死亡相

① 陈成国：《四书五经校注本》，岳麓书社 2007 年版。

交接的混沌地带，实现穿梭和涅槃，并一再地重获新生，使短暂的人生重叠成多维时空，开拓了同各种可能相遇相惜的新视阈。中国传统文化正在用安静而独特的视角，锐利又温和的感染力，把无数精神的盛宴传递给这个世界里的每一个个体，让我们懂得要去超越自己，懂得要去守护灵魂的完整，懂得去把长长的视线延伸到历史和未来。

（二）中国文化的外倾性向度、辩证与逍遥游

中国传统文化的主体是儒家文化，它的现代价值，表现在对其他文化的开放性上。这是中国传统文化能够发展到今天并在现代社会发生作用的一个基本的前提。但传统文化或儒学的开放性还有它特定的意义，那就是主张每一个体对于他所生活于其中的社会国家的开放性，强调个人对社会国家具有参与感。这种参与感的特点是重在参与的实践过程本身，而不是过分看重当下的功利性的结果。

中国人要将事物放在大背景下看，要放在历史中评。上古时期伏羲氏就为我们留下了“仰视、俯视、广角”的视点。其一，人应领悟到自身与大自然之间密不可分的关系，并且寻回其间的连结；其二，人应有充分的机会体验这种连结，并致力于回复大自然运作的规律；其三，人应努力实践自身与大自然的共生，达到逍遥无为的和谐自由之境。中国人关注更加广阔的知觉和概念的范畴，强调事物间的关系、变化。中国传统文化对个人价值的肯定，不在于个人物质欲望的满足，也不着眼于个人精神的愉悦，而是从个人与对象（家庭、宗族、国家）的关系上来肯定个体心性的完善。《华严经》有言：一花一世界，一木一浮生，一草一天堂，一叶一如来，一砂一极乐，一方一净土，一笑一尘缘，一念一清静。就人生价值来说，传统文化突出地强调了人的精神需求的重要性，形成了朱熹所认为的“才极高，眼极冷，心极热”的庄子；形成了书法中的“欲左先右，欲扬先抑，潇洒奔放，又严于法度；重视整体气韵，兼顾细节的完美，成竹在胸，书写过程中随遇而变，独出机巧”；形成了“浩然正气的正道之行和道德情操，有容乃大的开放意识和博大的胸怀，天下为公、大同小康的社会理想，天人合一、自然与社会统一性、整体性的思想，仁爱宽恕的精神，崇尚气节的人格修养，敦厚守信、忠于职守的诚实态度，国家利益至上的价值观念，舍生取义，勇于牺牲的英雄精神”；形成了“儒家之忠诚，法家之严明，兵家之权变，释家之超脱，纵横家之灵活，墨家之兼爱”。而当鱼和熊掌不可兼得时，舍生取义便成为人的自觉的选择。这种坚忍不拔的民族精神维系了绵延不绝的文化传统，形成了一种不

断寻求与命运决战的征服者意志和民族的英雄人格——“天行健，君子以自强不息，地势坤，君子以厚德载物”。形成了张载的：“为天地立心，为生民立命，为往圣继绝学，为万世开太平！”

中国传统文化还主张求变，充满朴素辩证法思想。《周易》讲：“穷则变，变则通，通则久。”孔子说过：“无为而治者，其舜也与？”老子接着说：“无为而无不为”。意即万事万物均有自身的规律，我们应顺应规律，把握规律，顺势而为，促其前进。老子说的“万物作而弗始，生而弗有，为而弗恃，功成而弗居”中的“生”“为”“功成”正是要人去工作、去创造、去发挥主观能动性，去贡献自己的力量，去成就社会的、公众的事业。可以说中国文化的现代价值最突出的一点，就是它大张旗鼓地宣扬通过变革以求发展的精神。因而，它既是传统的，迄今已有几千年的发展历史；同时又是现代的，甚至与后现代文化也可以相容。

现代西方生态伦理学无法真正摆脱主客二分的思维模式，也就无法真正得出人在自然中的真切感受，更无法真正领悟天人相融的精神体验，当然在环境保护的实践中也就不能真正内化于心，从而真正建构起环保的内省意识和自觉行动。而近代启蒙精神的全部价值信念都建立在这种人与自然，人与人知性割裂的基础上，而这也正是启蒙精神进而不可持续发展困境的思想根源所在。就人与自然的关系而言，启蒙精神代表着一种彻底征服自然的英雄主义姿态，从一开始，它就“伴随着分离与任性的傲慢，特别是在它与自然的关系中，解放的历史充满了一种统治的冲动”①。

道家的天人合一是建立在自然无为基础上的人与自然关系的和谐，儒家的天人合一则主要是作为道德理想和精神境界发生作用，是儒家学者以伦理为本位建构自己世界图景的产物。认识人与自然的差别并进行合理的调节，考虑和尊重人的价值，并使人的作用得到最充分的发挥，是天人有分思想最为重要的特点。中国文化相信人本身的力量，相信主体能够把握客体，既是天人之际思辨的最合理的内容，也为今天中国的现代化所必需。

中国传统文化立足于现实思考人与自然以及人与人之间的矛盾，为消解它们的知性对立，从而为真正解决启蒙精神的困境进而走出不可持续发展的瓶颈状态提供了现实的道路。任继愈先生也曾提示我们思考：“九”的象形文字架构所表达的中国式辩证思维、人格魅力、处世原则和人生定位。当我们把关注的目光从

---

① 多尔迈：《主体性的黄昏》，上海人民出版社 1992 年版。

自己转向家庭，也就超越了自私性；从家庭转向国家和社会，也就超越了裙带关系；转向天人合一，人性就会“与天地参”。用外来之性与自性的亲和与转化及“和而不同”的思维传统可以说是中国传统文化为中西互补提供的最为重要的理论依据。

“一个民族的最大光荣就是在全球价值的形成中增大自己的份额，全球化的未来将是全球价值形成并发挥主导作用的局面”。[①] 民族文化的发展需要站在传统的根基上胸怀大志、谈论理想，需要站在民族的立场上卧薪尝胆、奋发有为，需要在沉落起伏中傲世独立、纵横捭阖，更要魄力与使命感并存、坚毅与睿智兼具。唯大英雄能本色，是真名士自风流。因此保有中国传统文化的鲜明特性，其意义不仅在于形式感上的装饰因素，而更是精神底蕴的支撑与基础。最富启发性的探索方式也一定是广博的知识、深邃的思想和潜心探索的精神所致。中国传统文化引领人超越红尘琐碎和有限，去追求切实而高远的人生意境和自由澄明之境；引领人以感激的心情诗意地栖居，去珍惜于千万人中你所遇见的，于千万年中，在时间无涯的荒野里，没有早一步，也没有晚一步，刚巧赶上了的人和事。让每个生命个体在仰望星空这个人类最璀璨的精神屋顶时，都能领会巍峨、神秘、纯净、浩瀚、深邃、慷慨和无限；引领人去格物、致知、诚意、正心、修身、齐家、治国、平天下，去用千差万别的丈量尺度发现美，创造美；去珍惜每一个可能的开始，热爱自己生活的全部；去明了高贵必然陡峭，因为卓尔不群的高度注定了艰难曲折，而险象环生地一路攀越才能最终到达人生的制高点；中国传统文化给了每一个凡俗的生命以一双非凡的翅膀，让更多的心灵都真正得到自由的长空！

（三）中庸、圆融、和谐与自由之境

中国传统文化在人的现实活动和生存状态中理解人本身，在生活世界中进行着思考和建构。它立足于对人的现实理解，消解着抽象原则与刻板教条对人的束缚，激励人在具体的形形色色的现实生活中去选择适合自身的生活道路，生活境界。昭示了一种内在超越，不竭创造的人生意境，并以这种人生态度表达了对生活价值信念与自由解放的追求。在当代语境中，中国传统文化仍为现代人把握自身提供着符合人本质的认识方式，为现代人提供着一种切实而高远的人生意境，

① 俞可平，黄卫平：《全球化的悖论》，中央编译出版社 1998 年版。

同样也为现代人走出“因深受工业文明与金钱逻辑裹挟而遭受的人情淡漠与人格孤寂，以及在科技理性与虚拟现实逼迫下对存在本身的存而不在与精神飘零”①的当代人类困境提供着理论智慧。

庄子说：“有机械者必有机事，有机事者必有机心。机心存于胸中则纯白不备，纯白不备则神生不定。神生不定者，道之所不载也。”② 中国传统文化向来把人与人、人与社会、人与自然、人与自我心灵的关系的平衡与和谐作为最高的追求目标。在这一观念引导下，中国人形成了重整体、重直觉、重关系、重实用的思维方式。因此在中国传统文化中，我们可以看到儒家“修身，齐家，治国，平天下”，以及“格物，致知，正心，诚意”都是注重人的内在修养，指向社会和人生。道家的“性命双修”、佛家的“法身慧命”，秉持的都是一种以和谐为基本原则的价值观念。在人与自然的关系中，传统文化追求“天人合一”的最高境界。

散见于南怀瑾大师多个著作中的对儒、释、道三家精神的阐述，笔者深为认同：

儒家以入世的姿态出世。真正的儒士，虽热衷于权势，却不是为了私欲，而是借助权势实现利国、利民、利天下的理想。他们尽管身陷名利场之中，然而心超越于名利场之外，以最温柔的方法，表达他们对人世、对世人的大爱。

释家以出世的姿态入世。他们不承担世俗的工作，不追求世俗的名利，不享受世俗的生活，但是，他们却积极介入社会，并承担着一项特殊的工作，即抚慰人的心灵、引导人的善行，为人类寻找一个精神栖息的乐园。

道家以入世的姿态出世，以出世的姿态入世。道家的入世，是一个游戏的开始，喜乐随心，自然而然；道家的出世，是一段旅程的结束，洗尽尘心，安然入梦。始终保持自由的心态，能出能入，无为无不为。③ 当一个人把关注中心从自己转向家庭，他就超越了自私性；从家庭转向社群，他就超越了裙带关系；从社群转向国家，他就超越了狭隘主义；再转向所有人类，他就超越了大国沙文主义；转向天人合一，他就超越了世俗人文主义。人性就会“与天地参”。“人与万物一体”的态度诚然不是“现代的”，然而却可能是具有超现代的新启示。

---

① 约瑟夫·马格里斯，谷鹏飞：《后达尔文主义：一种文化与美学的新选择》，《西北大学学报（哲学社会科学版）》2014年第1期。

② 郭庆藩：《庄子集释卷五下〈外篇·天地〉》，中华书局2006年版。

③ 胡卫红：《南怀瑾大师讲国学》，新华出版社2011年版。

人类进入文明社会后相当长的一段时期，主体能力极大地增强，人类化必然为自由获得了丰硕的成果，而由自由转化为必然所形成的现实异己力量却并不显著。人们沉迷于对自然的征服中，淡漠了人类祖先遗留下来的悲剧意识。在当代社会，人类的主体能力空前强大，由自由转化而来的必然所形成的现实异己力量不断增强，终于成为威胁人类生存和发展的全球问题。人类祖先留下来的悲剧意识重又苏醒。人只有恢复到谦卑，生命才能获得神性的支持，心灵才能生出竹节的高度与尊严，当代人类需要悲剧意识并需要发展悲剧意识。

中国传统文化中，庄子用《庖丁解牛》将语言、思考的张力展现到了极致，成为一种自由的美感，它象征着一种自由的生命，一种自由的生活。这是一种完全艺术化的享受，自由而洒脱！正如庄子所说的那样：芙蓉花开，从来不慌张；天地从容，万物从容。儒家文化“不偏不倚谓之中，恒常不易为之庸”的中庸之道塑造了中国人的中庸之德，使中国人形成了中庸的思维与行为方式，处事作风和人格境界。而“中庸”本身就是一种智慧一种圆融；圆融是一种姿态，一种风度，一种修养，一种品德，一种智慧，一种谋略，一种胸襟。亦如王岳川教授所认为的那样，中国文化的美丽精神就要求人正直而不傲慢，行动而不放纵，欢乐而不迷狂，平静而不呆板。中国传统文化直面人的现实生活和实践，以强调人的现实生活以及人的自主能动性和创造性为特征，适应着现代社会的时代精神的要求。

六、“中国梦”实现的文化自觉与文化生态

一个民族的觉醒，首先是文化的觉醒；一个国家的强盛，离不开文化的支撑。文化是民族凝聚力和创造力的重要源泉。一个民族的文化，凝聚着这个民族对世界、对生命的历史认知和现实感受，积淀着这个民族最深层的精神追求和行为准则。美国哈佛大学约瑟夫奈教授是最早提出“软实力”概念的国际问题专家。他在接受中国记者采访时，对中国近些年来软实力的提升给予了积极评价，并援引英国广播公司民意测验结果，指出中国对其他国家的吸引力日益增强。但我们应清醒地看到，提升我国文化软实力，使我国在 21 世纪从文化大国变为文化强国，还任重道远。改革创新，是我们这个时代的旗帜，也是提高文化软实力的根本途径。

历史的发展，时代的变迁，使文化心理积淀了依次相继的各个时代中的理性

因素，挟带了它的一切收获物，构成文化心理的历史性。国家主席习近平在纪念孔子诞辰 2565 周年国际学术研讨会暨国际儒学联合会第五届会员大会开幕会上强调，不忘历史才能开辟未来，善于继承才能善于创新。只有坚持从历史走向未来，从延续民族文化血脉中开拓前进，我们才能做好今天的事业。推进人类各种文明交流交融、互学互鉴，是让世界变得更加美丽、各国人民生活得更加美好的必由之路。

1. “中国梦”的独特性与实现基础

马丁·雅克预言说，在新的世纪，“权力中心不再仅仅位于西方，历史也不再以西方角度续写。我们将越来越熟悉中国的影响、历史、价值观、态度和观点，也许这一切就在不远的未来”。

每一个民族都有自己的梦想，而所有的梦想都和自由、机会、奋斗、坎坷、收获、富足、尊严相关。从这一点上说，中国梦确实没有什么特别。但从很大程度上说，“中国梦”是以开拓创新为支撑的梦想。在社会主义初级阶段的背景下实现中华民族伟大复兴，在发展中国家的基础上建设现代化，在 13 亿多人口的国度中实现共同富裕，在为西方主导的世界格局中实现大国的和平发展等，所有这些都是过去从来没有过的全新事物、全新探索、全新实践。

千百年来，中国老百姓企盼的就是“过上好日子”。能够让人们过上好日子的社会，必定是一个学有所教、劳有所得、病有所医、老有所养、住有所居的社会。我们深知，这样的中国梦，数量之大，涉及 13 亿多人；范围之广，涵盖百姓生活的方方面面。

经过几代中国共产党人和中国人民的艰辛探索，我们终于找到了实现“中国梦”的科学道路——中国特色社会主义。这就是在中国共产党领导下，立足基本国情，以经济建设为中心，坚持四项基本原则，坚持改革开放，解放和发展社会生产力，建设社会主义市场经济、社会主义民主政治、社会主义先进文化、社会主义和谐社会、社会主义生态文明，促进人的全面发展，逐步实现全体人民共同富裕，建设富强民主文明和谐的社会主义现代化国家。

在新的历史起点上，在种种挑战与危机中，潜伏着新的伟大机遇。这种机遇是全球性的机遇，是中国对全球经济和文化做出更大贡献的机遇。苏格拉底说：“未经省察的人生没有价值。”回望来时路，也许不是最美好的年代——因为明天更美好，但我要说，这是一个值得一活的年代。我们奋斗过，奋斗着，我们从奋斗中赢得的果实多过父辈，我们在奋斗中的矛盾与伤痛超逾子孙。

2. “中国梦”及研究的学理依据

中国共产党以马克思列宁主义、毛泽东思想、邓小平理论和“三个代表”重要思想、科学发展观作为自己的行动指南。马克思主义中国化内在地包含着两个层面：一是马克思主义与中国革命和建设的实践相结合；二是马克思主义与中国传统文化相结合。我们党在推进马克思主义中国化过程中有两次历史性飞跃，第一次飞跃是形成了毛泽东思想；第二次飞跃是在改革开放新的伟大革命中，逐步形成中国特色社会主义理论体系。这个理论体系实现了我们党的指导思想的三次与时俱进，第一次是将邓小平理论列为党的指导思想，第二次是将“三个代表”重要思想列为党的指导思想，第三次是将科学发展观列为党的指导思想。毛泽东思想是马克思列宁主义与中国传统文化相结合的产物，是被实践证明了的关于中国革命和建设的正确理论原则和经验总结；邓小平理论是马克思主义发展的新阶段，是中国化的马克思主义。“三个代表”重要思想是对马克思列宁主义、毛泽东思想、邓小平理论的继承和发展，反映了当代世界和中国的发展变化对党和国家工作的新要求。党的十八大报告指出：“科学发展观是马克思主义同当代中国实际和时代特征相结合的产物，是马克思主义关于发展的世界观和方法论的集中体现，对新形势下实现什么样的发展、怎样发展等重大问题作出了新的科学回答，把我们对中国特色社会主义规律的认识提高到新的水平，开辟了当代中国马克思主义发展新境界。”

中国特色社会主义道路，是经过 90 多年艰辛探索、为 30 多年成功实践所证明的正确道路。我们正处于社会主义的初级阶段，我们现在所做的一切应当与“社会主义初级阶段”这一历史背景相符合。显然在“社会主义初级阶段”所做的许多事情，特别是在经济领域所做的一切，用马克思所说的社会主义、共产主义的标准相对照，是那么地格格不入，而与资本主义一对比，又是如此地相似。在这种情况下，一些人似乎对我们中国社会究竟进一步走向何处开始迷茫，有些人甚至把抽象的自由、民主、法制确定为中国的发展目标。马克思主义在当今中国的意义首先在于使当今中国人明确究竟走向何处，也就是说使当今中国人民有正确的方向感。马克思主义揭示出：资本主义一定要灭亡，共产主义一定要胜利，这是人类社会发展的客观规律，是任何力量也阻挡不住的。处于“社会主义初级阶段”上的中国人民务必要牢记马克思为人类所揭示的资本主义一定要灭亡、共产主义一定要胜利这一历史发展的客观规律，或者说，一定不能放弃马克思为人类所指引的实现共产主义这一崇高理想。只有这样，才能把目前所做的与

“社会主义初级阶段”相符合的事，不是与资本主义联系在一起，而是引向社会主义、共产主义的大方向。当年毛泽东等老一辈无产阶级革命家成功地把实现民族解放的目标与实现马克思主义的共产主义目标结合在一起，今天我们同样应当把民族振兴的目标融入马克思主义的共产主义的目标。

中国人民对市场经济的选择是正确的。最能说明马克思对市场的分析从总的来说是对的，是我们中国正在进行的社会主义市场经济的伟大实践。中国改革开放的总设计师邓小平在市场经济前加上“社会主义”这一限制词，是意味深长的。他是要把市场这种配置资源的有效手段与社会主义的价值目标结合在一起，用社会主义制度的优越性来限制市场经济本身必然衍生的消极性。我们只有以马克思关于市场的理论为指导来探索邓小平这样做的含意，才能深刻理解邓小平这样做的高瞻远瞩。连续 30 余年的经济高速增长、世界第二的经济总量、13 亿多人口的总体小康、在全球性金融危机中一枝独秀的表现、在一系列大事难事喜事方面的作为等，充分证明了中国特色社会主义的巨大优越性。特别是随着中国特色社会主义道路、理论体系、制度“三位一体”的确立，我们在未来发展的征程上将越来越自觉、越来越自信。

3. “中国梦”及研究的深远影响

叔本华在《人生的智慧》中说，闲暇是人生的精华。人生的最高价值，人类生存的真正本质，就在于它的审美性。人世间，唯有审美活动，才使日复一日的平庸生存过程和有限的语词符号，变成富有诗性魅力和充满创造性的奇幻艺术力量，带领我们永不满足地追求、超越、鉴赏和回味人生及其历史的审美蕴涵，将历史从过去的牢笼中解脱出来，使它顷刻间展现成五彩缤纷的长虹，架起沟通现实与未来的桥梁，穿梭于生活世界，引导我们飞腾于人类文化与自然所交错构成的自由天地，在生命与死亡相交接的混沌地带，实现来回穿梭和洗心革面，一再地获得重生，使短暂的人生重叠成富有伸缩性的多维时空，开拓了同各种可能性相对话和相遭遇的新视阈。

一个人、一个民族所关怀的基本问题，始终是我们自身的生活命运：既要探讨我们自身的现状及其历史原因，又要寻求我们自身实现自由的出路。

令我们骄傲的是，中国特色社会主义道路，将个人的奋斗发展与全体人民、全民族的奋斗发展有机统一起来，充分尊重人民群众的主体地位，充分发挥人民群众的积极性、主动性、创造性，让人民群众自己当家做主实现自己的发展，建设自己的社会；它始终注意经济社会发展由人民群众主导、由人民群众决定；始终注意让经济社会发展的一切成果，包括物质成果和精神成果都能为人民群众共享。这些年来，无论是城乡居民收入持续增长、社会保障网初步建立，还是医疗、教育等方面不断向前的改革，人民群众的幸福指数不断提高。农业税免除了，义务教育免费了，职工工资增加了，城市低保标准提高了，农民有了基本医疗保障，收入分配制度改革基本思路形成……从生活质量到生态环境，各级政府通过坚持不懈的努力，拓展着民生工作的内涵与外延。这种着眼于人的全面发展的“大民生”观，让亿万人民逐步共享发展成果。

中国梦，覆盖了人类历史上最多的人口，让他们梦想成真；中国梦，是在与世界相融合的开放进程中实现的，每个铸梦为实的人都可以在全球化的视野里，体验自然的美妙、艺术的神奇和现代的文明，体会作为一个生灵可以感知到的越来越广的空间尺度；中国经济的持续增长，成为全球引擎的大背景，使得中国许多行业的成功者，已经具备了在世界同行中的领先优势；中国梦，是中国从一个封闭保守的经济体向一个开放进取的经济体转型的过程。我们目睹了这一转型，并将在十几年、二十年后亲眼看到中国成为全球最大的经济体。也正是在过去的三十年中，中国真正展开了“数千年未遇之变局”的深刻变革。这个历史性的文明变迁，既有三峡之险峻，又有壶口之壮阔，既有千回百转的挑战，更有无限风光的奇伟。

站在新世纪的临界点上，联合国环境与发展大会的精神应是我们的共识，那就是：让我们共同忧患，共同关切，共同努力，在反思自我与改进实践中创造共同的未来！

参考文献

［1］马克思恩格斯全集（第40卷）［M］. 北京：人民出版社，1982：10—33.
［2］马克思恩格斯全集（第42卷）［M］. 北京：人民出版社，1979：45—70.
［3］马克思恩格斯选集（第1卷）［M］. 北京：人民出版社，1995：25—50.
［4］马克思，恩格斯. 共产党宣言［M］. 北京：人民出版社，2005：1—30.
［5］马克思. 资本论［M］. 北京：人民出版社，2004：1—40.
［6］马克思恩格斯选集（第3卷）［M］. 北京：人民出版社，1995：15—46.
［7］马克思恩格斯选集（第4卷）［M］. 北京：人民出版社，1995：1—59.
［8］列宁. 唯物主义和经验批判主义［M］. 北京：人民出版社，1998：1—56.
［9］列宁. 哲学笔记［M］. 北京：人民出版社，1993：1—40.
［10］毛泽东选集（第1卷）［M］. 北京：人民出版社，1991：1—60.
［11］柏拉图. 理想国［M］. 郭斌和，张竹明，译. 北京：商务印书馆，1986：1—30.
［12］亚里士多德. 尼各马可伦理学［M］. 廖申白，译. 北京：商务印书馆，2003：3—25.
［13］霍布斯. 利维坦［M］. 黎思复，译. 长春：吉林出版集团有限责任公司，2010：2—20.
［14］卢梭. 社会契约论［M］. 李平沤，译. 北京：商务印书馆，2011：10—30.
［15］康德. 康德三批判书［M］. 武雨南川，李光荣，译. 北京：人民日报出版社，2007：5—26.
［16］卡尔·波普尔. 科学发现的逻辑［M］. 查汝强，邱仁宗，译. 北京：中国美术学院出版社，2008：2—30.
［17］普列汉诺夫. 论个人在历史上的作用问题［M］. 王荫庭，译. 北京：

商务印书馆，2010：1—20.
[18] 路德维希·维特根斯坦. 哲学研究 [M]. 陈嘉映，译. 北京：商务印书馆，2000：1—30.
[19] 尤尔根·哈贝马斯. 重建历史唯物主义 [M]. 郭官义，译. 北京：社会科学文献出版社，2000：3—35.
[20] 埃尔斯特. 理解马克思 [M]. 何怀远，译. 北京：中国人民大学出版社，2008：10—25.
[21] 麦克莱伦. 马克思思想导论 [M]. 郑一明，陈喜贵，译. 北京：中国人民大学出版社，2008：3—35.
[22] 汉娜·阿伦特. 马克思与西方政治思想传统 [M]. 孙传钊，译. 北京：凤凰出版传媒集团，2008：13—45.
[23] 费正清. 费正清文集：美国与中国（第 4 版） [M]. 张理京，译. 北京：世界知识出版社，2000：12—38.
[24] 摩根索. 国家间政治：权力斗争与和平 [M]. 徐昕，郝望，李保平，译. 北京：北京大学出版社，2005：10—35.
[25] 威廉·内斯特. 国际关系：21 世纪的政治与经济 [M]. 姚远，汪恒，译. 北京：北京大学出版社，2005：5—25.
[26] 特里·伊格尔顿. 马克思为什么是对的 [M]. 李杨，译. 北京：新星出版社，2011：1—45.
[27] 梁启超. 饮冰室合集 [M]. 北京：中华书局，1989：13—45.
[28] 钱穆. 中国文化史导论 [M]. 北京：商务印书馆，2000：1—25.
[29] 郭湛. 哲学与社会 [M]. 北京：中国人民大学出版社，2000：13—55.
[30] 陈学明. 走近马克思 [M]. 北京：东方出版社，2002：2—30.
[31] 杨耕. 为马克思辩护 [M]. 哈尔滨：黑龙江人民出版社，2002：13—38.
[32] 李崇富，姜辉. 马克思主义 150 年 [M]. 北京：学习出版社，2002：2—34.
[33] 张一兵. 西方马克思主义哲学的历史逻辑 [M]. 南京：南京大学出版社，2003：12—34.
[34] 倪世雄. 当代西方国际关系理论 [M]. 上海：复旦大学出版社，

2003：3—25.
[35] 韦政通. 中国文化概论［M］. 长沙：岳麓书社，2003：14—36.
[36] 费孝通. 论人类学与文化自觉［M］. 北京：华夏出版社，2004：3—35.
[37] 俞吾金. 重新理解马克思［M］. 北京：北京师范大学出版社，2005：1—45.
[38] 梁漱溟. 中国文化要义［M］. 上海：上海人民出版社，2005：10—35.
[39] 梁思成. 中国建筑艺术二十讲［M］. 北京：线装书局，2006：2—33.
[40] 俞良早. 关于列宁学说的论争［M］. 北京：中央党校出版社，2006：3—25.
[41] 黄仁宇. 万历十五年［M］. 北京：三联书店，2007：1—32.
[42] 何怀宏. 何怀宏品读《沉思录》［M］. 南京：江苏人民出版社，2008：2—40.
[43] 南怀瑾. 漫谈中国文化［M］. 北京：东方出版社，2008：1—38.
[44] 冯友兰. 魏晋风度二十讲［M］. 北京：华夏出版社，2009：1—50.
[45] 郭湛. 主体性哲学——人的存在及其意义［M］. 北京：中国人民大学出版社，2011：3—44.
[46] 田国强. 中国改革：历史、逻辑和未来［M］. 上海：上海人民出版社，2011：8—36.
[47] 郭湛. 社会的文化程序［M］. 哈尔滨：黑龙江教育出版社，2016：1—53.
[48] 余世存. 时间之书［M］. 北京：中国友谊出版公司，2017：1—25.